墨香财经学术文库
国家社会科学基金青年项目（19CJL016）
江苏高校哲学社会科学研究重大项目（2024SJZD024）
江苏省教育科学规划课题资助（C/2024/01/46）
江苏高校"青蓝工程"资助项目

企业家精神推动经济高质量发展的理论机制与政策选择研究

Research on the Theoretical Mechanism and Policy Options of
Entrepreneurship to Promote High-Quality Economic Development

陈欢　著

东北财经大学出版社　大连
Dongbei University of Finance & Economics Press

图书在版编目（CIP）数据

企业家精神推动经济高质量发展的理论机制与政策选择研究 / 陈欢著. 一大连：东北财经大学出版社，2024.11. 一（墨香财经学术文库）. 一ISBN 978-7-5654-5418-9

Ⅰ.F279.23；F124

中国国家版本馆CIP数据核字第2024ZX7817号

东北财经大学出版社出版发行

　　大连市黑石礁尖山街217号　邮政编码　116025

　　网　　址：http://www.dufep.cn

　　读者信箱：dufep@dufe.edu.cn

大连图腾彩色印刷有限公司印刷

幅面尺寸：170mm×240mm　字数：219千字　印张：15.25　插页：1
2024年11月第1版　　　　　　　　2024年11月第1次印刷
责任编辑：李　栋　周　慧　韩敌非　　责任校对：那　欣
封面设计：原　皓　　　　　　　　版式设计：原　皓
定价：79.00元

前言

　　我国社会主要矛盾已经转化为人民日益增长的美好生活需要和不平衡不充分的发展之间的矛盾，而解决这一矛盾的关键和逻辑起点在于高质量发展。高质量发展是为适应主要矛盾变化提出的新的战略，是建设中国特色社会主义新经济体系必须长期遵循的战略。党的二十大报告指出，"高质量发展是全面建设社会主义现代化国家的首要任务"，并将实现高质量发展作为中国式现代化建设的本质要求。但推动经济高质量发展的关键要素主体是什么？又该如何确定其具体的微观实施方向呢？本书认为应立足于我国经济发展的阶段特征、现实条件与具体国情等，还原经济发展阶段变化的特殊背景，运用政治经济学的分析视角，围绕供给体系与需求结构矛盾及其关系格局的变化，从企业家精神出发，探索经济高质量发展的微观实现路径。

　　基于上述背景，本书首先通过文献回顾与梳理，在掌握西方结构性改革、企业家精神、经济高质量发展以及企业家精神与经济高质量发展之间关系的研究现状的基础上，对已有研究进行述评，并归纳和总结与本书研究相关的理论，从而为研究奠定理论基础。其次，通过分析新时代我国企业家精神的特殊内涵、功能与测度，为后续研究企业家精神对经济高质量发展的作用打下基础；进一步地，通过典型事实分析和特征描述，运用政治经济学分析视角，论证我国经济运行的主要矛盾是供给体系与需求结构之间的矛盾，企业家精神是破解当前供需结构性矛盾的关键要素；在此基础上，将企业家精神的内涵定义为需求认知、创新与创业三大特征，从微观、中观和宏观三个层面阐述企业家精神推动经济高质量发展的内在机制。再次，基于熊彼特创新增长理论、劳动价值论和饱和需求理论，将企业家精神引入创新增长模型，构建更加符合新发展阶段特征的理论模型，拓展企业家精神驱动经济增长的理论研究框架，并通过数值模拟求解模型的最优化问题；同时，依据理论模型和机制分析，并根据数据可得性，将企业家精神分为创新精神与创业精神，考虑我国消费需求结构转变的特殊背景，通过构建需求结构与企业家精神的交互项，测算与评估需求结构转变下企业家精神对经济增长的作用，并通过传统供给侧与当前供给侧的比较研究，分析推动经济高质量发展微观实现机制的经济学意义。最后，从供给侧结构性改革出发，提出经济高质量发展的关键是制度创新。由于我国经济体制改革的实质是市场化改革，市场化改革的核心则是企业家精神的有效发挥，而企业家精神的发挥又离不开切实有效的金融支持，因此，本书结合我国市场化改革、金融数字化转型等现状，将影响企业家精神的关键因素界定为市场化改革和数字普惠金融发展等制度层面，利用我国省级和城市面板数据，分别研究了市场化改革、数字普惠金融对企业家精神以及经济高质量发展的作用。在此基础上，结合中共中央、国务院关于企业家精神的一系列重要文件精神，尝试给出培育和有效发挥企业家精神的政策路径。

本书的研究发现包括：（1）企业家精神从微观、中观和宏观三个层面推动经济高质量发展，是破解当前供需结构性矛盾的关键要素。（2）企业家精神对经济高质量发展的作用受需求结构的影响，且随着需求结构不断升级，企业家精神对经济高质量发展的正向作用不断增强。（3）市场化改革有利于促进企业家创新精神与创业精神的形成，并能够促进经济高质量发展。（4）数字普惠金融发展有助于促进企业家创新与创业精神的形成，并通过影响企业家创新精神与创业精神促进全要素生产率提高，从而推动经济高质量发展。（5）新时代培育和弘扬企业家精神的政策路径是：以践行社会主义核心价值观作为总体纲领，优化企业家精神培育的制度环境，注重企业家精神能力培养。本研究的结论进一步丰富了企业家精神对经济高质量发展的影响研究，为新时代培育和有效发挥企业家精神，进而推进中国式现代化建设提供一定的理论与经验支撑。

本书得以出版，要特别感谢国家社会科学基金青年项目（19CJL016）、江苏高校哲学社会科学研究重大项目（2024SJZD024）、江苏省教育科学规划课题（C/2024/01/46）、江苏高校"青蓝工程"资助项目的资金支持，同时要感谢为本书调研提供帮助与指导的老师和同学们，以及为本书出版付出辛劳的东北财经大学出版社编校人员。最后，我还要感谢我的家人，是你们的支持与包容成就了本书。书中不当之处，敬请读者批评指正！

作　者
2024 年 9 月

目录

第1章　绪论

1.1　研究背景及意义

1.1.1　研究背景

改革开放以来，我国凭借资本、劳动、土地等传统要素驱动实现经济高速增长。虽然创造了经济高速增长的奇迹，但随着环境、资源承载能力等方面约束的加大，这种粗放型经济增长模式面临质量和效益不高、动力不足等问题，转变经济增长方式，寻找新的经济增长点，已经成为学术界和政界关注的焦点。党的十九大报告提出"我国经济已由高速增长阶段转向高质量发展阶段"，要"以供给侧结构性改革为主线，推动经济发展质量变革、效率变革、动力变革，提高全要素生产率"。当前社会主要矛盾已经转化为人民日益增长的美好生活需要和不平衡不充分的发展之间的矛盾，高质量发展是为适应主要矛盾变化提出的新的战略，是推动国家新经济体系建设的必须长期遵循的战略（张军扩等，

2019)。党的十九大报告又指出"深化供给侧结构性改革，应激发和保护企业家精神，鼓励更多社会主体投身创新创业"，从微观上对供给侧结构性改革的有效落实进行阐述。党的二十大报告进一步指出："要坚持以推动高质量发展为主题……推动经济实现质的有效提升和量的合理增长。"可见，推动高质量发展是当前和今后一个时期确定发展思路、制定经济政策、实施宏观调控的根本要求。但推动经济高质量发展的关键主体和要素是什么？如何科学理解上述企业家精神与高质量发展的重要论述？又该如何精准把握高质量发展的微观实施方向呢？

党的二十大报告将实现高质量发展作为中国式现代化建设的本质要求。在推进中国式现代化建设进程中，企业家精神具有重要作用。实现高质量发展，必须充分发挥企业的主体作用，必须充分尊重、保护和弘扬企业家精神，发挥企业家在创新中的引领作用（马建堂，2018）。我国政府高度重视企业家精神的健康发展，中共中央、国务院于2017年发布了《关于营造企业家健康成长环境弘扬优秀企业家精神更好发挥企业家作用的意见》，为弘扬企业家精神，更好发挥企业家作用指明了方向。习近平总书记也一直重视企业家精神的弘扬。2020年7月，习近平总书记在京主持企业家座谈会时指出："要千方百计把市场主体保护好，激发市场主体活力，弘扬企业家精神，推动企业发挥更大作用实现更大发展，为经济发展积蓄基本力量。"党的二十大报告还指出，"完善中国特色现代企业制度，弘扬企业家精神，加快建设世界一流企业"，这是新时代新征程党中央根据新时期的责任使命做出的重要安排，为推进中国式现代化建设中培育企业家精神提供了方向指引。2023年7月，《中共中央 国务院关于促进民营经济发展壮大的意见》发布，该意见强调民营经济是推进中国式现代化的生力军，是高质量发展的重要基础，是推动我国全面建成社会主义现代化强国、实现第二个百年奋斗目标的重要力量。应着力推动民营经济高质量发展，培育和弘扬企业家精神。

综上所述，本书认为，推动经济高质量发展，应立足我国经济发展的阶段特征、现实条件与转型过程，还原经济发展阶段变化的时代背景，围绕供给侧和需求侧对接要求，培育和激发企业家精神，并运用现代经济学理论与方法，进行更为系统的研究。因此，本书将首先运用政治经济学分析方法，从供需结构性矛盾出发，通过分析当前我国消费需求结构升级的典型事实，并将新时代企业家精神的内涵界定为需求认知、创新与创业，提出企业家精神是破解供需错配的关键要素，剖析企业家精神影响经济高质量发展的内在机制。其次，依据熊彼特创新增长理论，将企业家精神同时引入创新部门生产函数和家庭部门效用函数，通过构建一个多部门理论模型，尝试拓展企业家精神驱动经济发展的理论研究框架。进一步地，利用省级面板数据进行实证检验，并通过比较传统供给侧与当前供给侧，提炼出我国经济高质量发展微观实现机制的经济学意义。再次，通过分析我国市场化改革、金融数字化转型等制度创新现状，提出市场化改革和金融创新等制度因素是影响企业家精神的关键，并通过理论与实证分别研究了市场化改革、数字普惠金融对企业家精神以及经济高质量发展的作用。最后，尝试给出新时代培育、提升和有效发挥企业家精神的政策路径，为国家制定相关政策提供理论依据与实践参考。

1.1.2　研究意义

1.理论意义

（1）提出企业家精神影响经济高质量发展的理论机制。本书立足经济高质量发展的目标要求，从供给侧结构性改革和政治经济学分析视角，从供需双侧有效对接出发，将企业家精神的内涵界定为需求认知、创新与创业三大特征，并尝试从微观、中观和宏观三个方面阐述企业家精神推动经济高质量发展的内在机制。

（2）拓展熊彼特的内生创新增长模型。本书结合我国需求结构升级的阶段背景，融合饱和需求理论、熊彼特创新增长理论、劳动价值理论等，在一个水平创新框架内，构建包含最终产品部门、中间产品部门、创新部门以及家庭部门的多部门理论模型，并尝试将企业家精神同时引入生产函数和效用函数，继承并扩展熊彼特的创新增长模型，以构建更加符合我国发展实际的经济高质量发展理论框架。

2.实践意义

（1）提出企业家精神是推动经济高质量发展的关键要素。本书通过分析我国消费需求结构的典型事实与关键特征，提出经济发展的动力源泉将由单一供给侧向供求双侧对接转变，企业家精神的需求发现职能是破解经济高质量增长需求制约的关键，是推动经济高质量发展的关键要素，从而有利于更好地把握经济高质量发展的微观实施方向。

（2）剖析企业家精神培育和有效发挥的关键影响因素。创新是经济高质量发展的第一动力，高质量发展不仅需要科技创新，更要依靠制度创新。本书从供给侧结构性改革出发，立足我国现阶段制度创新的迫切要求，将影响企业家精神的关键因素之一锁定为市场化改革。同时，由于企业家创新创业离不开金融支持，本书结合我国互联网数字经济快速发展的情况，将影响企业家精神的另一个关键因素界定为数字普惠金融发展，分别研究市场化改革与数字普惠金融对企业家精神的影响以及对经济高质量发展的作用。从而为有效推动经济高质量发展提供新的动力机制和决策参考。

（3）提出新时代培育和有效发挥企业家精神的政策路径。企业家精神能够破解当前供求双方面临的结构性矛盾，是推动中国式现代化建设、实现经济高质量发展的关键要素。因此，培育和弘扬企业家精神是今后一个时期必须长期坚持的重要战略。本书根据研究结论，并结合近些年中共中央、国务院等部门发布的关于企业家精神的一系列重要文件精神，提出新时代培育和有效发挥企业家精神的基本原则、目标和政策路径，以期为新时代企业家精神的培育提供可能的路径参考。

1.2 研究目标与研究内容

1.2.1 研究目标

1.探索企业家精神推动经济高质量发展的内在机制

立足经济高质量发展目标要求，运用政治经济学分析视角，将企业家精神的内涵界定为需求认知、创新与创业，结合供需两方面及其关系格局的变化，通过文献梳理、典型事实描述及国际经验比较，提出企业家精神是破解需求侧制约的关键，并从微观、中观和宏观三方面阐述企业家精神推动经济高质量发展的理论机理，从而为更好地把握经济高质量发展提供了微观实施方向。

2. 继承并拓展熊彼特创新增长模型

基于熊彼特创新增长理论、劳动价值论和饱和需求理论等，在一个水平创新框架下内生化企业家精神。考虑到企业家精神不仅能够提高创新生产效率，而且能够通过有效认知消费者需求增加代表性家庭的福利水平，从而将企业家精神同时引入创新部门生产函数和家庭部门效用函数，构建一个包含最终产品部门、中间产品部门、创新部门和家庭部门的四部门增长模型，考察企业家精神对均衡经济增长作用等问题，从而拓展企业家精神驱动经济增长的理论研究框架。

3. 总结经济高质量发展微观实现机制的经济学意义

依托前文的理论机制分析和模型构建，将消费需求结构加入估计模型中，运用客观、科学的计量经济学方法，测算与评估需求结构转变背景下企业家精神对经济高质量发展的作用；进一步，从传统供给侧与当前供给侧的比较出发，立足中国国情，兼收并蓄，形成包含斯密型和熊彼特型的异质性劳动中国机制，总结经济高质量发展微观实现机制的经济学意义。

4. 解析影响我国企业家精神培育和发挥的关键因素

企业家精神与经济高质量发展的目标高度一致，其核心是制度创新。市场化程度是影响企业家精神形成及发挥最为关键的因素，我国经济体制改革的实质是市场化改革，而市场化改革的核心则是企业家精神的有效发挥；同时，企业家创新与创业精神的有效发挥，离不开充足且稳定的金融支持，尤其是数字普惠金融。因此，本书认为市场化创新和金融创新是影响企业家精神培育和发挥的关键因素。本书将从市场化改革、数字普惠金融等制度创新方面，探究它们对企业家精神以及经济高质量发展的作用。

5. 尝试给出培育和有效发挥企业家精神的政策路径

本书将根据研究的结论，并聚焦新目标新征程的使命任务，结合新时代培育和弘扬企业家精神的一系列重要纲领文件精神，尝试给出新时代培育和有效发挥企业家精神尤其是民营企业家精神的政策路径，为培育和弘扬企业家精神以及有效推动经济高质量发展提供新的动力机制和决策参考。

1.2.2 研究内容

本书首先通过文献回顾与梳理，掌握西方结构性改革、企业家精神、经济高质量发展以及企业家精神与经济高质量发展之间关系的研究现状，并对已有研究进行述评。同时，进一步归纳和总结与本书研究相关的理论，从而为本书研究奠定理论基础。其次，分析新时代我国企业家精神的特殊内涵、功能与测度，为后面研究企业家精神对经济高质量发展的作用打下基础；进一步地，通过典型事实分析和特征描述，提出企业家和企业家精神是破解当前供需结构性矛盾的关键主体和要素。在此基础上，将企业家精神的特征定义为发现和创新，从微观、中观和宏观三个层面阐述企业家精神推动经济高质量发展的内在机制。再次，以熊彼特创新增长理论为基础，尝试将企业家精神引入创新增长模型，构建更加符合我国发展阶段特征的理论模型，以拓展企业家精神驱动经济增长的理论研究框架，并通过数值模拟进一步求解模型的最优化问题。同时，利用省级面板数据进行实证检验，并通过比较传统供给侧与当前供给侧，提炼出我国经济高质量发展微观实现机制的经济学意义。最后，从供给侧结构性改革出发，结合我国市场化改革进程、金融数字化转型等制度创新的发展现状，将影响企业家精神的关键因素界定为市场化改革和金融创新等制度方面，分别研究市场化改革、数字普惠金融对企业家精神以及经济高质量发展的作用，并尝试给出培育、提升和有效发挥企业家精神的政策路径。本书主要研究内容如下。

1.企业家精神推动经济高质量发展的理论机制分析

立足经济高质量发展目标要求，依据企业家精神需求认知、创新与创业三大特征，深入分析企业家精神影响经济高质量发展的内在机理，即从微观、中观和宏观三个层面进行阐述，具体如下：微观层面：企业家精神的需求认知是破解需求侧制约的关键。引入饱和需求、劳动异质性等假设，通过梳理居民消费结构变化的典型事实与特征，论证当前基本需求开始由超额需求向饱和需求转变，原有工业化的传统思路导致生产模式与消费模式相脱节，提出企业家精神的需求识别是实现经济高质量发展的主导微观机制。中观层面：创新创业是企业家精神的核心，也是经济高质量发展的第一动力。在解决需求方向识别后，为满足消费者的质量需求，需要发挥企业家精神的创新引领作用，提高供给质量，通过发挥企业家精神的创新创业作用，以创新推动产业结构不断升级。宏观层面：企业家精神推动长期经济增长。从经济高速增长阶段导致的不平衡不充分等突出问题出发，通过分析企业家精神在优化资源配置、诱导制度变迁、激励劳动投入以及发挥"干中学"效应等方面的作用，科学揭示企业家精神驱动经济增长方式转变的机理。

2.企业家精神推动经济高质量发展的理论模型构建

以熊彼特创新增长模型、劳动价值论和饱和需求理论等为基础，结合我国需求结构转变的阶段背景，尝试将企业家精神引入内生的创新增长模型，以构建"需求结构升级—异质性劳动响应—供给侧增长目标导向"的理论框架，并通过求解竞争性均衡得到企业家精神影响长期经济增长的理论机理。拟研究的具体思路如下：根据熊彼特创新增长理论、劳动价值论以及"需求饱和理论"为基础，借鉴 Romer（1990）、Jones（1995）以及 Aghion 等（2005）等的模型设定，鉴于企业家精神不仅能够提高创新部门的知识生产效率，而且能够通过精准认知消费需求而改善代表性家庭的福利水平，因此，本书尝试在水平创新增长模型中内生化企业家精神，将企业家精神同时引入创新部门和家庭效用部门，以考察企业家精神影响经济增长的均衡问题；进一步，运用 Matlab 软件进行数值模拟，以求解该理论模型的最优化问题。

3.企业家精神推动经济高质量发展的实证研究

在理清企业家精神推动经济高质量发展的作用机制及理论模型构建基础上，本部分将着重从以下几个方面进行实证研究：一是考察需求转变背景下企业家精神对经济高质量发展的作用。依据理论模型和机制分析结果，将企业家精神分为创新精神与创业精神，结合我国消费需求结构转变的特殊背景，通过构建需求结构与企业家精神的交互项，测算与评估需求结构转变下企业家精神对经济高质量发展的作用，并通过对比传统供给侧与当前供给侧，提炼出推动经济高质量发展微观实现机制的经济学含义。二是考察市场化改革、企业家精神与经济高质量发展的关系。企业家的成长和市场的发育是同一过程的两个方面（张维迎，2004）。本书将借鉴 Audretsch、Thurik（2001）和樊纲等（2011）的模型设定，将企业家精神和市场化程度同时引入增长核算模型，构建了市场化程度、企业家精神与经济发展质量的实证模型。三是研究数字普惠金融、企业家精神与经济高质量发展的关系。企业家创新创业的意愿与能力的发挥，是提高全要素生产率实现经济高质量发展的关键，而这离不开高效低价的金融支持作为保障。因此，我们将首先结合我国金融数字化转型的特殊背景，考察数字普惠金融对企业家精神的作用；其次，运用中介效应模型考察数字普惠金融、企业家精神与经济高质量发展之间的关系。

4.培育和有效发挥企业家精神的政策路径

经济高质量发展的落脚点是长期经济增长。只有以产出提高和生产效率提升为导向，提高潜在经济增长率，才能最终实现经济高质量发展的目标要求。在当前需求结构升级背景下，企业家精神是经济高质量发展的主导微观实现动力，故而营造激发、培育和有效发挥企业家精神的制度环境是关键。本部分将依据前文的理论分析与实证结果，并结合中共中央、国务院关于培育和弘扬企业家精神的重要文件精神，提出培育和有效发挥企业家精神的原则、目标和重要实施路径，为在中国式现代化建设中推动经济高质量发展创造条件。

1.3 研究思路与研究方法

1.3.1 研究思路

本书立足实现经济高质量发展的目标要求，引入供给侧结构性改革和政治经济学分析视角，以企业家精神的需求认知、创新与创业三大功能为出发点，提出企业家精神推动经济高质量发展的内在机制。在此基础上，结合新时代我国企业家精神的特殊内涵，构建"需求结构升级—异质性劳动响应—供给侧增长目标导向"理论框架，以新熊彼特创新理论、劳动价值论以及"需求饱和理论"为指导，拓展多部门熊彼特水平创新增长模型，深入剖析企业家精神影响经济高质量发展的内涵机理，测算与评估企业家精神对经济高质量发展的作用，并通过对比传统供给侧与当前供给侧的差异，总结出推动经济高质量发展微观实现机制的经济学含义；进一步，结合我国企业家精神发展的特殊阶段背景，提炼影响企业家精神的关键制度因素，即从市场化改革和数字普惠金融等制度创新视角，通过理论与实证两方面检验它们对于企业家精神以及经济高质量发展的作用；最后，根据本书研究结论，并结合新时代培育和弘扬企业家精神的一系列重要纲领文件精神，探索培育、提升和充分发挥企业家精神的政策路径，以期为在中国式现代化建设中推进经济高质量发展提供决策参考和方向路径，如图1-1所示。

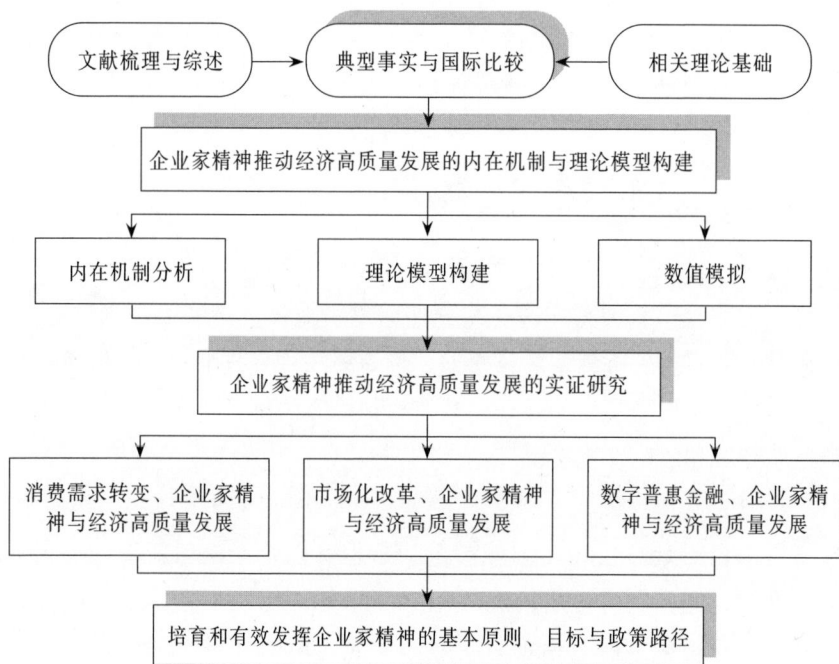

图1-1　研究思路与技术路线图

1.3.2 研究方法

1. 比较研究方法

本书通过比较西方国家与我国供给侧结构性改革背景的异同，借鉴发展阶段变化以后应对需求制约经济增长的国际经验，揭示供给侧结构性改革的关键在于：解决由需求结构快速升级所导致的供给结构和需求结构的不协调，唯有发挥企业家精神的需求认知功能，提前识别需求方向，解决"供给什么"的问题，然后引领和整合工匠精神背后的技能性劳动，并通过企业家创新创业推动产业升级，解决"供给多少"和"如何供给"的问题，才能从根本上突破经济高质量发展的需求侧制约。

2. 文献梳理与归纳演绎

为更好地分析企业家精神对经济高质量发展的作用，本书采用文献分析与逻辑演绎方法，对国内外已有文献与相关著作等研究成果进行梳理归纳，并结合我国经济社会发展的阶段性特征，给出企业家精神影响经济高质量发展的内在理论机制。进一步，结合我国经济发展的实际，从众多影响企业家精神的因素中提炼出关键性因素，并尝试给出培育和提升企业家精神的政策路径。

3. 动态一般均衡方法

以新熊彼特增长模型、劳动价值论以及需求饱和理论为基础，将企业家精神同时引入创新部门和家庭部门效用函数，内生化企业家精神，以拓展多部门熊彼特创新增长模型，构建更加符合我国经济发展阶段特征的动态一般均衡模型，并运用数值模拟等方法进行求解，为企业家精神推动经济高质量发展提供理论支撑。

4. 中介效应方法

利用我国2011—2016年城市面板数据，以企业家创新精神与创业精神为中介变量，并采用Sobel方法和Bootstrap方法对中介效应进行检验，从理论与实证两方面验证了数字普惠金融对经济高质量发展的作用。研究发现，数字普惠金融会通过影响企业家创新精神与创业精神促进全要素生产率提高，且中介效应检验表明企业家精神承担部分中介效应。该结论进一步丰富了数字金融对全要素生产率的影响研究，为推进金融数字化转型和中国式现代化建设提供了理论与经验支撑。

1.4 研究重点难点与创新点

1.4.1 研究重点难点

1. 解析企业家精神推动经济高质量发展的内在机制

围绕经济高质量发展的"效率、公平、可持续"三个方面要求,依据企业家精神的需求认知、创新与创业三大特征,依据政治经济学分析视角,通过文献梳理、典型事实描述和国际经验比较,分析需求和供给两方面及其关系格局的变化,论证中国供给侧结构性改革具有明显的需求响应特征,深入解析企业家精神推动经济高质量发展的内在机制,即微观层面:企业家精神对消费需求的有效识别;中观层面:创新是企业家精神的核心及发展的第一动力;宏观层面:企业家精神驱动经济增长方式转变进而实现长期增长。

2. 企业家精神推动经济高质量发展的理论模型构建

首先,考虑企业家精神对产品部门的知识生产及家庭福利都可能产生影响,如何在包含水平创新的熊彼特创新增长模型中内生化企业家精神,并将需求结构因素加入家庭福利函数,考察经济增长均衡决定等是本书的难点。进一步,如何通过数值模拟求解上述模型的最优化问题也是本书面临的难点。其次,如何将市场化程度和企业家精神同时引入增长核算方程,构建符合我国现阶段市场化改革特点的回归模型,同样是本书面临的难点。最后,如何将我国金融市场改革与数字经济发展有效融合,构建以企业家精神为中介变量的中介效应模型,剖析数字普惠金融影响经济高质量发展的理论机制,是本书研究的又一难点。

3. 探索培育、提升和有效发挥企业家精神的政策路径

通过分析企业家精神的影响因素发现,已有研究从贸易开放、金融发展、人口结构、区位环境、报酬结构等方面展开,同时宗教、文化、种族等因素也会影响企业家精神的形成。由于视角很多,观点各异,如何从众多的因素中提炼出影响我国企业家精神培育和发挥的关键因素,

从而更有针对性地制定相应政策，为培育和有效发挥企业家精神提供良好的制度环境和激励机制？在此基础上，如何根据新时代我国社会主要矛盾变化，聚焦新目标新征程的使命任务，并依托新时代培育和弘扬企业家精神的一系列重要纲领文件，提出新时代培育和弘扬企业家精神的政策路径？这些是本书需要解决的重点难点问题。

1.4.2　主要创新点

1.企业家精神的需求认知是破解需求侧制约的关键

从供给侧结构性改革和政治经济学视角出发，结合我国需求结构转变的实际，论证唯有发挥企业家精神的需求认知特征，提前识别消费需求方向，解决"供给什么"问题，然后引领和整合工匠精神背后的技能性劳动，并通过企业家创新创业推动产业升级，解决"供给多少"和"如何供给"的效率和质量问题，才能从根本上破解需求侧制约，实现经济高质量发展。

2.提出企业家精神推动经济高质量发展的理论机制

围绕经济高质量发展的目标要求，依据企业家精神的需求认知、创新与创业三大内涵特征，从微观、中观和宏观三方面阐述企业家精神推动经济高质量发展的内在机制，丰富已有关于推动经济高质量发展的理论研究。

3.构建企业家精神推动经济高质量发展的理论模型

以新熊彼特内生增长模型与劳动价值论为基础，结合需求结构转变的时代特征，将企业家精神同时引入创新部门和家庭部门效用函数，构建"需求结构升级—异质性劳动响应—供给侧增长目标导向"的理论框架，拓展熊彼特创新增长模型的分析框架，为企业家精神推动我国经济高质量发展提供理论解释。

4.提炼影响企业家精神的关键性因素

创新是企业家精神的核心，也是经济高质量发展的第一动力，而市场化改革和金融创新等制度创新最为关键。因为我国经济体制改革的实质是市场化改革，而市场化改革的核心则是企业家精神的有效发挥；同样，企业家精神的有效发挥离不开切实有效的金融支持。因此，本书将从市场化改革和金融创新等制度改革视角,结合我国经济发展阶段性特征,将影响我国企业家精神的关键因素认定为市场化改革和数字普惠金融("数字科技+普惠金融")两个方面,并通过理论和实证两个方面分别考察它们对企业家精神与经济高质量发展的作用。

第 2 章　文献综述

本章研究内容主要包括西方结构性改革研究综述、企业家精神的研究综述、经济高质量发展的研究综述，以及企业家精神与经济高质量发展的关系研究综述，并对已有研究存在的不足进行评价，从而为本书后续的理论模型构建和实证研究提供依据。

2.1　西方结构性改革的研究综述

党的十九大报告指出，"我国经济已由高速增长阶段转向高质量发展阶段"，应"以供给侧结构性改革为主线，推动经济发展质量变革、效率变革、动力变革"。党的二十大报告指出："要坚持以推动高质量发展为主题，把实施扩大内需战略同深化供给侧结构性改革有机结合起来。"可见，党的十九大报告和党的二十大报告为推动经济高质量发展提供了主线索，即深化供给侧结构性改革。西方学者将结构性改革视为继财政与货币政策之后的又一重要的宏观调控方式（周密和张伟静，2018），对其基本内涵、宏观特点与微观实现机制的分析，将对我国有效实施供给侧结构性改革产生积极的影响。因此，本节将对西方结构性改革相关研究进行回顾，然后通过比较研究，提出符合中国特色社会主义供给侧结构性改革的中国方案。

2.1.1 西方结构性改革的基本内涵

20世纪70年代，世界银行和国际货币基金组织实施的扶贫贷款、救助性项目中所附加的结构调整项目，是结构性改革的最初起源（蔡昉，2016）。此后，在需求管理政策解决经济危机效果不佳的背景下，很多国家意识到只有进行深层次的结构性改革才能实现经济增长的长期提振（Gersbach，2003），因此，西方的结构性改革是指：当经济增长出现负面情况时，以提升潜在经济增长为目标（Bhattacharya，1997），以市场友好型规制为框架（Helbling 等，2004）的系列应对政策组合。

结构性改革的经济学内涵包含"供给侧""结构性""改革"三个相互支撑的因素：一是供给侧导向。结构性改革要求在低通胀率和低失业率的条件下提高潜在经济增长。这时通过总需求量的调控已经无法保持上述"双低"的要求，只能通过改变供给侧进行调整（Krugman，2013）[①]。二是结构性具有双重含义。从实践上看，是以多部门（市场）为基础，强调中宏观层面劳动力、产品、金融、外贸等多个部门间以及部门内的结构（Spilimbergo、Che，2012）。从理论上看，强调投资、就业、生产率及产出等微观资源配置结构出现负面情况时所采用的政策组合（Égert、Gal，2017）。三是改革的根本要义是摆脱危机的不良影响，提高潜在经济增长率。产出的提高和生产效率的提升都是为了提高潜在经济增长率。例如，OECD评价结构性改革的总体基准就是提高GDP或人均GDP。

2.1.2 西方结构性改革的中宏观视角

西方结构性改革由于涉及宏观经济增长等重要命题，因而通常是一国及其相关部门的重大宏观政策调整。其从制定、形成、实施、评估等

---

① 2013年11月22日，克鲁格曼在其博客《经济结构性问题》（Structural Problems With Economese）一文中提出上述观点。

都涉及中宏观的要素和内容。

（1）结构性改革的制定时机与宏观环境高度相关。国际货币基金组织将一国收入水平、所处经济周期的位置和改革的资源空间等三个维度作为开展结构性改革的宏观环境（IMF，2016）。从各国实践来看，不同的宏观环境引致了不同类型的结构性改革。外债推动了金融和银行结构性改革；通胀和银行业危机加快外部资本账户结构性改革；经济衰退促进资本、金融、银行和贸易改革（Agnello等，2014）；收入分配矛盾是市民建设（Golinelli、Rovelli，2013）与制度改革的动力（Campos、Horváth，2012；Efendic等，2011）。

（2）结构性改革的形成过程包含宏观方面的主要选题。首先，结构性改革的形成通常需要与财政巩固等宏观问题结合起来，因此大量文献研究财政与结构性改革（Aarle，2013）；国际收支与结构性改革（Basu，1999）；货币承诺与结构性改革（Belke、Vogel，2015）等内容。其次，聚焦结构性改革与宏观经济增长之间的相互关系：一方面，采用熊彼特半内生增长模型（Varga等，2014）、多国熊彼特增长模型（Aghion等，2005）等理论模型并运用跨国面板回归（Swiston、Barrot，2011）、标准增长回归和改革动态效果模型等实证方法进行研究（Christiansen等，2013），肯定结构性改革对经济增长的促进作用（Ostry等，2009）；另一方面，强调经济增长在促进结构性改革中的作用，如良好的经济增长条件将增加结构性改革成功的概率（Babecký、Campos，2011）。此外，结构性改革与特定部门的关系，如结构性改革与出口部门（Cuervo-Cazurra、Dau，2009）、金融部门（Aghion等，2005）、对外投资部门（Campos、Kinoshita，2010）、产品部门（Lusinyan、Muir，2013）等，也受到关注。

（3）结构性改革的具体实施与宏观发展阶段高度相关。不恰当的实施顺序可能会影响改革的可持续性（Bhattacharya，1997）。在OECD国家中，贸易改革、对外直接投资和金融市场改革优先于产品市场改革（Helbling等，2004），而产品市场改革又优先于劳动力市场改革。在南美国家中，智利的财政赤字改革优先于贸易和国内金融市场自由化，最后才实施资本管制放松。相比之下，阿根廷和巴西优先进行资本管制放松，导致汇率变动威胁到产品市场和国内金融体系的稳定（Greenaway、Morrissey，2010）。

（4）结构性改革的测算与评估。IMF、G20、OECD等国际组织构建了不同的测评方法。IMF构建了结构性改革指数，通过金融部门、贸易外汇账户自由化、劳动力市场、法律和秩序、腐败和官僚制度等方面评估各国结构性改革的成效（Spilimbergo、Che，2012）。G20国家已经制定了超过1 000条的结构性改革政策细目，但执行效果有待提高（IMF，2016）。OECD国家的结构性改革覆盖产品和劳动力市场规制，税收和福利系统，国际贸易和投资规则，教育培训以及创新等（IMF，2016）。通过对2015年的评估，约有50%的政策已经执行或正在执行。2015年结构性改革的进展与2011—2012年高峰时期相比，其步伐已经减慢（OECD，2018）①。

2.1.3 西方结构性改革的微观实现机制

由于双重结构性主要涉及市场自由化和多部门平衡两大方面，因此，结构性改革这一宏观政策的微观实现机制研究主要与市场自由化建设和多部门建设密切相关。

（1）与自由市场建设相关的微观实现机制。Cimoli 和 Katz（2003）建立了结构性改革的微宏观模型，对结构性改革在微观和宏观之间的联系进行阐述，指出结构性改革不仅依赖宏观变量，更依赖微观企业的市场预期和企业家的动物精神对宏观环境的适应机制。各种各样的微观企业对宏观环境的价格、制度等的应对机制，需要企业形成不同技能、资产、组织管理所综合的能力。结构性改革中资源的重新配置机制侧重在三个方面：私有化和重组；市场自由化和竞争；金融市场改革。欧盟结构性改革的微观实现机制包括：①减少产品市场中进入和退出障碍，恢复扩散机制；②改善微观创新，增强公司与大学之间的研发合作机制；③提高结构性改革的范围，形成更有效的客户资源分配机制；④提高创新活动的预期回报，加快专利公司对商业化新想法的吸引机制；⑤实现

---

① OECD. Overview of Structural Reforms Actions in 2017［S］.Chapter 1 in Going for Growth 2018：An opportunity that governments should not miss.

技能和工作任务之间的良好匹配，减少技能错配发生率的机制（Banerji等，2015）。

（2）与部门建设相关的微观实现机制。结构性改革具体实施和执行时，主要按照部门进行，因此微观机制可以按部门进行总结。通常来看，金融部门的结构性改革通过减少信贷限制和加速对外直接投资的流入等微观实现机制提高经济增长率（Ostry等，2009）。在中等收入国家，金融部门通过全要素生产率而不是投资机制实现（Christiansen等，2013）。产品和劳动力部门的微观机制分别通过名义和实际成本、资本市场机制对经济增长产生作用（Anderson等，2013）。Spatz（2006）总结了结构性改革在形成相对收入分配中的微观实现机制，并确定了三个主导渠道：租金转移渠道、部门组成渠道和因素替代渠道。

综上，西方结构性改革已有研究为当前我国推进供给侧结构性改革提供了基础。作为实现经济高质量发展的主线索，供给侧结构性改革的相关研究逐渐增多，但微观上如何更好地实施供给侧结构性改革却尚未达成共识。本书认为，西方的结构性改革内生于西方国家的具体国情，有其自身的制定时机、形成机理与实施顺序。因此，我国供给侧结构性改革应立足于当前经济发展阶段特征、使命任务，其微观实现机制也不能照搬西方理论，应形成更加契合中国特色社会主义供给侧结构性改革的中国道路。本书认为，当前应重点关注如下三方面。

（1）需求结构的快速升级。西方结构性改革具有明显的危机引致型特征，但是到底针对何种结构进行优先调控，通常立足于危机引致的宏观环境变化特点：当衰退较为严重时，改革就瞄准增加国内与国外市场的自由竞争，通过放松监管等政策促进创新和技术扩散；当失业较为严重时，政策就瞄准劳动参与率的提高（IMF，2016）。与西方以衰退和失业为主的危机引致不同，我国供给侧结构性改革的根本原因则是需求结构升级引致型（周密、刘秉镰，2017）。Krugman（2013）认为当经济困境源于需求规模时，可以通过货币政策和财政政策调整需求规模大小，从而调节经济波动；而当经济困境源于需求结构时，由于当期投资–下期消费的双重性，需求结构变化后，投资向消费转化不畅，就将带来高通货膨胀率和高失业率。如果希望实现低通胀率和低失业率下潜在经济增长率提高，必须改变深层经济结构，重新配置资源，即实施结构性改革政策。本书认为应摆脱以往重视凯恩斯短期需求冲击的思路，根据我国最新发展阶段特点，将超额需求和饱和需求等新概念引入家庭部门效用函数，考察长期需求结构升级对供给侧结构性改革的作用机理。

（2）企业家精神的需求识别。供给侧的重点在于根据需求侧的结构变化，主动寻找适合突破需求侧制约的有效供给方式。在经济增长框架下寻找微观实现机制的研究中，内生增长模型、新熊彼特模型等开始应用。以内生增长理论和新熊彼特理论为主的创新增长理论的基本思想是：内生的研发和创新是推动技术进步和经济增长的决定性因素。这一类研究承袭新古典的工业化传统，强调研发投入在创新和提高全要素生产率中的决定性作用。本书认为，与西方的技术价值论不同，中国促进高质量发展的关键在于破除供求双侧的结构性矛盾。只有认真思考具有认知与创新特征的企业家精神在促进增长过程中的作用，才能真正探寻到供给侧结构性改革的实现方案，因此，我们将立足于我国现阶段的国情，结合劳动价值论，即在创新部门和家庭效用部门中加入企业家精神，探寻适应现阶段时代特征的供给侧微观实现机制。

（3）经济增长的目标导向。供给侧结构性改革的落脚点是经济增长。我国供给侧结构性改革是在长期高速增长突然放缓背景下提高潜在经济增长率的战略方案（Bhattacharya，1997）。面对"四降一升"的严峻形势[①]，一方面需要政府加强经济风险的控制；另一方面也需要市场的积极参与，但政府与市场都只是手段，最终目标是稳步提高潜在经济增长。2018年，OECD将摆脱危机深层影响的重任聚焦于政府实施更加有效的结构性改革政策，强调长期经济增长必须借助于能获得可持续强劲增长、创造更多优质就业以及增加更多机会的结构性改革来实现。本书将尝试摆脱市场与政府争论的手段范式，聚焦于经济增长这一目标范式，通过新熊彼特模型中最终产品部门、中间产品部门、创新部门、家庭部门等四部门具体传导机理的推导，最终实现促进经济增长这一总体目标。

[①] "四降一升"即经济增速下降、工业品价格下降、实体企业盈利下降、财政收入增幅下降、经济风险发生概率上升。

2.2 企业家精神的研究综述

企业家精神不仅在现实生活中越来越重要，其在学术研究领域也日益受到学者们的广泛关注。本节将主要围绕企业家精神的内涵、企业家精神的测度以及企业家精神的影响因素等方面对国内外研究进行回顾与总结，并以此作为后续研究的基础。

2.2.1 企业家精神的内涵研究

古典经济学家认为企业家主要是一个风险承担者。法国经济学家坎蒂隆（Cantillon，1734）最早提出关于企业家的概念，其在著作《商业性质概论》中将企业家界定为通过承担风险并进行生产和交易的人，但其并没有解释企业家为什么愿意去主动承担风险。亚当·斯密（Adam Smith，1776）对此给出了解释，提出企业家承担风险的行为动力来源于利润动机。后来很多研究都是围绕承担风险对企业家进行讨论，但都没有明确提及企业家的具体功能。Knight（1921）对承担风险和不确定性做了明确区分，将企业家定义为在不确定性环境中做决策的人，提出企业家的主要功能就是需要"决定做什么以及该怎样去做"。如果企业家在不确定性环境中做出了正确决策则企业将获取超额利润，利润是对承担不确定性的回报，否则将承担决策失败的风险。

新古典经济学家大多是从组织角度研究企业家精神的。萨伊（Say，1805）强调企业家应当具备特定的技能与品质，如判断力、坚毅品格和知识，特别是应掌握管理与监督技术。他认为企业家是将资本、劳动、土地等生产要素组织起来，凭借其敏锐的判断力，通过监督、指挥以及相关管理才能，从事生产并取得利润的人。Marshall（1920）将企业家利用资本的才能当作一种生产要素，提出企业家应当具备双重角色：一是商人和生产组织者，能够根据所处环境做出决策并承担风险；二是雇主，作为领导者应具备出色的组织能力，能够调动下属的积极性和创造力。不同于其他学者从承担风险、组织等方面来界定企业家，Schumpeter（1934）提出企业家是通过将各种资源要素组成"新组合"

来实现创新，即"创造性破坏"，认为企业家是通过创新提供新产品以引导人们的需求，并从产品、生产方法、市场、供应来源和组织五个方面来具体化"执行新组合"。Baumol（1993）将企业家的非生产性活动（即分配财富的非生产性寻租行为）纳入到企业家创造性破坏活动中，进一步扩展了创造性破坏活动的范围，提出企业家报酬结构会影响其在生产性活动与非生产性活动中的职能配置，而影响这种配置的是一国法治水平和市场化程度等制度环境。因此，制度和规则会影响企业家的资源配置，并影响经济发展。

奥地利学者将企业家看作投机者，并从市场过程范式来分析企业家精神。Mises（1949）认为企业家行为的后果总是充满不确定性的，行为总是投机的。Kirzner（1973）对行为投机性进行了扩展，提出企业家的主要活动是对机会或未来不确定性的警觉（Alertness），并通过投机套利促使经济实现均衡。这与熊彼特的经济外在力量观点不同，Kirzner是将企业家精神嵌入到市场结构中，通过对新知识的发现和传播，推进市场均衡发展（刘志成、吴能全，2012）。Kirzner（2009）进一步将其定义的企业家精神内涵与熊彼特观点相结合，提出创造性与警觉是互补关系，企业家的警觉能够提升熊彼特所谓的创造性，同样地，创造性破坏又能为企业家警觉提供特定环境从而反作用于企业家的警觉。因此，奥地利学派将企业家精神从投机、警觉演变到创造性，从而使其内涵更加丰富。

随着研究的不断深入，一些学者开始将创业者个性特征与企业家精神联系起来，认为两者之间存在密切关系（Hébert、Link，1989；Black、Strahan，2002；Schmalz等，2017）。比如，Black和Strahan（2002）认为创业是企业家建立新企业以提供新产品或服务的过程，并将创业作为企业家精神的代理变量，通过搜集美国各州的面板数据，用人均新成立企业数量来衡量企业家精神。李宏彬等（2009）在借鉴Hébert和Link（1989）研究的基础上，将企业家精神分为创新精神与创业精神，并采用我国省级面板数据进行了测度。Li等（2012）研究发现私营及个体企业家的创业精神与经济增长之间呈现出明显的正向因果关系。陈刚（2015）、胡永刚和石崇（2016）、倪鹏图和陆铭（2016）、李政和刘丰硕

（2020）等众多学者也对企业家精神中的创业精神进行了研究。

综上，尽管国内外学者对企业家精神内涵的研究尚未达成统一，但都认为创新精神与创业精神是企业家精神的重要内涵，两者从不同侧面反映了企业家精神，其中创新是创业的本质，创业是实现创新的过程。

2.2.2　企业家精神的测度研究

由于企业家精神的内涵较为丰富，实证研究中难以对其所有理论内涵进行精准的测度。通过梳理已有研究发现，国内外学者们主要是从微观和宏观两个层面进行研究，本书将主要从这两个方面展开论述。

微观层面的企业家精神主要基于企业家特质来进行测算，有采用单一指标也有采用多维指标进行测度的，大多研究都采用多维指标。Covin 和 Slevin（1991）较早并系统地从企业定位观出发对企业家精神进行了测度，选取企业的创新性、开拓性和冒险性等行为编制了衡量企业家精神的量表，这 3 个指标的信度和效度得到了学术界的广泛认可。Huefner 等（1996）选取创业商量表、脑力优势工具表以及创业态度倾向表等测度企业家精神。Zahra（1996）采用创新、风险活动和先动性 3 个维度测度企业家精神。俞仁智等（2015）通过选取高等管理者支持度、薪酬体系、时间可获得性、工作自由度以及组织界限等 5 个维度测度企业家精神。Lumpkin 和 Dess（2001）从企业家的自主性、创新性、冒险性、主动性和竞争性等 5 个方面进行测算。Mthanti 和 Ojah（2017）和江春等（2020）则基于企业家精神三方面的内涵，即创新、积极性及风险承担，运用主成分分析法构建了国家和地区层面的企业家精神的量化指标。高波和黄婷婷（2023）依据 Hebert 和 Link（1989）对企业家精神的分类，并融合我国企业家精神的文化价值，提出企业家精神包括 5 个组成部分：创新精神、契约精神、敬业精神、合作精神和开放精神，并利用 2000—2018 年省级面板数据，从 5 个维度、17 个二级指标以及 67 个三级指标测度了我国企业家精神指数，对企业家精神的空间异质性及收敛性进行了分析。单一指标研究方面，郭凯明等（2016）提出用成人新想法个数的期望值作为企业家精神的测算指标。其他研究方面，很多学者开始采用微观层面的数据展开研究，如徐远华（2019）基于工业企业数据库，使用民营企业中每万名从业人员拥有的民营企业法人单位数，作为企业家精神的代理变量。

宏观层面的企业家精神主要是从创新与创业两方面展开测度的。（1）创新精神。Hébert和Link（1989）首次将企业家精神分为企业家创新精神与创业精神两方面。基于熊彼特"创造性破坏"的思想，已有文献一般采用专利或发明数量测度企业家创新精神（Acs，1996；Wong等，2005）。Acs（1996）选用每千人发明数量作为衡量企业家创新活动的指标。Wong等（2005）则使用发明专利数除以国内生产总值来衡量企业家创新精神。由于发明专利数易于获得，被学术界广泛使用。进一步地，学者们采用企业与高校、科研院所年均合作项目数（戴勇等，2010）、技术人员比例、研发投入比率等指标测算企业家创新精神。李宏彬等（2009）就采用专利申请量作为企业家创新精神的代理指标。李政和刘丰硕（2020）基于城市层面的数据，采用城市创新指数衡量企业家创新精神。刘伟丽和杨景院（2022）使用国内专利授权量占总就业比重衡量企业家创新精神。（2）创业精神。由于企业家创业精神表现为任何建立新企业的行为，包括自我雇佣、建立新企业等，已有研究一般采用自我雇佣比率、企业家进入和退出率、私营企业数等（Audretsch、Fritsch，2003；Glaear，2007；李宏彬等，2009）来衡量。李宏彬等（2009）、李杏等（2011）采用个体和私营企业家雇佣人数占总就业人口比重表示企业家创业精神。曾铖和李元旭（2017）采用私营投资者人数占就业比重衡量企业家创业精神。

综上，由于企业家精神的理论内涵丰富，且尚未形成统一的观点，所以关于企业家精神的测度方式很多。考虑到数据可得性以及本书需要，我们主要关注企业家精神的宏观层面，将企业家精神分为创新精神与创业精神进行研究。

2.2.3 企业家精神的影响因素研究

企业家精神是一种社会现象，同时也是地理现象（Johannisson等，2002），受其所处的一国或地区制度、经济、文化、技术等环境因素的影响。本节将主要从广义环境的角度对影响企业家精神的因素进行总结。

1.制度因素

制度环境是影响企业家精神的关键因素。Baumol（1990）认为制度安排会影响报酬结构进而影响企业家精神的职能安排。Acemoglu（1995）提出制度环境是影响企业家精神职能配置的重要因素，健全的法治环境更能有效激发企业家精神向生产性活动的配置，从而成为提升企业家精神的制度保障。Boettke（2009）提出制度环境会影响一国或地区的企业家创业活动。何为制度呢？制度是约束人们行为的一系列正式规则，包括正式制度和非正式制度（North，1990）。颜克高和井荣娟（2016）、Scott（2001）将外部环境（正式制度和非正式制度）视为影响企业社会责任意愿与行为的重要前因变量。其中，正式制度是人为制定出来的，如政治规则、经济规则、合同等；非正式制度是人们在长期交易中形成的、大家普遍认同的价值观、意识形态、思想观念等。由于不同制度下人们行为的交易成本等存在差异，所以对企业家精神的影响不同。

正式制度影响企业家精神主要体现在其对企业家创业决策行为的影响，比如对于新企业创业早期的信用约束和管制会加剧企业家创业难度，而且也会通过政治和管制强度的变化影响创业机会（Bruton 等，2010）。Lee（1991）、Luthans（2000）提出一国或地区的国家政治格局、经济体制等制度环境会影响企业家精神。Smallbone 和 Welter（2009）通过研究中东欧等市场制度改革发现，高效的法治环境会促进企业家创业活动的开展，而低效、腐败和缺乏市场保护的制度环境会阻碍企业家创业。国内学者主要关注制度对创业环境和企业家创业行为等方面的影响。宋宇和张琪（2010）利用浙江、陕西、湖南三省的调查数据，研究发现市场化进程通过影响个体的风险规避态度，能够对机会型创业或生存型创业产生积极或消极的影响。盛亚等（2012）将我国改革开放 30 年历程划分为 3 个阶段，根据鲍尔默理论研究我国改革开放制度、企业家精神与经济增长的关系，并通过案例分析论证了制度会影响企业家在生产性、非生产性等方面的才能配置。还有很多学者日益关注激发和保护企业家精神的法治环境，认为政府对知识产权保护以及其他制度环境会影响企业家精神。徐成贤等（2010）认为良好的法治水平通过为企业家创新与创业提供优质的法治环境能够保护企业家精神。市场化进程与良好的制度环境也能够显著提升企业家精神（韩磊，2017；邵传林，2015）。陈欢等（2022）通过将企业家精神与市场化程度同时引入经济增长核算模型，利用我国省级面板数据，考察了市场化程度这一制度因素对企业家精神的影响，研究发现市场化程度提高能够促进企业家创新精神与创业精神的形成。

非正式制度是在正式制度不完善或难以发挥有效作用时，对正式制度进行的补充、扩展、修正和支持。Sobel（2008）认为非正式制度对于企业家创业具有非常广泛的影响。在市场机制不健全的情况下，企业家常常会通过寻租等非正式制度安排获取创业资源，以弥补正式制度不足的缺陷。但非正式制度安排是把双刃剑，一方面能够帮助企业家尽快获得创业资源，另一方面也会导致企业家将更多资源配置到非生产性领域，影响创业型企业家有效识别市场机会和获取资源，从而阻碍企业家创新与创业活动。Lafuente等（2007）研究发现本地创业传统对企业家创业活动具有正向作用。徐细雄等（2020）、阳镇等（2020）认为宗教文化、道德伦理规范以及社会信任环境等非正式制度，是驱动企业履行社会责任的重要影响因素。孙早和刘李华（2019）通过构建一个内生经济增长的动态模型，并利用中国综合社会调查数据及相关数据，研究了不平等对企业家精神的影响，发现不平等会显著降低企业家精神。单翔（2021）以中国传统社会的儒商群体及其精神世界为原点，梳理近代以来中国优秀企业家的社会实践与精神特质，发现家国情怀是中国企业家精神中特有的信仰基因。

2.社会资本

作为企业家获取资源的重要渠道，社会资本对企业家精神的影响研究日益深入。Granovetter（1985）以新经济社会学为基础探讨了社会资本与社会网络对创业活动的作用。Stern和Putman（1993）认为社会资本能够促成较高水平的信任与合作，且容忍度高的社会环境更能够激发从事具有创新思想创业活动的热情。Westlund和Bolton（2003）在研究区域社会资本与创业间关系时发现，社会资本与其他资本一样会影响创业活动。Kwon 和 Arenius（2010）以社会资本为出发点，基于全球创业观察（GEM）数据对各国之间的企业家精神进行研究，发现信任度较高和正式组织成员关系较强的人更易发现创业机会。Haute（2010）基于116个非裔美国企业家的问卷调查样本研究发现，社会资本对发挥企业家精神具有重要的正向促进作用。

国内研究方面，李国军（2009）基于区域差异的分析视角研究发现，社会资本和政策调控等方面的差异，导致东部地区的创业环境评价显著优于北京和中西部地区。刘鹏程等（2013）利用全球创业观察（GEM）数据，基于创业动机的视角，探讨了性别差异对企业家精神的影响，研究发现我国女性创业相较于男性存在低比率和低层次现象，原因在于较低的社会资本和创业技能水平降低了女性生存型创业率和机会型创业率。刘兴国和沈志渔（2012）利用江苏省创业活动数据研究发现，苏南和苏北地区社会资本结构存在显著差异，苏南地区的创业活动较为活跃缘于其社会资本显著高于苏北地区。

3.金融环境

一国或地区的金融发展水平会影响企业家精神的形成。在个体创业和企业发展过程中存在流动性约束（Evan、Jovanonic，1989），良好的金融发展水平有助于打破融资约束，通过为企业家的创新创业活动提供一系列金融服务，降低企业获取金融资源的成本。金融发展对企业家创新活动支持主要包括：对从事潜在创新活动的企业家进行评估与筛选；降低筹资成本；利用多样化金融产品和金融工具，分担企业家创业过程中可能面临的风险，提高企业家抗击风险的能力；帮助企业家对创新所带来的潜在回报与预期收益进行精准评估（李磊等，2014）。当前，国内外关于金融发展影响企业家精神的研究主要集中在金融发展对企业数量的影响上。Rajan 和 Zingales（1998）通过实证研究发现金融市场越发达的国家，其对外融资依赖性强的行业发展也越快，表明金融发展有利于新企业成立。Asli 和 Ross（2008）基于跨国数据，以及 Bianchi（2012）通过构建理论模型也得到同样的结论。这些研究表明，良好的金融体系能够打破企业流动性约束，通过提供信贷资金给具有创新精神的企业家，帮助企业家克服市场准入限制，从而促进企业家创新创业活动的开展。Bohacek（2007）研究发现当企业家只能通过自身储蓄进行融资时，会显著降低资金配置效率，导致社会总产出降低7.25%，同时给企业家和雇员带来11.1%的总效率损失。江春和滕芸（2010）根据我国1999—2008年的省级面板数据研究发现，金融发展对企业家创新精神的支持，能够创造更多的就业机会，提高人均收入水平进而有效改善收入分配状况。

企业家对所需资源的有效整合能力是企业家精神的重要表现。在众多所需的资源中，金融资源不足会对企业潜在发展产生严重制约。因此，很多学者关注金融资本获取对区域企业家精神的影响。金融资本是企业家创业过程中所需资金的重要影响因素，包括自有资金、银行贷款和风险投资。Kouriloff和Michail（2000）根据企业家创业动机的不同将企业家分为机会拉动型企业家和生存推动型企业家，并发现创业动机会影响企业家规避金融风险的态度，即当面临创业资金需求超过个人所能够提供的资金时，机会拉动型企业家通常选择合伙形式，而生存推动型企业家则倾向于选择独资方式。Keuschnigg和Nielsen（2004）研究发现，若政府仅仅通过引入风险资本或仅使用公众创业投资基金推进企业家精神，则将会致使企业家精神的低质量。国内研究方面，由于我国采用以传统银行间接融资为主的金融体系，金融环境对企业家精神的培育作用十分有限，但作为现代经济活动的核心要素，金融环境仍是影响企业家精神发挥的关键要素。江春和周宁东（2012）利用2006—2009年省级面板数据研究发现，农村金融市场化改革能够显著促进企业家创新精神，而对农村地区企业家创业精神影响不显著。随着我国数字经济的不断发展，大数据、云计算、人工智能等信息技术在金融领域广泛使用，数字普惠金融应运而生（郭峰等，2020），并为解决传统金融发展困境提供了可能，为学术界所日益关注。部分文献开始关注数字普惠金融对创业（谢绚丽等，2018；张勋等，2019）、企业技术创新（唐松等，2020）的影响。

4.文化因素

文化是一国或地区价值观念、信仰以及预期行为的组合。文化是影响企业家精神的重要因素之一。Hagen（1960）研究表明企业家精神是人们为了维持生存而进行的抗争活动。Blanchflower（2000）强调制度和文化特征的差异对企业家精神会产生不同的影响。Audreschet 等（2010）研究发现具备更高知识水平的地区拥有更强的企业家精神，而且多元性的文化能够促进新企业的建立。Qian 等（2013）基于知识溢出的企业家理论研究发现，文化多样性和高技术能够影响地区企业家精神。Hundley（2006）、Djankov 等（2006）研究发现企业家资本可以实现家庭内代际的转移，从而使企业家精神具有很强的代际传递效应。

在国内研究方面，学者们主要从企业家精神的文化内涵出发研究其对企业家精神的作用。高波（2004）将文化资本的积累定义为企业家精神的实质，即价值观体系的不断扩展与包容、扬弃。张玉利和杨俊（2003）认为文化环境会影响企业家感知机会的能力，从而影响企业家创业行为，文化环境与企业家创业之间正相关。李坤和王建（2005）认为地域文化会影响企业家创新意愿，影响企业家的机会识别能力，进而影响企业家创业知识的积累。徐静等（2016）认为企业家文化资本对企业家精神的形成和发展有重要影响。周敏慧等（2017）将企业家资本分为物质资本和非物质资本，其中非物质资本包括商誉、顾客忠诚度和家庭文化传承，并借助我国特定历史时期的家庭成分划分，作为非物质企业家资本代际传递的代理变量，以识别其对个人创业活动的影响。研究发现，家庭成分对农村迁移人口成为企业家型自营者具有正向作用且显著，而对个体型自营者则没有显著作用。

5.基础设施水平

由于基础设施可以增强地区间的连通，促进创新与创业活动，因此企业家精神与基础设施水平正相关。Audretsch（2015）认为某些特定的基础设施，如宽带等高级基础设施，相比公路、铁路等传统基础设施更能激发与弘扬企业家精神。Woolley（2004）研究发现基础设施建设对于企业家精神的培育和发挥至关重要，良好的基础设施水平能够刺激创新与创业，为企业家带来更多的创新与创业机会。朱盼（2017）通过分析我国城市企业家精神的空间分布格局发现，较发达的信息基础设施能够促进企业家精神的发挥。陈欢等（2022）研究发现交通基础设施的改善能够促进企业家创新与创业活动，认为交通基础设施不仅能够增强地区间的交流与联系，促进企业家更好地识别创业机会，而且能够降低企业经营成本，提高企业经营利润。

6.产业集聚

产业集聚对企业家精神培育的影响已成为国内外文献研究的热点问题。Acs 和 Armington（2006）发现，产业集聚能通过知识外溢提高区域内整体企业家精神。Delgado 等（2010）研究发现，如果上下游产业链上的生产者集聚在某一区域，则其顾客也会集聚并产生外部需求效应，从而降低交易成本，提高销售可能性和收益，提高该区域的企业家精神水平。

产业集聚促进企业家精神的原因研究。Audia 和 Rider（2005）认为产业集聚能为企业家机会的利用提供信息和关系，增强企业间的合作和信息交流，减少企业间的竞争，从而促进企业家精神的培育（Shane、Cable，2002）。Piras 等（2012）研究发现，产业集聚会使企业家偏好产业链经营，从而形成垂直分离程度低的大企业集团，在专业化市场中拥有强市场地位，进而促进企业家精神水平提高。Neck（2004）研究发现，当产业集聚中的企业面临替代品市场的竞争时，他们会通过设立策略，如规模经济、产品差异化等方式抵制潜在竞争者进入，以保护其所拥有的较大市场份额，这种竞争会减少生产替代品的企业集聚的可能性，促使具有较强企业家精神的企业进行产品创新。

产业集聚培育企业家精神的机制研究。产业集聚可以通过降低创业成本、增加创业机会等培育企业家精神。Glaeser 和 Kerr（2009）认为产业集聚能通过知识溢出、商业和社会网络、投入产出联系等方面，为企业家精神的培育提供"经济土壤"。企业可以充分利用区域内的资源，有效识别新的技术和市场机会，促进企业家精神的形成。同时，产业集聚内的行业规模、企业专业化程度、产品替代率，通过影响新建企业比率、企业雇佣率等企业家精神比率，成为企业家精神的孕育机制。Acs 等（2013）提出产业集聚所构建的创新体系是企业家精神传播的重要渠道。Huggins（2008）从知识经济的角度出发，认为知识产业集聚是培育企业家精神的重要渠道，并将知识产业集聚过程分为起源、发展、成长和更新四个阶段。

2.3　经济高质量发展的研究综述

党的十九大报告指出，我国经济已由高速增长阶段转向高质量发展阶段。这一论断是对我国所面临的国内外复杂经济环境、社会主要矛盾变化以及新发展阶段特征综合研判后所提出的，是站在新的历史节点提出的全新发展战略。党的二十大报告更是提出实现高质量发展是建设中国式现代化的本质要求。可见，高质量发展是我国经济当下以及未来很长一段时间必须长期坚持的发展方向，它深刻揭示了我国经济运行的基本底色（高培勇，2019a）。因此，经济高质量发展这一主题也迅速成为国内学者关注的热点，主要聚焦在经济高质量发展的内涵界定、经济高质量发展的测度、经济高质量发展实现路径等方面。本节将主要对经济高质量发展的内涵、经济高质量发展的测度及影响因素等方面进行文献综述。

2.3.1　经济高质量发展的内涵

经济高质量发展是从"经济发展"这一概念演变而来的。"经济发展"是比经济增长更加宽泛的概念，除包含经济增长以外，还包括与经济增长密切相关的经济结构、城乡均衡、收入分配等方面，是一个复合的、多维度的概念（杨瑞龙，2019），而"高质量"则更加强调经济发展的重心是质量和效益层面。由于质量本身属于价值判断的范畴，含有规范经济学的特征，需要依托某些标准对经济发展状况的好坏进行判断，而这些标准在不同的经济社会条件下可能会发生变迁，故经济高质量发展是一个动态的过程。从经济学意义上来说，高质量更多表达的是产品和服务的适用性，即能否有效满足消费者真实需求的能力。正是由于高质量发展是依托于具体经济社会发展背景的一个动态概念，所以学者们对其内涵的理解与界定充满争议，尚未达成共识。

长期以来，由于缺乏必要的学理基础和分析工具，现代主流经济学关于经济质量方面的研究并没有引起太多关注，而是被极大弱化了（金碚，2018）。现有众多研究仍然沿用西方经济学分析经济增长时所使用的理论工具，仅从经济增长的效率或效益方面对经济高质量发展进行界定，并没有涵盖与之联系的动力机制、经济结构、发展均衡等内容。比如，杨瑞龙（2019）结合我国当前经济发展所处阶段及存在的问题，基于资源节约和可持续发展角度，将经济高质量发展定义为"通过提升经济活力与创新能力来实现有效率的增长"，以增长效率来刻画经济增长质量具有一定的理论和现实意义，得到国内学者广泛赞同（徐现祥等，2018；余永泽等，2019；陈诗一、陈登科，2018）。但正如前文所述，仅从效率的角度来界定经济高质量发展，仅能够体现经济发展质量的某一个维度，无法涵盖其全貌（任保平、文丰安，2018）。

一些学者从马克思主义政治经济学出发，从改善民生、提升人们福利水平方面，阐述经济高质量发展的内涵。党的二十大报告也指出："江山就是人民，人民就是江山。中国共产党领导人民打江山、守江山，守的是人民的心……必须坚持在发展中保障和改善民生，鼓励共同奋斗创造美好生活，不断实现人民对美好生活的向往。"因此，增进人民福祉、提高人民生活品质是经济高质量发展的本质要求。金碚（2018）、刘志彪（2018）、任保平（2021）等学者从这一角度描述经济高质量发展的内涵，比如，刘志彪（2018）提出经济高质量发展就是把提升民众幸福度作为奋斗目标，其水平取决于老百姓对美好生活需要的满足程度。任保平（2021）将是否遵循人本理念、是否有效改善民生，作为评判经济发展质量的最终价值标准，将经济高质量发展界定为：通过转变经济发展方式、经济结构优化以及新动能培育推动经济社会协同发展，持续提升人民生活水准。

还有一些学者基于新发展理念视角，对经济高质量发展的内涵进行了阐述，提出经济高质量发展就是体现新发展理念的发展（逄锦聚等，2019；张涛，2020）。洪银兴（2019）认为新发展理念是包含经济、社会和生态3个方面效益的综合，不仅能够充分体现人与社会、经济、自然相互协调、和谐共生的思想，而且与新时期人们对美好生活的需要一致。此后，大量学者以新发展理念为基础，对经济高质量发展的内涵进行了界定与测度。

上述基于西方传统经济增长理论、政治经济学、新发展理念等的观点，均是从宏观层面进行的界定，但宏观层面的经济高质量发展需要从中观、微观进行支撑与实施。因此，部分学者尝试从中观产业结构和微观企业发展界定经济高质量发展的内涵。比如，余东华（2020）以制造业高质量发展为研究对象，认为制造业高质量发展应当是以新发展理念为指导，在产品生产、制造、流通等整个链条实现投入少、效益高、环境优和效益好的高水平、可持续的发展。陈欢等（2020）从政治经济学视角出发，结合新发展阶段我国供需双侧存在的矛盾，将经济高质量发展界定为能够有效识别消费者多样化的需求，推动产业结构升级，并最终实现经济长期稳定增长的发展。黄速建等（2018）认为高质量发展是状态性和过程性的有机融合，将高质量发展界定为企业为追求更高水平、更高层面以及更高效率的经济价值和社会价值统一，以形成更加卓越的企业长期增长能力和持续价值创造的目标状态和发展方式。

2.3.2　经济高质量发展的测度

根据上述对经济高质量发展的内涵研究，如何对经济高质量发展进行科学测度，正逐渐成为当前学术界亟待解决的重要课题。目前，学术界关于经济高质量发展的测度尚处于起步探索阶段，没有形成统一的观点。经梳理文献可知，当前关于经济高质量发展的测度主要可归纳为狭义和广义两方面。

狭义方面主要关注生产效率，采用单一指标来衡量经济高质量发展。如学者们采用全要素生产率（徐现祥等，2018；余泳泽等，2019）、增加值率（沈坤荣、傅元海，2012；陈雨姗、傅元海，2019）、劳动生产率（陈诗一、陈登科，2018）等指标进行衡量。虽然采用单一指标具有一定的科学性，但由于其忽视经济结构优化、收入分配均衡等方面，未能充分考虑生产要素的长期影响，也无法全面反映资源配置状况，导致测算的结果存在片面性。

广义方面主要是通过构建综合指标体系进行测度，主要可以归纳为两大类。第一类是全面贯彻新发展理念的目标要求，并以此为基础构建经济发展质量的综合评价体系，运用主成分分析方法进行测算（詹新宇、崔培培，2016；储德银等，2020a）。基于新发展理念构建的指标体系能够从多个维度阐述新时期经济高质量发展的价值取向和发展路径，因而得到学者们的普遍认可。但也有学者认为该方法更多地强调发展过程和发展方式，却没有精准揭示发展结果（李宗显，2022）。另一大类是基于经济高质量发展的内涵界定探索其评价体系。如张军扩等（2019）以公平、高效、可持续为基础，构建了经济发展质量的评价体系；刘志彪（2018）从均衡发展战略实施、现代化经济体系建设、市场机制完善等诸多方面出发，构建了一个多维综合的评价指标体系。的确，多维度的综合指标体系确实能够全面反映经济发展的各个方面，但也并非越多越好，因为如果维度太多反而会使我们难以科学把握经济发展质量的核心，容易导致结果有偏（杨瑞龙，2019）。而且在指标选取过程中，难免会出现主观性强、指标缺乏代表性等问题，导致评价结果难以真实反映经济发展质量。

2.4 企业家精神与经济高质量发展的关系研究

通过前面的文献梳理可知，关于企业家概念的提出最早源于坎蒂隆（Cantillon，1734），而将其作为一种生产要素，并认为它是经济持续增长重要源泉的，是熊彼特（Schumpeter，1934）"创造性破坏"思想，这引起了学术界对企业家精神研究的日益关注。目前，学术界关于企业家精神与经济发展的研究，主要集中在两个方面：一方面是企业家精神与经济增长关系研究，也是当前学者们关注的主要方面；另一方面是部分学者关于企业家精神与经济增长质量的关系的研究。

一个方面是关于企业家精神与经济增长的关系研究。虽然西方结构性改革理论的微观机制和经济实践都在强调企业家精神的重要性，但事实上它在现代经济增长理论的文献中却消失了。20世纪90年代，企业家精神对经济增长的影响开始成为经济增长的重要渠道，可能是因为单纯依靠资本、劳动、自然资源等传统生产要素难以解释不同国家和地区间收入差距和经济增长等问题，为此学者们开始重新审视熊彼特"创造性破坏"的思想，企业家精神的作用才逐渐得到重视。Romer（1990）、Grossman和Helpman（1991）、Aghion和Howitt（1992）等继承了熊彼特模型的思想，将知识创新和产品创新等"创造性破坏活动"内生化于经济增长模型中，从而开创了新经济增长理论的一个重要分支。目前对企业家精神与经济发展关系的研究，主要集中在企业家精神与经济增长的关系研究方面。大量文献研究表明，对于工业化和转型经济国家，企业家精神与经济增长正相关（McMillan、Woodruff，2002；Thurik、Carree，2008；Samila、Sorenson，2011；Tsvetkova，2015；李宏彬等，2009；胡永刚、石崇，2016；马忠新、陶一桃，2019；孙早、刘李华，2019）。比如，McMillan、Woodruff（2002）认为企业家精神是转型经济成败的关键；李宏彬等（2009）将企业家精神引入增长回归中，将企业家精神分为创业精神和创新精神，利用我国省级层面面板数据，验证了企业家精神对经济增长的正向作用；胡永刚和石崇（2016）发现企业家精神对经济增长的影响有数量效应和配置效应，政府通过降低扭曲和减少管制，能够提高企业家数量和投入生产性活动的时间，从而促进经济增长；马忠新和陶一桃（2019）基于中华老字号企业的空间布局，研究了企业家精神历史传承对经济增长的影响，发现企业家精神历史传承对经济增长具有正向作用；孙早和刘李华（2019）研究发现创新型经济的本质是有效激发全体成员的企业家精神，社会保障水平的提高将有助于提高企业家精神，从而促进经济发展。然而，这些研究的关注点仅是经济增长的速度或数量方面而非质量。

另一方面是关于企业家精神与经济增长质量的研究。随着我国经济进入高质量发展的新阶段，经济增长质量逐渐成为国内研究的热点问题，部分学者也开始逐渐关注企业家精神与经济增长质量之间的关系。比如，张维迎和盛斌（2004）提出企业家精神能通过对资源的重新配置，改善市场不均衡进而提升市场效率，实现经济增长质量的提升。庄子银（2003）基于南北贸易框架构建了一个内生增长模型，用于研究经济增长的影响因素，发现拥有较多企业家的南方经济体经济增长速度更快，原因是企业家创新精神能够促进经济发展；庄子银（2005、2007）继承并扩展了鲍莫尔（Baumol，1990）关于企业家精神在生产性活动和非生产性活动间差异化配置的观点，将企业家活动配置引入内生技术创新模型，从而为促进经济发展方式转型提供了参考。李元旭和曾铖

（2019）利用我国省级面板数据，以"创业密度"衡量企业家精神，发现企业家精神能够促进经济高质量发展。Lafuente 等（2019）认为企业家精神能通过促进技术进步和提高资源配置效率，提升全要素生产率，而全要素生产率提升又是经济高质量发展的内涵（贺晓宇和沈坤荣，2018）。李言和张智（2021）利用中国城市层面的数据测度了中国营商环境指数，从企业家精神的视角出发，揭示了营商环境对经济增长质量积极效应的作用机制，并提出企业家精神是该效应的间接驱动者。然而，企业家精神与经济高质量发展之间或许并非简单的线性关系。曾铖和李元旭（2017）采用私营企业投资者人数与就业人口的比例来衡量企业家精神，发现企业家创业精神有助于长期经济增长方式向集约化转变，但对短期贡献不明显。徐远华（2019）利用我国工业行业面板数据，发现企业家创业精神与工业全要素生产率之间存在"U"形关系，但并未对其中的作用机制进行解释。刘伟丽和杨景院（2022）研究了企业家创业精神对经济增长质量的影响，企业家创业精神与经济增长之间存在显著的"U"形关系，并探讨了其中的内在作用机制。即从长期来看，企业家创业精神将从柯兹纳式套利型转变为熊彼特式创新型，其对经济增长质量的抑制作用将被助力作用所替代。

综上所述，经济高质量发展的目标要求为研究企业家精神提供了契机，但目前学术界关于企业家精神与经济增长质量的关系研究仍处于起步阶段，无论从理论还是经验研究方面都亟待进行更加深入的挖掘。

2.5 文献述评

综上所述，西方关于结构性改革的研究为当前我国推进供给侧结构性改革提供了基础，但微观上如何更好地实施供给侧结构性改革却尚未达成共识。虽然已有部分研究开始关注企业家精神、经济高质量发展以及两者之间的关系，但对标当前高质量发展的目标要求，解决社会主要矛盾转变下面临的供求结构性矛盾，尚存在一些不足。具体如下。

（1）已有文献大多遵循完全信息和完全理性的假定，固守"偏好内在一致性"的新古典范式，将识别需求的过程排除在理性预期之外。

而改革开放以来我国居民消费需求结构不断升级，由满足生存的基本需求已转向科教文卫等有利于提升广义人力资本的需求。如果不改变传统工业化背景下以生产供给为主导的模式，忽视对消费者需求结构及偏好的精准认知，就无法实现供给和需求双侧的有效对接，导致出现产能过剩、供需错配及结构性减速等系列问题。因此，本书认为只有率先发挥企业家精神对市场需求方向的有效识别，再通过创新创业活动组织有效生产，从供给侧提升供给体系的质量效率，才能从根本上破解需求侧制约，实现供求结构平衡，最终实现经济高质量发展。但是，目前国内外学术界对企业家精神推动经济高质量发展的理论机制认识尚不充分，尝试将企业家精神纳入经济增长框架的理论模型仍鲜有研究。因此，①本书将企业家精神的内涵界定为需求认知、创新与创业三大特征，并采用政治经济学的分析视角，结合供需两方面及其关系格局的变化，提出企业家精神推动经济高质量发展的理论机制。②本书将以熊彼特创新增长理论为基础，尝试构建内生化企业家精神的水平创新增长框架，以考察需求结构转变下企业家精神对经济高质量发展阶段经济增长的作用。

（2）现有研究虽然就企业家精神内涵、测度以及影响因素等方面进行大量研究，并形成了较为丰富的理论成果，但对标经济高质量发展的目标要求，仍有诸多层面需要进行更加深入的探讨。①由于我国经济体制改革的实质是市场化改革，且企业家成长和市场发育是同一过程的两个方面（张维迎，2005），市场化改革的核心就是企业家精神的有效发挥（胡永刚、石崇，2016）。因此，市场化改革与企业家精神之间的关系研究至关重要。虽有少数文献开始关注市场化程度对企业家精神的作用，但大多仍集中在理论机制分析方面且逻辑机理尚不明晰，相关经验研究也较为缺乏。因此，本书将结合我国经济增长方式转变的特殊背景，探究市场化改革、企业家精神与经济高质量发展之间的关系。②作为推进中国式现代化和实现经济高质量发展的重要因素，企业家精神的培育离不开有效金融支持，且随着人工智能、大数据、云计算等新兴技术的蓬勃发展，数字技术与金融的有机融合而产生的新型金融模式，成为改善传统金融发展环境的重要方向。应强化对市场主体的金融支持，发展数字金融。鉴于数字普惠金融对微观市场主体创新创业的重要作用，以及大力培育和弘扬企业家精神的迫切要求，对此问题的研究具有重要的理论价值和现实意义。但当前关于数字普惠金融发展对企业家精神直接影响的研究仍较少，数字普惠金融如何影响企业家精神的内在机制尚不明晰，也缺少相关的经验证据。故而，本书将深入分析数字普惠金融对企业家精神以及经济高质量发展的作用。

（3）已有研究虽从多个角度对企业家精神影响因素，以及如何有效培育和发挥企业家精神等进行了大量研究，但大都是将国外结论直接应用到中国，缺乏对现阶段中国经济改革现状的深刻理解。本书认为，新时代我国企业家精神的培育应当立足社会主要矛盾变化的特殊背景，聚焦新目标新征程的使命任务，并结合国家关于培育和弘扬企业家精神的一系列重要文件精神，尝试给出新时代培育企业家精神尤其是民营企业家精神的政策路径，为培育和弘扬企业家精神以及有效推动经济高质量发展提供新的动力机制和决策参考。

第3章　理论基础

正如文献综述部分所阐述的，企业家精神的理论研究已经成为学术界关注的热点，随着我国经济已由高速发展阶段转向高质量发展阶段，探寻企业家精神与经济高质量发展之间关系的理论研究也受到学者们的普遍关注。本章将围绕企业家精神内涵理论、经济增长理论以及企业家精神对经济高质量发展影响的理论，通过文献梳理和总结，尝试构建企业家精神推动经济高质量发展的理论基础，从而为本书的研究提供理论基础和经验借鉴。

3.1　企业家精神理论

3.1.1　国外理论研究

马歇尔（Marshall，1890）最早提出企业家理论，他认为企业家利用资本的才能如同土地、劳动、资本一样，是一种生产要素，并主张企业家应具备两方面的能力：一是作为商人，要有敏锐的洞察力、创造力以及对生产要素的组织能力，能够发现市场不均衡并获得套利机会；二是作为企业管理者，企业家需要具备领导力、判断力和决策力（王洋，2019）。马歇尔的企业家理论基于市场均衡视角，强调企业家作为商人敢于承担风险的精神，使得企业家群体能够更好地融入经济学的体系框架。

熊彼特（Schumpeter，1934）在其著作《经济学原理》中，不仅将企业家精神视为一种生产要素，而且指出企业家精神是促进经济增长的重要力量，是经济体系中的内生变量，提出"创造性破坏"思想，即实现新组合的功能，进一步发展了企业家精神理论。他强调企业家是创新的主体，企业是新组合的实现，而将推动新组合的实现当作职业的人被称为企业家。他将"执行新的组合"具体化为产品、生产方法、市场、工业来源和组织五个方面。他认为企业家从事创新工作并非为了满足其自身需求，也并非追求直接的满足，而是梦想建立私人王国、获得征服感和创新带来的快乐（刘志成、吴能全，2012）。鲍莫尔（Baumol，1968）通过将非生产性的企业家精神（如寻租）纳入到企业的创造性活动中，通过分析企业家精神在生产性活动和非生产性活动中的配置，总结出决定企业家报酬结构的规则，而这对于经济中的创新活动与技术进步影响深远，从而进一步拓展了熊彼特式的企业家理论，将其更好地融入经济学的分析之中。

奥地利学派的代表人物柯兹纳（Krizner，1973）将企业家精神嵌入到市场过程或结构中，从市场过程的范式中分析企业家精神。他扩展了企业家行为的投机性，认为企业家的主要功能就是对市场机会或者不确定性的警觉，并通过投机套利使经济达到均衡状态。由于市场总是处于非完全状态，存在着各种不均衡，企业家的作用正是通过对新知识的认知与扩散，实现市场的均衡发展（刘志成、吴能全，2012）。可见，柯兹纳的企业家理论不同于熊彼特经济外在力量，通过将企业家精神客观化于企业，从而嵌入市场过程或结构之中。德索托（De Soto，1992）进一步扩展了柯兹纳关于企业家精神的内涵理论，认为企业家精神具有根本的创造性特征，通过不断创造新的信息和知识并向市场有效传递，为知识无限增长提供了可能。因此，奥地利学派将企业家的内涵特征从投机、警觉上升到创造性演变,形成了与熊彼特式创造性破坏相补充的重要方面,即企业家精神的创造性破坏构成企业家警觉的环境来源,企业家精神的警觉性能够有效提升熊彼特式的创造性,彼此相互作用形成"均衡—不均衡—均衡"的经济循环,并不断丰富融合。

纳特(Knight,1921)提出了企业家精神形成的基本途径,并阐述了企业家精神的具体功能。他将企业家视作不确定性的承担者,通过区分风险与不确定性的关系,提出企业家的主要任务是"决定做什么、该如何去做",并为此需要承担决策所带来的不确定性。因此,纳特将企业家视作承担不确定性的人,而利润是承担不确定性所得到的回报。舒尔茨(Schultz,1980)进一步扩展了纳特的企业家理论,将企业家精神定义为对非均衡的处理能力。

因此,可以将国外关于企业家精神的理论内涵归纳为三个方面:一是以熊彼特(Schumpeter,1934)和鲍莫尔(Baumol,1968)为代表的德国学派,强调企业家的创新精神;二是以柯兹纳(Krizner,1973)为代表的奥地利学派,强调对市场机会的发现或认知能力;三是以纳特(Knight,1921)和舒尔茨(Schultz,1980)为代表的新古典学派,强调企业家的风险承担能力和冒险精神。

3.1.2 国内理论研究

国内研究方面,由于企业家理论研究需要与特定的社会背景相对应,国内学者主要结合我国经济的特殊背景对企业家理论进行了创新。比如,由于我国正处于经济转轨的关键时期,国内学者张维迎(2005,2017)将企业家精神定义为根据盈利原则通过对生产要素进行组合从事经济活动的人,提出企业家职能主要包括套利和创新,前者是通过发现不平衡并进行套利的行为,后者是创造新技术和新产品,同时,他还指出相对于市场不确定而言,我国企业家面临更多的政策不确定;项国鹏等(2009)认为我国企业家精神的理论研究应更多关注制度创新;吴敬琏(2018)认为创新是企业家精神的本质和核心;刘志成和吴能全(2012)结合我国特殊的社会发展过程,认为可以从社会功能和行为过程两方面定义企业家精神的内涵,创造和发现是其两大根本特征。

综上，根据上述国内外学者对企业家精神内涵的理论研究，并结合我国当前经济发展的特殊背景，本节将主要依据熊彼特、柯兹纳以及张维迎对企业家精神内涵的研究，聚焦企业家精神的发现或认知、创新等特征，从理论和实证两方面研究企业家精神对我国当前经济高质量发展的影响。

3.2 技术创新理论

3.2.1 技术创新的内涵

1912年，熊彼特（Schumpeter）在其《经济发展理论》一书中最早提出"创新"的概念，并在1939年《商业周期》中较为全面地阐述了创新理论。他认为创新就是把一种新的生产要素组合投入到新的生产环境中以期获得潜在的超额利润的过程。其中，这种新的生产要素组合就是指创新的内容，它主要包括以下几个方面：对原有产品的改进和更新或者是新产品的生产；一种新的生产方法或者技术的发明和利用；新市场的开辟；新资源的发现；企业组织创新。可见，熊彼特所阐述的创新具有广泛的内涵，不仅包括新产品的开发和使用、新技术的发明和应用及其他与技术密切相关的内容，而且还包括实行新的企业组织形式、企业管理方式等与制度相关的内容。但是，与技术相关的创新活动是其创新观点的主旨。然而，尽管熊彼特最早给出了创新的定义和内涵，也将与技术相关的创新活动作为其主要内容，但是他并未提出"技术创新"这一概念。

自熊彼特提出创新理论以后，学者们开始从多个角度对创新进行了大量研究，但是截至目前尚没有形成统一的概念。最早提出"技术创新"概念的学者是索洛（Solow，1951），他在熊彼特研究的基础上，对技术创新理论进行了全面的研究，提出了技术创新的实现应该同时具备的两个条件：新思想的产生以及后面的实现发展，学者们称其是技术创新概念研究过程的一个重要发现。此后很多学者的很多研究也基本与索洛一致。直到1962年，伊诺思（J. L. Enos）从行为集合的角度明确给出了技术创新的定义，他将技术创新定义为一系列行为综合的结果，包括发明的选择、计划的制订、市场开盘等。威廉·鲍莫尔（William J. Baumol）（1990）认为企业的创新活动包括生产性的和非生产性的多种表现形式，各种形式的创新活动都会对经济增长和企业效益产生重要的影响，并指出当前研究中所涉及的创新活动基本都局限在企业层面，属于创新活动的狭义范畴。曼斯菲尔德（Edwin Mansfied）对技术创新的定义最为学者们所接受，他指出技术创新是新产品或新过程被首次引进过程中所包含的生产技术、设计理念、生产流程和管理方式等步骤。20世纪80年代中期，缪尔赛（R. Mueser）通过梳理学者们关于技术创新的主要观点和论述，发现大约有四分之三的文献对技术创新的理解基本相同，即认为技术创新是将一种新想法或者间断的技术活动，经过一定时期的发展，并通过对其进行不断改进、更新和完善，一直到最终实现应用的过程。以此作为基础，将技术创新定义为以新颖构思和成功实现为主要特征的具有意义的非连续事件。这一概念主要包括两方面的主要内容，首先强调技术创新的新颖性和非连续性，其次指出技术创新的可实现性。

除了上述学者们给出的技术创新的概念，一些组织和研究机构也对技术创新的概念进行了界定。OECD将技术创新界定为新产品和新工艺的开发和应用，以及对原有产品和工艺的改进使其技术发生明显提高，并在生产工艺上应用了创新或者在市场上实现了创新，即为技术创新。美国国家科学基金会（NSF）于1969年在其公布的一份研究报告中对技术创新进行了界定，指出创新是技术变革的集合，技术创新从新的思想或想法开始，并在处理问题的过程中得到不断修正和补充直至完善，并最终成功将一项具有社会价值和经济效益的项目推广和应用的复杂过程①，这个界定相对较窄。到了20世纪70年代下半期，NSF又对技术创新的概念进行了补充，将技术模仿和没有新技术知识参与的改进活动作为两类创新引入到技术创新中，从而拓展了技术创新的范围。

随着我国改革开放的不断推进以及西方关于技术创新研究的不断深

---

① 具体可参见NSF在1969年公布的研究报告《成功的工业创新》。

入，从20世纪90年代开始，我国学者也掀起了技术创新研究的热潮。徐庆瑞（1990）将技术创新定义为从新思想产生一直到最终生产出满足社会需要的产品的全过程，包括技术创新的推广、应用、扩散以及创新成果本身等。傅家骥（1992）将技术创新分为狭义和广义两个方面，狭义技术创新是指企业家为了抓住潜在的市场机会，对生产要素、生产工艺以及企业组织进行重新整合，从而建立具有更高生产效率、更低成本费用以及组织效率更高的生产经营系统的过程；而广义技术创新是指除了狭义的技术创新外，还包括企业的研发活动以及创新扩散的过程。1998年8月我国政府相关文件对技术创新给出了明确的界定：技术创新是指企业应用新思想、新技术或新工艺，并将其与新的生产方式和组织管理方式相结合，不断改进和提高产品质量，通过研发新产品和开展新服务，从而最终取得市场份额并实现市场收益和社会价值的活动。

3.2.2 技术创新的分类

为更深入地理解技术创新的本质和特点，可以按照不同标准对技术创新进行分类。其中，较为常用的分类是从以下两个范畴展开的：一个是宏观与微观分类法，主要是根据创新的层次和范围进行划分的，如英国科学政策研究机构（SPRU）提出的技术创新产出分类法就是具有代表性的宏观分类法。另一个是创新主体和客体分类法，主要是根据创新活动的技术变化强度与对象进行划分，如弗里曼提出的客体分类法（傅家骥，1998）。可见，按照不同的标准可以将技术创新分为不同的类型，在这里我们就不逐个进行讨论了，仅介绍渐进性创新和根本性创新、产品创新和工艺创新、自主创新和模仿创新这三类。

1.渐进性创新和根本性创新

渐进性创新是指对已有技术的不断改进而形成的渐进式和连续性的创新活动。这种技术创新对于企业来说是采取最多的形式，也是最为重要的一种方式。企业要想使所生产的产品能够在市场上一直保持竞争优势，就必须不断地对产品进行改进，以便当市场上的其他竞争者也生产出类似的产品时，原有企业能够通过提供更好的产品性能、更低的成本以及更优质的服务等取得优势。

根本性创新也被称为重大创新，它是指技术上产生重大突破的创新。一般是在市场需求和技术推动下产生的，这种创新往往伴随着一系列产品创新和工艺创新，使产品的生产技术发生根本性的变化，并可能在一定时期内引起产业结构的变化。一般而言，这种创新相对较少，所耗费的资源也较多，能够给经济和社会带来重大影响。如喷气式发动机、录像机等的出现，都带来了一系列新的产业。

2.产品创新和工艺创新

产品创新是指将技术上得到改进的产品成功实现商业化的过程。根据技术变化大小可以将其划分为重大的产品创新和渐进的产品创新两类。重大的产品创新是指采用新的技术方法或者生产原理得到一种全新产品的创新活动。如贝尔发明的电话、斯佩里兰德发明的计算机等都是应用新的科学方法和原理生产出全新产品的例子。渐进的产品创新是指根据市场对产品的需求，对原有产品进行的功能上的拓展和质量上的改进，在科学方法和技术原理上没有发生重大的变化。如苹果公司每年推出的苹果手机系列、软件公司推出的更新服务等都属于这一类型。这些都是对原有产品的功能进行微小的升级或者对原有功能进行的重新组合，但是正是这些不断改进的活动，满足了人们日益增强的对产品功能的需求，也使企业保持了在市场上的竞争地位。可见，与渐进的产品创新不同，重大的产品创新因涉及新的科学方法、新技术发明和相关原理等方面的重大突破，一般难度相对较大，必须拥有先进的科研能力，同时配备充足的资金和丰富的人力资本等才能实现。

工艺创新也被称为过程创新，是指产品生产过程中所使用的生产工艺、机器设备以及企业组织运作方式等技术方式的变化。同产品的技术创新一样，它也可以分为重大的工艺创新和渐进的技术创新两类。工艺创新的目的并非只在于使产品的生产成本得到降低，而是要求在保证产品质量的前提下，不断提升产品生产效率，从而带来经济效益的提高。同时，工艺创新还包括企业组织方式、管理方法以及服务方面的创新。因此，工艺创新在技术创新中具有重要的地位。

3.自主创新和模仿创新

自主创新是指企业通过自身的长期积累与不断探索取得生产技术和

管理方式的突破，并以此来推动创新活动后续环节的有序进行，从而实现技术的市场化并取得商业利润的过程。自主创新具有以下主要特点：首先是技术突破的内生性，这是自主创新的本质，即自主创新是企业依靠自身的努力和不断积累，通过独立的研发设计等活动获得的。其次是技术与市场开发方面的率先性，即自主创新企业必须将技术上的领先作为其追求的目标，同时需要将技术研发的成果迅速转化为商品以占领市场，防止跟进企业抢占市场，侵蚀其技术研发的成果，自主创新的优势正是通过技术上和市场开拓两方面的领先实现的。最后是知识和能力支持的内生性。在自主创新的过程中，企业除了依靠知识积累和较强的研发能力实现技术上的突破，同时还需要凭借自身力量推进创新后续过程的进行，这些都需要企业自身积累的知识和能力支持来实现。我国在《中共中央关于制定国民经济和社会发展第十一个五年规划的建议》中明确提出并描述了自主创新，指出自主创新包括原始创新、集成创新以及引进吸收的再创新。自主创新的提出为我国技术创新指明了方向，对我国经济发展具有重要的战略意义。

模仿创新是指企业通过引进、购买或者破译技术创新者的关键技术，模仿率先者的创新思路和创新行为，以及通过不断进行开发、补充等方式完善率先者研发的技术，从而使产品在功能、质量和价格方面取得竞争优势，以获得经济效益的行为。模仿创新具有以下几个特点：首先，是模仿性，这也是其最为突出的特点，即企业是在模仿技术创新者成果的基础上，通过改进和补充等方式进一步完善产品的功能、质量等，以取得相应的竞争优势。这点明显有别于自主创新，表现在技术上积极跟进，市场上进一步发展率先者已开辟的市场。其次，是研发上的针对性，即从事模仿创新的企业并非完全照搬技术率先者的技术，而是对率先者开发的技术进行补充和完善，往往需要投入大量的研发力量。这样做的优势是可以避免重复技术的研发，将研发的重点放在核心技术密集以及生产工艺改进与完善方面。

3.2.3 技术创新的来源

创新源是指开发某项新技术并将其成功进行应用的个人、企业或者机构等组织。国内外学者经过大量的理论和实证研究，发现创新源的种类繁多，且不同的创新类型以及不同的产业，其创新源往往存在差异。冯希普（Hippel）等根据创新与创新者之间的关系，将创新源分为用户创新、制造商创新和供应商创新，并对一些行业的创新按照创新源的贡献进行了划分。如科学仪器领域，技术创新中有77%来自用户创新，23%来自制造商创新；在工程塑料领域，技术创新中仅有10%来自用户，其余部分均来自制造商。沃夫（Warf）也进行了类似的研究，在以氮气和氧气为原料的设备创新领域，42%来自用户创新，17%为制造商创新，其余为提供原料的供应商创新；在以热塑塑料为原料的设备领域，技术创新中的43%来自用户，14%来自制造商，其余来自供应商。可见，用户、制造商以及供应商都是非常重要的创新源，且不同的行业各创新源的贡献不同。在实际生活中，并非由制造商控制着产品创新的所有过程，用户或供应商同样是重要的创新源。用户或者供应商发现某种市场需求并通过研发建立创新原型，再由制造商进行完善并推广到市场应用中。

对于创新源的另一个争论是关于大企业、小企业和个人，谁才是主要的创新主体的问题？梅耶斯和马克维斯认为，创新的数量与企业的大小并不存在明显的对应关系，大企业的技术创新并不一定多于小企业。曼斯菲尔德（Mansfield）的研究也发现，企业规模与创新数量并不存在因果关系，企业规模与创新之间存在着一个临界值。在不同的历史时期，创新主体往往不同。在20世纪80年代以前，大多数创新尤其是产品创新都来自个人或者小企业。但是近些年情况发生了变化，在1980年美国专利局批准的6万多项专利中，有超过3/4的专利来自大企业，造成这种现象的原因可能是，当前的科技研究往往需要大量设备投入以及不同学科的研究人员的共同合作，小企业往往难以承担。同时，对于不同行业来说，不同的发展阶段以及产业结构方面的差异，也会对创新主体产生影响。

3.3　经济增长理论

所谓经济增长是指在一个较长时期内，一国或地区人均产出或收入水平的持续增加。经济增长理论是经济学理论中的重要内容之一。最早关于经济增长理论的研究是亚当·斯密（1776）所著的《国富论》一书，他将劳动视作主要生产要素，认为劳动分工、资本积累和经济增长是经济增长的源泉，强调劳动的专业化分工对经济增长具有重要作用。大卫·李嘉图（1817）在斯密研究的基础上，强调劳动对象和劳动工具的改进对经济增长的作用。凯恩斯在1936年出版了《就业、利息和货币通论》一书，创立了现代宏观经济体系，提出了著名的有效需求理论。在凯恩斯提出有效需求理论的基础上，哈罗德（1939）和多马（1946）两位经济学家通过将原本静态或比较的、短期的凯恩斯理论长期化和动态化，建立了哈罗德-多马经济增长模型，从而奠定了现代经济增长理论的研究基础。

3.3.1　哈罗德-多马经济增长理论

1939年，英国经济学家哈罗德（1939）在其发表的论文《论动态理论》中建立了第一个经济增长的模型，并在1948年其所著的《动态经济学导论》中进一步详细阐述了他的经济增长思想。美国经济学家多马分别于1946年和1947年发表的论文《资本扩张、增长率和就业》和《扩张与就业》中，提出了一个与哈罗德相类似的模型，且两人的模型是独立的，经济学界将两者提出的模型统称为"哈罗德-多马模型"。哈罗德-多马模型是建立在凯恩斯的有效需求基础上的，该模型的构建为定量研究经济增长问题提供了可能，揭开了现代经济增长理论的研究序幕。

哈罗德-多马模型试图解释经济处于稳态增长时需要满足的条件，即讨论当收入和投资以怎样的速度增长时，经济能够按照固定的增长率保持持续增长。它的基本假设如下：一是整个经济社会只生产一种产品，即将社会中生产的各种产品抽象成为一种产品；二是经济中只有资本和劳动两种生产要素，且资本与劳动以及资本与产量的比例是固定的；三是规模报酬是不变的，要素报酬是递减的；四是劳动人口按照一个固定的比率 n 增长；五是不存在技术进步，资本没有折旧。从资本的需求供给角度来分析，哈罗德将相关的经济因素抽象为三个主要的变量：（1）储蓄率 $s=S/Y$，其中 S 表示居民总储蓄，Y 表示国民总收入。（2）资本-产出比 $v=K/Y$，其中 K 表示资本存量。由于假定不存在技术进步，则有 $v=K/Y=\Delta K/\Delta Y=I/\Delta Y$，因为假定资本不存在折旧，$I$ 表示净投资。（3）有保证的经济增长率 $g_w=\Delta Y/Y$，表示在储蓄率和资本-产出比不变的情况下，经济达到稳态时的产出或收入增长率。可见，哈罗德-多马模型是以凯恩斯的有效需求理论为基础的，即计划投资=储蓄，这样就可以得出哈罗德-多马增长理论的基本表达式：$g_w=s/v=\Gamma s$，其中，$\Gamma=1/v$ 为常数，则有保证的增长率与储蓄率成比例。

从劳动力投入的角度分析，哈罗德-多马模型讨论了人口增长率和劳动增长率与经济增长的关系。由于假定不存在技术进步，则劳动增长率为零，经济增长主要来自人口增长，所以可以得到 $g_z=g_n=n$，其中 g_z 为自然增长率，表示经济社会能够实现的最大增长率，g_n 表示人口增长率。根据假定二可知，产出增长率不可能大于 n，为了实现充分就业，自然增长率 g_z 表示一国实现充分就业时的增长率。

综合资本供求和劳动力投入两方面因素，可知一国经济要想实现稳态增长，需要满足如下等式：$g=g_w=g_z$，即稳态时的经济增长率等于有保证的经济增长率，等于自然增长率。根据均衡时的条件可知，经济增长率等于储蓄率和资本-产出比的比值。按照哈罗德-多马模型，由于资本-产出比相对稳定，为了实现某一目标增长率，只需考虑取相应的储蓄率就可以了。这显然不符合现实。哈罗德-多马模型的不足之处就在于，其均衡时的条件往往难以实现，因为储蓄率、资本-产出比以及人口增长率都是模型难以控制的外生变量，而且模型本身也不具备自身调节能力，一旦不均衡的情况出现，就只能任其发展下去。

3.3.2　新古典经济增长理论

从前面的分析可知，哈罗德-多马模型是建立在凯恩斯理论的基础

上，只适用于短期分析情形的模型。生产函数为设定的固定形式。但是
在长期，资本和劳动等生产要素之间是相互替代的，从而生产函数的形
式不再是固定的。1956年，美国经济学家索洛（Solow）和英国经济学
家斯旺（Trevor W.Swan）几乎同时提出了相同的增长模型，对哈罗德–
多马模型存在的缺陷进行了一定的修正，用新古典生产函数替代了原来
固定形式的生产函数，从而进一步推动了经济增长理论的发展，后来的
经济学家将他们提出的增长理论称为"新古典经济增长理论"或"索
洛–斯旺模型"。

　　索洛–斯旺模型的基本假设如下：一是要素之间是可以相互替代
的，如一定量的资本可以和不同数量的劳动相配合，同样，一定数量的
劳动也可以搭配不同数量的资本，两者之间的比例是可变的，这与哈罗
德–多马模型中资本和劳动配合比例固定的假定是不同的。二是假定经
济社会是完全竞争的，根据资本和劳动两者能够相互替代的假定可得，
利润率和工资率将会分别等于资本的边际生产率和劳动的边际生产率，
从而使资本和劳动不再会出现闲置的情形，资本和劳动都会得到充分利
用。因此，当经济达到稳态时，在市场机制的作用下经济将自发实现充
分就业，从而使经济增长主要取决于要素供给增加和技术进步的贡献。
三是资本存在折旧。

　　新古典经济增长模型侧重于资本积累，其最核心的方程为：$\Delta k = sf$
$(k) - (n+\delta) k$，其中δ表示资本折旧率，$f(k)$表示人均产出，其余变
量与哈罗德–多马模型中的定义一致。根据模型的假定可知，在长期，
经济将自发地收敛到均衡，此时$sf(k) = (n+\delta) k$。如图3-1所示，在
储蓄率、人口增长率和资本折旧的共同作用下，经济中的人均资本存量
将收敛到k^*的水平，此时的人均产出水平为$f(k^*)$。由这一结论可知，
经济无法实现长期持续的增长。新古典经济增长模型如图3-1所示。

　　新古典经济增长理论的不足之处在于：首先，由于新古典经济增长
模型假定长期中经济会自发地收敛到一个稳定人均资本或产出的水平，
经济无法实现长期持续的增长，这与人类不断发展的事实不相符；其
次，新古典经济增长假定经济会收敛到稳态水平，不同国家的经济发展
会趋同，这与发达国家和发展中国家贫富差距不断加大的事实相违背。

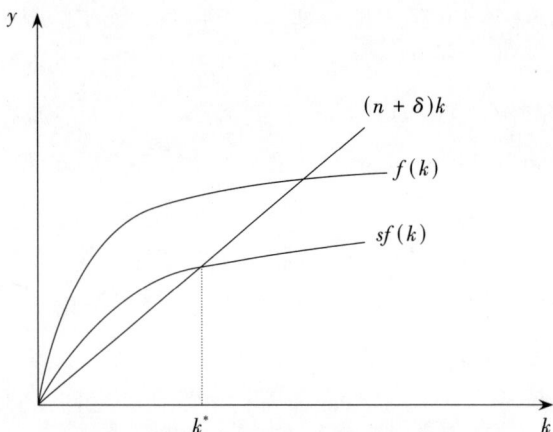

图 3-1　新古典经济增长模型

　　新古典经济增长理论存在上述两个严重的缺陷，使其受到人们的大量批评。为了弥补上述缺陷，新古典经济增长模型尝试在原有的分析框架下引入技术进步因素，使经济能够实现长期持续的增长。引入技术进步因素后新古典经济增长模型的资本积累方程如下：$\Delta k'=sf(k')-(n+\delta+g_t)k'$，其中 k' 表示考虑技术进步时的人均资本存量，即人均有效劳动资本存量，g_t 表示技术进步率。当经济处于稳态时，人均有效劳动资本存量将收敛到 k'' 的水平，相应的人均有效产出为 $f(k'')$。此时，虽然人均有效资本存量处于稳定的水平，但是人均资本将以技术进步速率 g_t 的速度增长，人均产出、人均消费也都按技术进步速率保持持续增长。因此，加入技术进步因素后的新古典经济增长模型使经济能够实现长期稳定增长。

　　在模型中加入技术进步的因素，虽然能够使经济在长期内实现持续增长，但是模型中并没有解释技术进步是如何决定的，将技术进步的源泉归功于外生的技术进步因素，使新古典经济增长模型再次遭到了人们的质疑。假定技术进步是外生的，意味着将经济增长取决于人们无法进行预知和控制的外生变量，这使新古典经济增长理论再次陷入了非常尴尬的处境，以至于巴罗和萨拉伊-马丁（1995）指出新古典经济增长模型解释了一切却无法解释长期经济增长。因此，新古典经济增长模型实际上无法解释技术进步如何推动经济增长，从而无法揭示经济增长的实质。

3.3.3 新经济增长理论

由于新古典经济增长理论将经济增长的源泉归因于外生的技术进步，这一致命缺陷使得在索洛-斯旺模型产生后近30年的时间里，关于经济增长理论的研究一直停滞不前。一直到20世纪80年代中期，以罗默（1986）和卢卡斯（1988）等为代表的经济学家提出新经济增长理论，才使经济增长理论再次成为学术界关注的焦点，各国也积极使用这一理论指导具体的经济实践活动。新经济增长理论是由持有相同或相似观点的经济学家提出的经济增长模型的集合，其共同特征是在模型中引入规模报酬递增的因素，并将技术进步内生化。因此，这一理论又被称为"内生增长理论"。

1.新经济增长理论之前经济学家的探索

（1）"边干边学"模型。

1962年，阿罗（Arrow）在其发表的论文《边干边学的经济学含义》中提出了"边干边学"模型，试图通过技术外部性弥补新古典经济增长理论的缺陷，并将知识的增进内生化于模型中以解释经济增长，又被称为"干中学"模型。阿罗的这一将外生技术进步内生化的初步尝试，成为后来新经济增长理论的重要思想源泉。

阿罗模型中有两个重要的假定：一是将"干中学"作为知识不断积累的渠道。他认为生产率的提高是通过厂商在进行投资过程中不断积累经验实现的，生产经验的积累是厂商投资的副产品，资本积累增多的同时，生产经验也会相应地增加。二是知识具有溢出效应。知识是公共产品，一个厂商积累的经验可以为整个经济所使用，知识外部性的存在使得生产经验会随着资本水平的增加而增加，从而促进生产率的提高，使"边干边学"成为经济长期增长的源泉。"干中学"模型的均衡增长率公式为：$g=n/(1-\sigma)$，其中 σ 为学习系数，n 为人口增长率。阿罗的模型很好地解释了内生经济增长，但是他将经济的长期增长率归因于外生的人口增长率和学习效率，但是什么决定了人口增长率和学习效率呢？模型中并没有给出解释，这使其存在一定的缺陷。

（2）引入教育部门的两部门模型。

除了阿罗的"边干边学"模型外，宇泽弘文（1965）提出的包含教育部门的两部门模型同样对新经济增长理论产生重要的影响。模型的假定如下：首先，经济中存在两个部门，一个是生产一般产品的产品部门；另一个是生产知识的教育部门，生产部门可以利用教育部门生产的知识提高生产效率。其次，经济中只有资本和劳动两种生产要素，劳动被分为两部分，即投入到生产部门的劳动 L_p 和投入到教育部门的劳动 L_e，技术进步正是通过教育部门的劳动力 L_e 进行体现的。再次，生产部门的生产需要资本和劳动，教育部门的生产仅仅需要劳动。宇泽弘文将总量生产函数形式设定为：$Y=F(K, AL_p)$，其中 A 表示技术水平，K 为资本存量，L_p 为生产部门投入的劳动。技术水平 A 通过教育部门生产的知识得到提高，其公式为：$\dot{A}/A = \Phi(L_e/L)$，其中 $\Phi()$ 表示技术进步的函数，满足 $\Phi' \geq 0$，$\Phi'' \leq 0$。通过求解模型的动态最优化问题，可以发现平衡增长路径的条件是资本增长率等于技术进步率。因此，经济不会收敛，人均资本存量会按照技术进步的速度一直增长。

宇泽弘文的两部门模型通过引入教育部门，从而使规模报酬递增，技术进步按照固定的增长率持续增强，经济增长的源泉是教育部门。但是模型中并没有给出教育部门是如何使技术进步率保持稳定增长的，以及其实现的机制是什么。尽管对于这些问题，宇泽弘文都无法给予合理的解答，但是宇泽弘文通过引入教育部门使规模报酬递增，并将经济增长源泉归于教育部门，无疑给后来的经济学家提供了重要启发。

2.罗默的知识溢出模型

新古典经济增长理论中假定边际报酬递减，因此无法解释经济的持续稳定增长。索洛-斯旺的模型为了解释现实中经济的持续增长，只好在模型中加入外生的技术进步因素，但是因无法解释技术进步的决定因素，使其备受诟病。要想解释长期经济增长，必须摈弃原有的边际报酬递减的理论框架，引入边际报酬递增的因素。在阿罗"边干边学"模型的基础上，罗默（1986）在其发表的论文《收益递增与长期增长》中，引入了收益递增的概念并将知识作为收益递增的因素，建立了知识溢出模型，标志着增长理论的复兴。他认为知识具有较强的"外部性"和"非竞争性"，使一种知识可以被很多人同时使用而不会产生相互影响。知识一旦产生，会通过两个渠道作用于经济增长，一是通过用于生产其他物质产品，能够提高生产效率；二是通过知识积累产生作用，即通过溢出效应促进新知识的产生。

罗默的模型通过引入收益递增的概念，揭开了新经济增长理论研究的序幕，具有十分重要的地位。但是罗默的模型仍有很多值得改进的空间。首先，模型无法提供显性解，只能通过相位图对模型的解进行描述；其次，模型中虽然将收益递增的源泉归于知识，但是对于知识是如何产生的，并没有给出充分合理的解释。当然，经济学家围绕着知识的产生和扩展等进行了大量的研究，时至今日这些研究仍没有停止。

3.卢卡斯的人力资本模型

卢卡斯（1988）在其发表的论文《论经济发展机制》中，提出人力资本积累是经济增长的源泉。他赞同罗默（1986）的边际报酬递增的观点，并认为人力资本正是这一边际报酬递增的因素，从而创立了著名的人力资本模型。

卢卡斯认为生产过程中除了物质资本和劳动力因素以外，还存在人力资本因素。人力资本通过两种途径对产出产生作用：一方面通过提高自身的生产力，从而提高了边际产出；另一方面，人力资本通过提高整体经济中的平均人力资本水平，提高了其他所有要素的生产率。卢卡斯将劳动力时间划分为两类：一类用于物质产品的生产，另一类用于人力资本自身的积累，并指出人力资本的积累主要是靠自身的投入，从而较好地回答了人力资本如何积累的问题。他设定的人力资本的线性方程如下：$\Delta h(t) = h(t)\delta[1-u(t)]$，其中$h(t)$表示人力资本，$u(t)$表示劳动力中投入物质生产中的时间比例，$1-u(t)$表示劳动力中投入人力资本积累的时间比例。

同知识一样，人力资本也具有较强的外部性，这使得经济增长中会出现社会最优和竞争最优不相等的问题。由于在社会最优的情形中，社会计划者不仅考虑社会平均的人力资本水平，同时还会考虑私人人力资本的外部性，因此，在一般情况下，竞争均衡时的经济增长率要低于社会最优的经济增长率，这也为政府干预经济提供了理论基础。

总之，以罗默、卢卡斯等为代表的新经济增长理论，通过引入边际报酬递增的因素，成功地将技术进步内生化，从而较好地解释了经济的持续稳定增长。

3.4 企业家精神影响经济高质量发展相关理论基础

正如前文所述，企业家精神作为推动技术创新的动力引擎，是新发展阶段构建创新型经济、实现高质量发展的重要力量。企业家精神的理论研究也已经成为学术界关注的热点，近些年涌现出一些经典理论，大体上从人力资本、知识溢出、产业演化以及经济发展方式转型等视角，研究企业家精神对经济发展的作用。本节将对这些研究进行梳理与归纳，为下文研究企业家精神影响经济高质量发展提供理论基础。

3.4.1 企业家精神人力资本理论

企业家人力资本是经济中较为稀缺的资源，对经济发展的影响至关重要（欧雪银，2018）。自20世纪80年代开始，关于企业家人力资本的研究就已经开始了，但直到21世纪初期开始，围绕企业家人力资本对企业发展的研究才受到学术界的普遍关注。目前，学术界已经就企业家人力资本的内涵达成一致：企业家人力资本是能发挥企业家精神、具有报酬递增性质的异质性人力资本。梳理已有文献可以发现，若将企业家人力资本按照其对企业发展影响的顺序分类，可将其理论研究划分为四个方面（欧雪银，2018）：（1）企业筹划阶段，企业家人力资本的作用是促进企业的建立和发展；（2）企业融资阶段，企业家人力资本通过其社会资本网络拓展融资渠道，帮助企业获取自身发展所需的资金；（3）在解决融资约束以后，企业家人力资本会识别可行的机会，并进行渐进式发展；（4）在企业渐进发展的过程中，企业可能会面临突破性创新机会，企业家在突破性创新中所担任的角色、其与突破性创新成果的关系以及能否成为驱动器对突破性创新的成败都会产生影响。

通过梳理已有关于企业家人力资本理论的文献，可以将企业家人力资本影响经济发展的内在机制归纳如下：①在企业筹划阶段，企业家人力资本会受到诸如利润动力、社会地位、竞争压力等激励，对市场机会进行识别和评价，并决定是否成立新企业。②一旦决定成立新企业，企业家想方设法利用各种渠道筹集资金，在这一过程中，企业家的融资思维、融资知识等都会对企业能否顺利融资产生影响，是企业发展的关键环节。融资渠道受制于企业家人力资本中的融资思维，而企业家的社会网络可以拓展企业家的融资思维。当面临融资陷阱时，来自企业家社会资本、人力资本等的融资知识会帮助企业家有效甄别融资沟壑，并根据复杂创新思想视情况做出争取或放弃外部融资机会。③在企业顺利完成融资后，企业家会通过其社会网络识别企业家机会，并依靠其拥有的机会知识以及专业化机会资源整合能力判断是否利用该机会（Baptista，2014）；当预期收益超过预期成本时，企业家会通过决策利用该机会，企业家利用机会的过程就是人力资本投入的过程（Stam 等，2010）。④企业家引领的突破性创新需要依托特定产业背景下所获取的机会，并在突破性创新中担任创造性破坏行动者、创新资源整合者、创新方案选择者、创新制度制定者以及创新知识管理者等角色，促使企业家人力资本与突破性创新成效相关，最终成为推动突破性创新的驱动器。

3.4.2　企业家精神知识溢出理论

企业家精神知识溢出理论的产生源于对"知识悖论"的解释，其基本观点为：公司和大学的研发部门能够创造出新知识，但因为缺少企业家素质等原因，创造出新知识的科学家或技术专家没有能力也没有办法完全利用这些知识，区域知识缺口由此形成，并为区域知识溢出提供了前提。正是通过利用这些区域知识缺口，企业家通过创新产生更多的企业家精神知识。因此，区域知识缺口与企业家精神知识正相关（Audretsch，2005）。Audretsch Keilbach（2010）对企业家精神溢出理论的核心做了进一步总结，提出知识越丰裕的地区会产生更多的企业家精神知识，并带来较多的企业家机会；反之，则相反。比如，若一区域内拥有较多的大学、研究所等科研机构，其内部各种有形和无形的网络在相互关联中不断加强，网络内的成员不断互动会促使更多的企业家机会产生，从而促进区域经济发展（Audretsch，2010）。

由于知识具有非排他性和非竞争性，具有高溢出倾向，通过利用大学和公司研发部门等产生的新知识，通过企业家精神被市场化，企业家精神成为知识溢出的管道。企业家精神溢出理论认为知识溢出主要源于两个渠道：一方面是源于大学的研发部门，并主要通过两种机制溢出：公开出版的学术刊物、融入大学毕业生身上的人力资本（知识传递成本与区域位置有关）。因此，这也能够解释距离大学越近越能够为知识外部性的产生提供便利，比如北京中关村、美国硅谷等。另一方面是源于企业的研发部门。由于采用新的知识面临较大的市场风险，具有高度不确定性，新知识能否生产、如何生产以及是否会带来充足稳定的市场需求等，都会影响新知识能否被顺利使用。正是由于知识利用存在较高的不确定性风险，公司在面对这些新知识进行组织决策时才会出现组织惰性，导致有些新知识没有被市场化，而是外溢到市场中。同时，存在一些具有一定企业家冒险精神的科学家或工程师，愿意接受新知识带来的不确定性，从而抓住了套利的机会（Alvarez、Barney，2005）。

企业家精神知识溢出理论强调知识溢出能够促进区域经济发展。通过前面的分析可知，大公司和高校研发部门创造的新知识会溢出到周边区域，且由于新知识具有高度不确定性，为一部分具有冒险精神的科学家或工程师提供了创业机会，提升了企业家精神水平。但新知识能否顺利转化为可用商品还需要其他方面的知识，这些知识同样来自该区域知识溢出，因此，区域知识溢出越高，成立新公司的可能性也越大，同样新公司的成立又能促进该区域发展。该理论对于我国当前经济发展具有重要的意义。

3.4.3 企业家精神产业演化理论

产业演化理论是产业层面企业家精神的发挥过程，包括产品生命周期、产业转移和产业承接等过程，并形成了相应的企业家精神演化理论。

（1）产品生命周期理论。该理论是基于 A-U 模型发展的，A-U 模型认为企业产品创新和工艺创新之间相互关联，在产业演化的不同阶段，两种创新侧重点不同。Klepper（1996）提出的产品生命周期理论，是研究进入、退出、市场结构和创新如何随产品周期而变化，涵盖产品从进入市场到被淘汰退出市场的全部过程。（2）产品转移理论。该理论是指企业为避开产品在其生命周期过程中的比较劣势，在产业层面更好地发挥企业家精神，促使产业不断发生转移，形成了产业转移理论。（3）产业承接理论。为承接产业转移，更好地在产业承接过程中发挥企业家精神，形成了产业承接理论。产业承接方式有两种：贸易主导和投资主导，并从时间上对两种承接方式进行了划分（徐强，2005）。具体来说，20世纪80年代以前，国际产业承接主要是以贸易主导型为主，主要表现为欧美发达国家为抢占发展中国家的市场而进行的贸易主导型产业承接。80年代以后，产业承接主要是以投资主导型为主，FDI在提供生产技术、资本、管理方式以及市场通道等方面都发挥了关键作用，故将其称为"投资主导型"产业转移。通过引进外资、产业加工贸易等方式，我国产业结构和贸易结构不断升级，很大程度上就是依赖承接国际产业转移实现的。

产品转移和产业承接理论从不同角度描述了国际产业转移对一国经济发展作用的客观规律。①技术创新和经济发展是促使国际产业转移不断发生的根本动力，这离不开企业家精神对一国要素禀赋优势的发现与识别，因此国际产业转移是经济发展的必然要求。②产业转移能否顺利实现离不开国际贸易和跨国投资这类重要载体。通过国际贸易，发展中国家能够从发达国家引进具有较高技术含量的生产设备、中间产品等，从而不断提升自身生产能力和技术水平；同时，发达国家也通过国际投资将资本、技术、先进管理经验等要素直接向发展中国家转移，这些要素与发展中国家的较低成本要素相结合，从而促使发展中国家产业效率不断提高，产业结构不断升级。③对于承接产业转移的发展中国家而言，随着经济发展水平提高和劳动力成本等比较优势的不断减弱，技术创新逐渐成为一国产业结构升级的根本动力，创新离不开企业家精神的有效发挥，因此，企业家精神对推动产业结构升级至关重要。

3.4.4 企业家精神经济发展模式转变理论

庄子银（2005）最早将企业家精神与经济发展模式转变联系起来，将企业家精神视为经济发展模式转型的动力和源泉，并构建了内生化的经济发展模型。他认为技术创新和模仿是企业家精神的核心，企业家精神是决定经济发展模式转变的微观组织力量。长期来看，拥有较强企业家精神的经济体，其经济发展水平和人均收入水平往往也会更高，反之，则相反。

目前，学术界关于经济发展模式转变主要有三种观点（厉无畏，2006）：第一种观点将经济发展模式转变视为转变资源配置方式，即各生产要素之间的重新分配组合，而这与熊彼特关于企业家精神是"执行新的组合"的重要表述是高度一致的。第二种观点是将经济发展模式转变视为一个体制转换问题。比如，林毅夫和苏剑（2007）提出企业行为决定了经济发展模式，因为市场经济是由企业组成的，而企业行为又取决于宏观经济环境，也即要素价格体系，因此，要素价格体系是决定一国或经济体的实际发展模式的根本因素。我国长期以来依赖劳动力、资本、土地等要素的密集型发展模式，就是由我国长期实行低利率、低土地价格和低劳动力价格等政策所导致的。因此，要转变我国经济发展的模式，就必须改变我国要素价格体系及其他方面的制度改革。吴敬琏（2006）认为我国传统的经济发展模式根源在政府，主张政府应当进行职能改革，以限制其权力，通过构建有为政府，提高经济效率。第三种观点认为转变经济发展模式的关键在于提高全要素生产率（TFP）。郑玉歆（1999）提出经济发展模式转变与经济发展阶段高度相关，一般在经济发展的成熟期，技术进步或 TFP 对经济发展贡献更高。涂正革（2007）认为提高 TFP 是我国工业企业增长的主要目标，且技术进步和规模效率改善对 TFP 的贡献最大。

可见，这三种关于经济发展模式转变的观点可以归纳为：经济发展模式转变是一个系统性的体制转变，企业家精神在其中发挥主导作用。虽然这三种观点都没有直接提出企业家精神与经济发展模式转型之间的关系，但仔细研究可以发现，其中都暗含了"企业家精神在其中发挥主导性作用"的观点。具体来说：第一种观点认为各生产要素的重新组合就是熊彼特意义上的生产创新，是企业家精神微观层面的典型特征。第二种观点提出制度创新是经济模式转变的实质，而制度创新是企业家精神的重要组成部分，即必须依靠企业家精神将"投资驱动"转为"效率驱动"的模式。第三种观点认为全要素生产率的提升离不开企业家精神的有效发挥。

第4章 新时代我国企业家精神的内涵、功能及测度

前文已经通过文献梳理了学者们关于企业家精神的内涵、测度、影响因素以及企业家精神理论的研究，可以发现学者们根据所研究视角、目的对象等方面的不同，形成了各自不同的观点，因此，本章将结合我国经济社会发展的特殊背景，首先对新时代我国企业家精神的内涵、构成要素和发展历程进行界定，然后分析企业家精神的功能，并给出企业家精神的测度指标，为后面的实证研究提供基础。

4.1 企业家精神概述

企业是承担经济功能的社会组织，企业的本质是以社会生产为目的的资源配置机制。企业家是市场经济活动的重要主体，通过发现不均衡找到市场套利机会，并在一定生产条件下通过组织生产要素、调配资源等方式，将新知识、新技术转变为可供消费的商品和服务，履行社会经济职能。企业家精神是经济发展的重要引擎。西方经济学家认为企业家精神（Entrepreneurship）既有精神方面的属性，又包含思想意识的含

义，同时也具有功能属性，包括企业家履行职能所需能力。市场活力来自企业家，更取决于企业家精神，企业家精神具有鲜明的时代特征。改革开放以来，我国经济增长就是由一大批富有胆识、敢于创新的企业家推动的，形成了具有鲜明时代特征与独特中国内涵的企业家队伍。随着中国特色社会主义进入新时代，要求企业家将自身发展同国家繁荣、民族兴盛、人民幸福紧密结合在一起，主动为国担当尽责，以创新和实干为企业家精神注入新内涵。本节将主要介绍新时代我国企业家精神的内涵、构成要素与发展历程。

4.1.1　企业家精神的内涵

在详细分析企业家精神内涵之前，需要正确理解企业家与企业家精神的关系。《德意志意识形态》一书中详细阐述了精神概念，明确提出精神是一个多重含义，开始表现为意识，并最终与物质合二为一。精神属于意识形态的内容，具有较为丰富的意义与内涵，可以从广义和狭义两方面来理解。广义层面，精神涵盖人类全部的精神表象，反映社会存在方式；狭义层面，精神是意识领域中起积极作用的要素。在现实生活中，精神的概念是多元的，与物质之间是辩证统一的关系。精神和物质两者是统一的，共同构成了人类世界，精神不仅仅存在于人的意识领域，反映文化和上层建筑，同时它还支配着人的实践活动；同样地，精神离不开物质而存在，物质又会通过实践影响精神，两者之间相互作用，缺一不可。如果将精神作为本源，则无法解释其是如何产生的，因为精神产生必须有物质载体。但精神和意识之间具有反作用和主观能动性。企业家精神并非仅来源于意识或思想，而是因社会实践而产生，企业家精神就是这种精神的物质载体，且其形成和发展是动态演进的，对企业家具有能动作用。西方经济学家将企业家精神最核心的内涵特质界定为"承担风险与不确定性"和"创新"。假如将企业家创新比喻为经济增长的动力引擎，则企业家精神就如同充电桩或加油站，能够为企业家持续提供新鲜血液，保证其履行职能。因此，企业家精神是企业家作为一个特殊群体发挥其社会作用所必备的共同特征，是其理想信念、价值取向、事业追求和综合素质的集中体现。

如前文所述，以 Cantillon（1734）、Adam Smith（1776）等为代表的古典经济学家，认为企业家是一个风险承担者，企业家精神表现为基于利润动机，企业家从不确定性环境中自愿承担风险，并做出决策进行生产和交易的能力，即强调企业家的创业精神。Say（1805）、Marshall（1920）、Schultz（1980）等新古典经济学家从组织角度研究企业家精神，认为企业家精神是利用自身特定才能将资本、劳动等生产要素进行组织的能力，Schumpeter（1934）则进一步拓展了企业家精神在承担风险、组织等方面的能力，认为企业家精神是通过将各种资源要素组成"新组合"实现创新，提出"创造性破坏"思想，强调企业家的创新精神。以 Mises（1949）、Kirzner（1973）等为代表的奥地利学家从市场范式过程分析企业家精神，认为企业家是一个投机者或套利者，企业家精神是对未来不确定性或机会的发现或警觉，并通过套利实现市场经济均衡，这里企业家精神强调对市场机会的发现或认知能力。

国内学者张维迎（2005）认为企业家精神就是人类的创造力，其职能就是套利和创新。套利，就是发现潜在的价值空间或者盈利空间；创新，就是创造出原来不存在的东西，两者是相互作用的。他还认为经济增长的核心源泉就是企业家精神的发挥，在套利空间逐渐变小时，创新对未来经济的增长变得越来越重要，而创新对体制的要求更高[①]。项国鹏等（2009）、吴敬琏（2018）等也认为企业家精神的本质是创新，而我国企业家创新精神能否有效发挥离不开体制作为保障，尤其是在当前发展阶段更应该关注制度创新。

综上，由于研究视角、目标对象以及所处阶段等不同，学者们赋予企业家精神内涵的侧重点存在差异。目前，学术界尚没有对企业家精神的内涵形成一致的界定，但我们仍可以从众多观点中找到共性的特质。因此，结合我国经济社会发展的特殊背景，本书将企业家精神的内涵界定为：一是需求认知（即识别消费者需求）。随着我国居民收入水平不断提高，社会主要矛盾已经转化为人民日益增长的美好生活需要和不平衡不充分的发展之间的矛盾，当前所谓的"产能过剩"，就是因为企业

[①] 2023年5月13日，张维迎教授在当代经济学基金会第六届思想中国论坛的主旨演讲全文。

家没有创造出在新的收入水平下消费者需要的东西，即需求结构与供给结构不均衡。因此，企业家对消费需求的有效认知变得更加重要。二是创新。创新是企业家精神的核心。我国过去40多年的经济增长很大程度上是套利型增长，尤其是改革开放后的前30年存在巨大的套利空间，经济处于高速增长阶段；而自2010年之后增长率有较为明显的下降，随着我国经济进入高质量发展阶段，套利空间变得越来越小，创新对未来经济增长变得愈发重要，必须依赖企业家创新精神的发挥。三是创业。通过对市场需求的有效识别，并通过产品创新、技术创新、工艺创新等环节，企业家创业开办企业将各种生产要素进行组合，即"执行新的组合"，进行生产和交易获取利润。

4.1.2 企业家精神的构成要素

企业家精神的构成要素是动态变化的，随着经济社会实践的发展，企业家精神的构成会不断注入新的精神内核。为进一步促进民营经济发展，激发民营企业家创新创业的热情，2017年9月，中共中央、国务院发布了《关于营造企业家健康成长环境弘扬优秀企业家精神更好发挥企业家作用的意见》，详细描述了如何培育和营造优秀的企业家精神，并将企业家精神概括为：爱国敬业遵纪守法艰苦奋斗的精神、创新发展专注品质追求卓越的精神、履行责任敢于担当服务社会的精神。习近平总书记也一直重视企业家精神的弘扬。2020年7月，习近平总书记在京主持企业家座谈会时指出："要千方百计把市场主体保护好，激发市场主体活力，弘扬企业家精神，推动企业发挥更大作用实现更大发展，为经济发展积蓄基本力量。"同时，提出了五点期望：强化爱国情怀、不断创新、遵纪守法、履行社会责任、开拓国际视野等。这为企业家精神增添了新的精神内核。2023年3月，习近平总书记在看望参加政协会议的民建工商联界委员时强调："始终把民营企业和民营企业家当作自己人。民营企业和民营企业家要筑牢依法合规经营底线，弘扬优秀企业家精神，做爱国敬业、守法经营、创业创新、回报社会的典范。"因此，本书将新时代企业家精神的构成要素概括为五个方面：爱国情怀、创新创业、社会责任担当、诚信守法、国际视野。

1.爱国情怀

自古以来，爱国情怀一直都是优秀企业家的特质之一，企业家的命运一直都与国家、民族的命运休戚相关。这也是我国企业家精神的"中国特色"，源于中华民族精神文化，爱国主义精神是中华民族精神的重要内容。企业家从事的生产经营活动可以超出国界，但是企业家作为微观主体拥有自己的祖国。正所谓"利于国者爱之，害于国者恶之"。企业家具有双重属性，不仅是独立自然人、公民，也是市场经济微观主体企业的法定代表人。他们不仅要善于经营，还要具备清正廉洁、对党和国家事业保持忠诚、以高度责任感为事业执着地艰苦奋斗的精神。企业家深知只有将企业发展与国家繁荣、民族昌盛、人民幸福紧密结合，为国分忧、敢于担当，才能实现其人生价值，最终实现企业家不辜负祖国，祖国也不会辜负企业家。比如，清末民初时期的张謇，抗战时期的陈嘉庚，新中国时期的荣毅仁、王光英等，都是爱国企业家的重要代表。

进入到中国特色社会主义新时代，企业家爱国情怀被注入了新的内涵从而变得更加强烈，因为他们是深受社会主义市场经济建设的影响，不断汲取营养并逐渐成长起来的。作为市场经济活动的重要主体，企业家是经济高质量发展的先行者和实干家，其"敢为天下先""一步一个脚印"的精神，以及坚持大胆先行又踏实肯干的作风，与国家改革创新的精神高度契合，是新时代推动经济高质量发展转型的关键主体。在全面深化改革的攻坚阶段，广大企业家群体要在经营过程中坚定理想信念，自觉维护中国共产党的领导，争做中国特色社会主义市场经济的践行者和生力军。无论出于何种情境，企业家都要敢于担当起新时代赋予的使命任务，勇攀高峰，自觉将企业发展与党和国家建设事业相结合，继承并发扬爱国主义精神，为中国式现代化建设贡献自己的力量。

吉利集团董事长李书福指出："为中国汽车跑遍全世界，而不是全世界的汽车跑遍全中国而顽强拼搏。"作为国内第一家从事汽车生产的民营汽车企业，李书福在回忆创业初期的情形时说："我决定要研究、生产汽车，真没有太多的人相信。大家都认为中国在汽车工业领域已经没有优势了，只能与外国汽车公司合资或者合作才有可能取得成功。"

"但我相信，中国一定会成为世界上最大的汽车市场。"随着汽车行业不断发展，众多自主国产汽车品牌不断涌现并抢占市场份额，李书福一手创办的吉利集团更是连续多年跻身世界500强。他本人也实现了从放牛娃到汽车巨头的华丽转身，其创业历程也是我国企业家发展历程的真实轨迹。我国企业家抓住改革开放的机遇，秉承爱国主义的优秀企业家精神，始终把企业发展同国家繁荣、民族兴盛、人民幸福紧密结合在一起，对国家、对民族怀有崇高使命感和强烈责任感，干在实处，走在前列（周雷，2021）。

2.创新创业

熊彼特指出，企业家通过对观念、制度、技术、组织形式等方面的创新，不断拓宽市场边界，推动经济社会持续前行，从而为经济社会发展提供根本动力。这里包含两层意思：一是强调企业家在经济社会发展中能够发挥重要作用；二是企业家是通过"新观念""新技术""新制度""新组织形式"等多种"新"渠道推动经济社会发展，即通过创新实现。创新是企业家的灵魂，其实质是做不同的事，而不是将已经做过的事做得更好一些，包括观念创新、管理创新、产品创新、技术创新、市场创新、组织形式创新等，从而引发企业甚至事业整体业态的创新，即熊彼特所强调的企业家所从事的"创造性破坏"活动。我国经济已进入高质量发展阶段，创新是引领发展的第一动力，企业家是推动企业创新发展的关键因素。

2023年3月，李强总理在出席全国两会闭幕后的记者会时指出："时代呼唤广大民营企业家谱写新的创业史，希望民营企业家大力弘扬优秀企业家精神，坚定信心再出发。当年江浙等地发展个体私营经济、乡镇企业时创造了'四千'精神：走遍千山万水、说尽千言万语、想尽千方百计、吃尽千辛万苦。现在创业的模式、形态发生了很大变化，但那样一种筚路蓝缕、披荆斩棘的创业精神，是永远需要的。"改革开放已经40多年，在推动中国式现代化、实现高质量发展的今天，再提"四千"精神，其中的深意何在？

很多人认为，精神是看不见、摸不着的东西，是很虚的。而实际上，精神是思想、文化、信念、志向等要素的组合，每一种精神形成的背后，都是经验、智慧、信心和优势的凝结。从发展经济学的视角，法国学者佩雷斯特就指出，"精神气质"在一国或地区的发展过程中起着关键性的作用。正如习近平总书记指出的："同困难作斗争，是物质的角力，也是精神的对垒。"而"四千"精神，就是指浙江人民在特定历史阶段勇闯改革大潮的一种精神状态。"走遍千山万水"，才能穷尽一切发展的机会；"说尽千言万语"，才能实现各种合作的可能；"想尽千方百计"，才能找到各种成功的办法；"吃尽千辛万苦"，才能欣赏到风雨过后的彩虹（刘兰，2023）。这些无不包含着企业家丰富的智慧与经验。虽然只有短短的四句话，"四千"精神却生动反映了浙江人在当时极其艰苦的条件下敢闯敢拼、坚忍不拔的创业创新历程，这也是我国改革开放大潮中所有民营企业奋发向前、敢拼敢闯的集体写照，其本质力量源于民营经济、源于市场经济、源于群众摆脱贫困的永不放弃的奋斗。仅短短的几十年时间，浙江的经济总量就从全国十多位跃升到如今的第四位。可以说一种精神其实就是一段历史，现在重温"四千"精神，既是要回望曾经走过的不凡之路，铭记那一段创新创业的非凡历史，更是要领悟其中所蕴藏的智慧和经验，汲取养分整装再出发。

"四千"精神的实质是人的主观能动性的发挥。"四千"精神产生于改革开放初期，从计划经济转向市场经济的过程中。走过那个年代的人，都能感受到，尽管改革的春风已经吹进来了，但是计划经济的"惯性"力量仍然是很强大的，这就需要我们用精神的力量打破现实"囚笼"、冲破思想的"藩篱"。需要强调的是，精神的主体是人，企业家的使命就在于科学应对不确定性、积极引领创新。没有不确定性，就没有经济学意义上的利润，利润是对不确定性的补偿。创新是企业家的责任，是把发明变成一个对消费者有价值的东西。企业家精神就是要把人的主动性、创造性发挥到极致。正如李强总理在回答中外记者提问时谈到："经济发展有其客观规律，也依赖客观条件，但更需要很强的主观能动性。"进入新发展阶段，浙江为适应转型升级发展需要，在"四千"精神的基础上总结了以"千方百计提升品牌，千方百计拓展市场，千方百计自主创新，千方百计改善管理"为内涵的新"四千"精神。进入新时代，我们更要强化改革发展的主体论，最大限度地把企业家的主观能动性保护好、激发好、运用好。虽然现在的创业模式、创新方式发生了很大的变化，但是当时那样一种不怕困难、不畏艰险、勇于斗争、自强不息的创业精神，是永远需要的。

创新是企业家精神的本质，是实现发展的重要动力。张维迎（2023）将套利和创新认定为企业家的两个基本功能，套利就是发现潜在的价值空间或者盈利空间，创新是创造出原来不存在的东西。套利型企业家和创新型企业家之间并非对立，而是互补，企业家有套利的，也有创新的，而且不同发展阶段重点不一样，如果没有创新，套利机会终将消失。改革开放后的前30年，我国存在很大的套利空间，经济增长很大程度上是套利型的增长，一个套利型的经济要维持高的增长并不难，但随着我国企业经历"落后—陪跑—并列—甚至超越"等阶段，套利空间变得越来越小，增长速度必然下降，经济发展必然要由高速增长阶段转向高质量发展阶段，创新对未来的经济增长变得越来越重要。进入新发展阶段，未来经济增长将主要依赖创新，而创新就是发挥人的主观能动性，也即企业家精神的发挥。

企业家精神表现为持续创新的精神，它是一种综合素质，是企业家区别于一般民众的表现，具体包括以下内容：首先是冒险精神，这是企业家能否落实创新的前提基础。冒险精神是由其所处的社会环境决定的，即由社会主义市场经济的本质所决定。作为商品社会的组织者，企业家常常面临的是一个变化莫测的市场，由于信息的不对称，企业家的每项决策或创新活动往往都充满不确定性，因此，企业家必须有冒险精神。其次是风险意识。创新通常伴随着大量风险，有效辨识、敏锐洞察未来是企业家克服风险的方法，对未来的判断越准确，企业家面临的风险也就越小，所以既要大胆冒险又要有谨慎判断。再次是效益观念。获取利润是企业家从事生产经营活动的基本目标，企业家正是在利润的刺激下从事创新活动的。企业家与政府官员、科学家以及企业经营者的根本不同就在于效益观念。最后是科学精神。无论是模仿性创新抑或创造性创新，都要求企业家具备并借助科学意识、文化知识和合理手段的作用。

企业家创新精神主要涉及观念、组织和技术创新等方面的内容。一是观念创新。任何一种创新观念的产生往往都是发现某种需求与寻找可以通过技术解决的办法两者的结合,即企业家必须具备识别市场机会的敏锐洞察力和灵感,能够凭借自身智慧和胆识抓住并利用这种机会。企业家一旦发现了某种需求,就会千方百计设法解决。随着经济社会的不断发展,我国社会主要矛盾已经发生变化,除基本需求以外,人们更加关注产品的个性化、定制化及多样化等方面,因此,企业家必须树立以市场为导向的经营理念。二是技术创新。技术创新主要是将新工艺或新产品引入生产,其动力机制归纳为技术推力和需求引力两方面。企业家的技术创新是通过将技术转化为商品并通过市场销售实现经济价值,获得经济效益的行为过程。三是组织创新。企业家是生产要素的所有者,组织创新就是要用新的程序和规范取代旧的或原有的程序化和规范化的东西,将新的生产方式、新的企业组织方式以及新的规章制度等引入企业生产经营过程。随着消费结构不断升级,社会需求结构由超额需求向饱和需求转变,产品市场由卖方转向买方,传统新古典模型中价格后验和需求缺失存在局限,消费者变成上帝,需要企业家通过体制创新,摒弃传统"大锅饭"的生产模式,积极主动地提高市场敏锐度和适应能力,通过事先识别需求决定"生产什么",然后通过技术创新决定"如何生产",才能满足消费者日益多变与个性化的需求。因此,组织创新就是要构建一种满足市场多样化、高效、优质的生产经营模式,通过建立现代企业制度,更好地应对市场激烈的变化。

3.社会责任担当

企业作为市场经济的重要主体,应当具备高度的社会责任感和历史使命感,企业家作为企业的领导者,是推动经济社会发展的重要引擎。不同于西方狭隘的利己主义假设,我国企业家精神具有鲜明的时代特征和中国内涵,除关注企业本身发展以外,企业家还应当敢于承担时代赋予的使命责任,将企业发展同国家繁荣、民族兴盛、人民幸福紧密结合(徐善长,2022),积极投身于中国式现代化建设之中,主动为国担当尽责。具体来说,在新时代的发展阶段,企业家要在深化改革和高质量发展中发挥排头兵作用,在履行社会责任中发挥模范带头作用,在合作共赢中发挥带动作用,在实现若干重大战略目标过程中发挥主力军作用。

（1）要在深化改革与促进高质量发展中发挥排头兵作用。企业家精神是推动改革创新与经济增长的动力引擎。随着我国进入全面建成社会主义现代化强国、实现第二个百年奋斗目标的关键时期，国际国内形势异常严峻，各种困难与挑战接踵而至。作为经济活动的重要主体，企业家精神能否有效发挥决定着中国式现代化能否顺利实现。因为市场活力来自企业与企业家，更取决于企业家精神。企业家长期活跃在生产经营和管理工作的最前沿，最为清楚制约企业发展壮大的体制机制因素，对以改革促发展有更加深刻的体会和认识。新时代企业家要勇于担当时代赋予的使命，发挥优秀企业家精神，坚定历史方位与时代站位，解放思想、实事求是，保持昂扬的姿态，勇当深化改革与促进高质量发展的排头兵。

（2）要在积极履行社会责任中发挥模范带头作用。中国特色社会主义市场经济的企业都是社会的企业，都需要履行社会责任，否则将无法实现经济高质量发展（王绛，2020）。回馈社会的责任意识是企业家精神的重要内容。这是因为：企业家从创办企业时期，就通过雇佣劳动帮助社会在一定程度上解决了就业问题；企业在经营过程中，在同行竞争和需求引力作用下，不断进行技术创新、产品创新、模式创新等，提高了社会的创新能力；企业在发展过程中，为了统一和规范行业秩序，设计和制定出行业标准，促进行业标准化与整体水平提升等。诸如为积累社会财富、创造就业岗位的这些社会责任和担当，可能是基于企业谋求利润动机的自我发展需要，但从另一方面也在利己的同时，实现了利己与利他的有机结合，成为企业家回馈社会的责任担当，在履行社会责任中发挥模范带头作用。

（3）要在合作共赢中发挥带动作用。企业家要不断解放思想，保持民族自信与海纳百川的民族气质，在兼容并蓄、海纳百川中为企业发展开创新的机遇，实现新的发展（王绛，2020）。我国的基本经济制度是以公有制为主体，多种所有制并存，国有企业作为公有制经济的主要代表，有着重要的社会责任。国有企业要切实认真贯彻中央重要指示精神，正确认识混合所有制经济在国民经济中的地位，遵循国有资本运行规律，改革国企、国资的发展理念与方式，消除所有制观念界限与鸿沟，实现各种所有制经济相互促进与共同发展，通过合作共赢推动我国经济高质量发展。同时，应在健全科技创新管理体制的指导下，鼓励各类企业合作创新、勇于突破，构建企业改革创新的容错空间与纠错机制，给予企业不断试错的适度空间，主动培养创新变革精神，弘扬企业家创新精神，充分发挥企业家精神的示范带动作用。

（4）要在实现若干重大战略目标过程中发挥主力军作用。优秀企业家往往心怀理想和责任担当，主动为国奉献、为国分忧，将自身企业发展同祖国和人民利益紧密结合起来。因此，我国企业家要坚决贯彻党中央决策部署，服务国家改革发展大局，根据国家战略需要开展核心技术攻关，积极承担国家重大科技项目，成为推动中国式现代化建设、实现高质量发展的生力军。要激发企业家精神，更好发挥各类市场经济主体的积极性、主动性和创造性，推动企业在国家重大战略中发挥更大作用、实现更大发展，努力创造经济和社会发展的新奇迹。

4.诚信守法

诚信守法是最基本的社会准则，常言道"人无信则不立"，对于企业家尤甚。市场经济不仅是法治经济，更是信用经济、诚信经济。作为市场经济的微观主体，企业和企业家的法治意识、契约精神是市场经济的基本规范，也是信用经济、法治经济的根本要求。企业家如果能够做到诚信守法，对于推动精神文明建设将具有重要的现实意义。

诚信和法治也是市场经济下社会道德体系的重要组成部分，是社会主义市场经济能否健康发展的前提。诚信和守法对于市场经济中的企业家而言是辩证统一的关系。诚信是企业经营的基础，代表企业家精神的核心内涵，是企业长期经营发展的根本遵循。"诚招天下客，信聚八方商""童叟无欺"等都反映了我国古代商人的经营理念，进而产生了众多百年老店和金字招牌。守法是企业经营的根本准则与保障。党的十八大以来，以习近平同志为核心的党中央领导集体一直高度重视依法治国和法治中国建设，取得了一系列重大理论与实践成果，形成习近平法治思想。习近平法治思想是全面依法治国的根本遵循和行动指南。法治思想为社会主义市场经济提供了良好规范的外部营商环境，企业家要努力实现内在规范与外部约束的统一，做到诚信守法。

5.国际视野

我国商业文化历来主张"智足与权变",即真正的智者应该洞悉变化的本质和规律,积极适应局势变化。对于正致力于深化改革扩大开放、积极融入世界经济体系、参与国际竞争的中国企业家来说,把国际视野纳入企业家精神范畴具有客观必然性。当今世界正处于百年未有之大变局,我国经济也正朝着高质量发展阶段转变,世界之变、时代之变、历史之变同时展开,全球供应链和价值链面临重构,机遇与挑战同时并存。在这种复杂形势下,要求新时代企业家具有国际视野,能够立足中国,放眼世界,能够回应时代召唤,科学认识和精准把握市场动向和需求特点,深谙国际规则与惯例,积极带领企业"走出去",在更高开放水平上自立自强,朝着国内国际双循环的目标迈进。

自古以来,我国企业家就富有国际视野和不断学习的精神,"下南洋""走西口"等无不彰显我国商人敢闯敢拼的优秀文化传统。改革开放初期,企业家充分利用国内改革和国外开放的重要窗口期,努力提升经济社会发展水平,为形成国内国外的"双循环"格局打下了坚实基础。近些年,在新一轮产业革命、共建"一带一路"等政策的推动下,国内企业积极进行全球产业布局,坚定地采取"走出去"战略,勇于探索并不断开拓国际市场,形成了一大批世界级大企业,比如,华为、中兴等,为构建更高水平开放型经济新体制打下了坚实基础。

2023年7月,习近平总书记主持召开了中央全面深化改革委员会第二次会议,审议通过了《关于建设更高水平开放型经济新体制促进构建新发展格局的意见》,对我国发展面临复杂严峻的国际形势进行了分析,提出要完善开放型经济新体制的顶层设计,并将构建更高水平开放型经济新体制同高质量共建"一带一路"等国家战略紧密衔接起来,积极参与全球治理体系改革和建设。作为推动企业发展的骨干力量和重要决定因素,企业家素质不仅直接影响企业的生产经营与未来发展,而且影响我国更高水平开放型经济新体制的建设。因此,企业家应当具备国际视野,保持不断学习与终身学习,不断提高自身科技知识、经营知识与专业知识,科学认识和准确把握世界先进科技创新发展的趋势,为建设更高水平开放型经济新体制贡献力量。

4.1.3 我国企业家精神的发展历程

企业家在社会经济生活中发挥着重要作用，企业家精神是企业家作为一个特殊群体发挥其社会作用所必备的共同特征，是其价值取向、知识体系和素质能力的集中体现。市场能否充满活力，取决于企业家，尤其是企业家精神。我国企业家精神具有鲜明的时代特点。从新中国成立到改革开放期间，由于我国实行计划经济体制，几乎不存在私营经济，因此，很多学者认为在这一时期基本不存在真正意义的企业家精神。改革开放以后，随着我国开始建立社会主义市场经济体制，逐渐放松对非国有经济的管制，企业家精神得到空前释放，越来越多的人投入到创业大潮中，与我国经济市场化改革进程相互呼应，企业家的创造力得到发挥，出现了一大批敢于创新、富有胆识、有魄力的企业家，形成了具有鲜明时代特色、民族精神、世界水准的企业家队伍。这些企业家满怀着对国家、对民族崇高的使命感和强烈的责任感，将企业发展同国家繁荣、民族振兴以及人民幸福密切结合，顺应历史潮流，为我国经济社会快速发展做出了重要贡献，成为推动经济高质量发展的生力军，在波澜壮阔的中国式现代化建设中留下了华丽篇章。总体来看，改革开放以来，我国企业家先后出现了以下三种形式：1978—1988年以农民企业家为主、1989—1999年以政府工作人员下海为主、2000年至今以海外归国留学生为主。

1.农民企业家（1978—1988）

改革开放初期，我国农村地区率先产生了一大批乡镇企业家，他们凭借非同寻常的胆识和魄力，在市场经济体制尚未确立，商业生态还不成熟的时期经商办企业，为当时经济发展注入了生机与活力。这一时期企业家精神的核心内容是"冒险精神"，"一不做二不休""背水一战"，他们抓住改革开放初期计划经济体制下的市场不均衡所带来的机遇，促进了农村地区市场化改革的顺利推进。

农村经济和城市经济的二元结构是我国经济结构的重要特征，因此市场化改革也是沿着农村和城市进行的。相比于城市而言，我国农村地区率先进行了改革，表现为：一是所有制形式改革，即确立农村家庭联产承包责任制；二是发展商品经济，即大批农民开始从事非农产业。计划经济时期，由于各种资源长期由国家统一计划配置，这一时期没有产生严格市场经济意义上的企业家，而只是企业管理者。随着家庭联产承包责任制实施和商品经济的发展，农村地区经济发展非常活跃，农村市场也逐渐放开，使那些因所有制改革而丢失传统控制力的农村干部（如村支书、生产队队长等）开始着手创办农村企业——乡镇企业，乡镇企业成为这一时期经济的一大特色，乡镇企业家成为农村先进生产力的代表和农村地区工业化的领导主体。

那么，为什么我国企业家率先从农村产生呢？这是因为当时的农村地区先于城市有了适合企业家成长的社会经济环境。张维迎（2004）在其《论企业家——经济增长的国王》一书中指出：其一，农村地区不存在如同城市的指令性计划经济，农民办企业在资金筹集、原材料购买等方面相对自由，处于自由竞争、自负盈亏的环境，给具备企业家潜能的人提供了土壤；其二，农村地区有可供企业家所需的各种生产要素。劳动力资源、资本等为农村企业家产生提供了物质条件。一方面，农村地区存在大量剩余劳动力，可以通过改革将他们从土地农业劳作中解放出来，投入到非农产品的生产中；另一方面，资金储蓄因农民收入的提高大量增加，满足了乡镇企业创办所需的资金。因此，农村企业家有了成长所需的土壤。

2. 由政府工作人员转型的企业家（1989—1999）

随着改革开放进程的不断加快，国外资本、技术和先进管理经验开始涌入国内市场，我国进入大范围承接国际产业转移的新阶段，一大批拥有较好学历背景和社会资源的政府工作人员抓住机会，纷纷下海经商，产生了一大批优秀的转型企业家。这一时期企业家精神的核心内容是"学习精神"，学习国际先进的技术、理念和管理，我国经济开始快速融入了全球化。

1984年，我国颁布了《公司登记管理暂行条例》，公司被定义为依法设立，自主经营、自负盈亏，并依法承担经济责任从事生产经营或服务性业务的经济实体，"公司"这一市场主体性质得到明确，1984年也因此被称为"中国现代公司元年"。这一时期开始出现了一批企业家，主要来自科技人员、公务员等，如柳传志、任正非等。1992年邓小平南方谈话之后，《股份公司规范意见》《有限公司规范意见》出台，在全国范围内才真正开始了"下海"经商的热潮，涌现了一大批转型企业家，如陈东升、冯仑等。人事部统计数据显示，1992年我国就有约12万政府工作人员下海创办私营企业，这一年也被认为是我国企业变革的转折点。相比于乡村企业家，这批企业家开始引进欧美发达国家先进技术和管理经验，企业的经营者和所有者开始分离。

那么，为什么由政府工作人员转型的企业家没有走上与农村企业家相同的成长道路呢？原因在于：一是农村企业家走的是传统企业家成长道路，一般农村企业家既是企业所有者又是企业经营者，其企业家才能与经营规模同步增大。而由政府工作人员转型的企业家一般来自城市工业企业，企业经营者与所有者不一致，往往需要聘请职业经理人。二是由政府工作人员转型的企业家往往具备更高的现代化领导能力，能够较容易接受并采用国内外先进的经营管理理念和方式。因此，当市场环境发生转变后，这些具备企业家潜能、志向和素质的人，凭借其敏锐的市场"嗅觉"，不愿再忍受传统体制的束缚，努力将自身的企业家潜能释放并转变成为真正的企业家。

3.海外归国留学生企业家（2000年至今）

20世纪末至21世纪初，以互联网为媒介的数字经济方兴未艾，大数据、云计算、人工智能等新兴信息技术对传统经济形成巨大冲击，深刻地改变了我国商业生态和市场竞争格局，在很多领域甚至产生颠覆性影响。同时，伴随着我国加入WTO以及海外市场的扩张，大量留学生回国创业，主要领域为新兴的计算机、互联网等信息技术产业，表现为对美国互联网经济的模仿创新。这一时期企业家精神的核心内容是"开拓精神"，借助互联网将西方市场比较成熟的商业模式快速在我国推广，从沿海到内陆，从城市到农村，让互联网产业和中国经济深度融合。

凭借着对国外先进技术和理念的精准把握，以及我国经济发展环境的逐步优化，涌现出一大批世界级企业家，如马云、马化腾、李彦宏、丁磊、张一鸣等，其中不乏80后、90后的新一代企业家，这些企业家所经营的互联网企业有力提升了经济增长效率，为我国经济高质量发展做出了重要贡献。随着套利空间的不断缩小，新一代企业家们开始不断创新，从最开始的门户网站逐渐发展到电子商务、移动支付、人工智能等，成为引领世界前沿的高科技互联网企业，"创新"这一企业家精神的代名词在这一时期逐渐焕发出新的活力，数字经济已成为促进我国经济高质量发展的重要动力。

4.2 企业家精神的功能

经济高质量发展是中国式现代化建设的本质要求。企业家精神在推动经济高质量发展中具有什么作用？发挥什么功能呢？前面文献综述和理论基础部分已经梳理了企业家精神影响经济高质量发展的已有研究和理论基础，本节将结合新时代中国特色社会主义的特殊阶段背景，进一步考察新时代背景下企业家精神的主要功能。

4.2.1 企业家精神的识别功能

企业家的职能，首先在于发现机会（张维迎，2004）。发现机会就是寻找市场中潜在的不均衡，是企业家经营活动的始发点。学者们普遍认为，获取利润是企业家从事生产经营活动的基本目标，只有赚取足够的利润，才能弥补企业家生产经营所花费的机会成本以及风险溢价。正是因为信息不对称、知识分散以及其他未预料到的原因，比如制度变革、宏观政策调整、不可抗力等，导致市场经常处于不均衡之中，从而诱发获取利润的机会，为套利提供了可能性。但是并非每个人都能够识别或发现市场中潜在的盈利机会，这需要具备相应的知识，而知识也并非广泛地在人们之中均匀分布（Hayerk，1945），只有一部分人具备这种知识。企业家凭借其警觉性，不仅能够发现不均衡，而且能够灵活地利用不均衡中所蕴含的市场机会实现套利，并促使经济恢复到平衡状态。柯兹纳所提出的企业家创业精神正是强调利用"旧的"知识发现既有机会实现套利，即在现有技术条件下识别和利用机会获取利润。随着市场上参与套利的企业家群体不断壮大，套利机会将会逐渐变少，且由于机会具备较强的示范性和可模仿性，一旦被发现不能排除别人使用，市场不均衡所产生的利润很快就会被瓜分，从而导致利润消失，市场逐渐恢复到均衡。

那么，什么是市场的不均衡呢？市场的不均衡主要包括供求之间的不均衡、投入产出间的不均衡以及买卖之间的不均衡。企业家的职能就在于凭借其职能发现供求结构处于何种不平衡状态、哪种需求未得到满足、哪里有市场可以开发、应投资在哪个领域获利最大、提供何种产品最能满足消费者需要、以何种方式组织生产要素成本最低等。企业家是连接产品市场和资源市场的媒介，其作用就是将要素等资源转化为产出，促使市场实现均衡。

如果将市场看作一个连续的过程，则企业家不仅在发现不均衡，同时也在创造不均衡，即用新的不均衡替代旧的不均衡。企业家利用知识从市场中发现最初的不均衡，并利用机会从事生产经营往往会为其他企业家提供就业机会。比如当一个企业家决定兴办一家制造业工厂时，另一个企业家很快就会发现工厂周围可以开办饮食业和房地产，从而得到获取利润的机会。同时，又会带动建材市场的不均衡，从而为建材市场提供了套利机会等。这说明企业家在推动经济发展中具有重要作用。

传统经济增长理论往往假定市场处于均衡状态，不考虑企业家的市场识别能力，所以忽视了企业家精神的市场主体地位。而在现实经济中，市场总是处于非均衡状态，需要发挥企业家精神的作用，识别不均衡并推动经济朝着均衡化方向发展，最终实现长期的经济增长。

4.2.2　企业家精神的创新功能

现代经济发展史表明，经济增长并非简单的人均产出的增长，而是主要源自生产技术水平的不断进步、组织方式的不断革新以及市场活动的扩展。经济增长的本质就在于创新，而创新又是企业家精神的核心，即源自内部自身创造性的关系经济生活的某种变动。企业家精神的创新职能包括技术创新、市场创新和管理创新，这三方面的创新相互作用、相互影响，任何一方面的创新都可能会诱发另一方面的创新。按照熊彼特的观点，创新是指构建一种新的生产函数，将各种要素和生产条件组合在一起形成一种全新的"组合"并引入生产体系，包括引进新产品、采用新技术、开辟新市场、控制原材料的新供应来源、新的企业组织形式。其中技术创新职能就是指引进新产品和新技术；市场创新职能包括开辟新市场、控制原材料新供应来源；组织创新是实现新的企业组织形式。除熊彼特所指出的上述三种创新之外，观念创新、制度创新也是企业家创新精神的重要内容。

1.技术创新职能

技术创新主要是将新工艺或新产品引入生产，从宏观上可将其动力机制归纳为技术推力和需求引力两方面。不同于科学家的发现或技术专家的发明[①]，企业家的技术创新是通过将技术转化为商品并通过市场销售实现经济价值，获得经济效益的行为过程。首先，技术推动机制主要是来自同类企业间的竞争，研发是其主要实现形式。市场竞争的法则就是"优胜劣汰"，在位企业要想持续获得利润，必须不断进行技术创新，提升产品质量，降低成本以抢占更多市场，从而获取更大利润，这一过程往往需要通过技术创新实现。否则，在位企业将会被新进入的企业取而代之，最终退出市场。技术创新主要依赖企业家积极性的发挥，需要研发投入，而这些离不开良好的制度环境。其次，需求引力机制主要是指企业家技术创新是市场需要和生产需要，即企业家为满足社会需要将社会需求转变为企业家创新的一种引力。一种产品或者工艺创新是通过某种社会需要和得到技术解决同时满足而产生的，企业家的技术创新活动正是围绕满足社会需要而开展的，企业家一旦发现了某种社会需求，就会努力寻找解决办法进行满足。一般情况下，企业家可以通过雇佣其他"科学家"或者"发明家"进行技术创新，生产出可以满足社会需要的产品。但在经济发展的不同阶段，社会需求是不同的。在生产力水平较低的阶段，社会需求比较单一，主要是为了满足基本生存需求，产品市场是卖方市场，社会需求是供给主导下有限的资源满足无限的需要，企业家生产的产品通过价格机制可以很容易实现市场出清。但是随

[①] 科学家发现主要是揭示物质世界运动的客观规律，比如牛顿万有引力定律，达尔文进化论等；技术专家发明主要是创造一种从没有过的新工艺或新产品。而将这种新发现或新发明改造成现实产品的力量正是来自企业家。

着生产力水平不断提高，社会主要矛盾发生转变，社会需求日益多样化，逐步进入饱和需求阶段，产品市场是买方市场，即消费需求主导下无限的供给匹配有限的需求，需要企业家去识别或者发现需求。

2.市场创新职能

市场创新是指在遵循企业总体战略前提下，通过将原有的经营要素重新整合或者是引入新的生产要素，以开辟新市场或控制新生产原料的供应，实现企业生存和发展的新市场开发、组织与管理等行为。市场创新创造需求，引领市场消费，比如，苹果公司发明的智能手机就是先有新产品然后才有需求的。不同于市场开发，将产品从 A 市场销售到 B 市场不属于市场创新，市场创新是市场开发的基础和前提。市场创新能否成功取决于以下因素：产业选择是否合适；市场切入点是否准确；是否存在管理创新和市场创新（为市场创新提供保障）。按照市场创新程度来分，可将市场创新分为首创型、改创型和仿创型市场创新三类。相对而言，①首创型市场创新的创新程度最高，具有一定的不确定性和潜在风险，具体内容包括率先推出全新的产品、开辟新的市场销售渠道、采用新的广告推介、提供新的销售服务与促销方式以及改变销售价格等方面。②改创型市场创新是对首创市场创新的改进与再创新，内容包括对现有销售产品进行升级改造、对现有销售方式进行改进、对现有销售渠道进行维护等方面，其风险和不确定性相对较小。但是市场改创也面临较大的创新成本，这主要与其进入新市场的时间相关：如果进入新市场较晚，则该企业需面临较大的市场开发成本；若进入新市场较早，则需要面对较大的创新风险。③仿创型市场创新的创新程度最低，其主要特征在于模仿，作为仿创型企业，其不仅不需要开辟全新市场，而且也不需要对首创市场进行改造，仅仅是对市场首创者和改创者进行模仿，故其面临的风险和不确定性也最小。市场模仿的方式多种多样，可以模型新产品、新销售方式、市场定位、新包装、新的交易方式等方面。市场创新要适度，既要能够与市场需求的发展相适应，又要能够适应本企业所处的市场创新条件（黄恒学，1998）。

3.组织创新职能

生产要素是企业从事生产活动的前提，但生产要素本身并非生产力，需要企业家按照一定的规则将它们组织起来，才能转变成现实的生产力，企业家是生产要素的组织者。组织就是要构建从劳动、资本、技术等要素投入到产出产品的特殊函数关系，而能够构建该函数关系的正是企业家的职能。企业家组织职能是指根据既有的知识、技术和组织范式，通过采用程序化、规范化的方法，有效组织企业的生产经营计划，以追求最小化投入获得更多的产出的行为过程。创新是企业家职能的核心，组织创新就是要用新的程序和规范取代旧的或原有的程序化和规范化的东西，将新的生产方式、新的企业组织方式以及新的规章制度等引入企业生产经营过程。熊彼特将采用新的企业组织形式认定为组织创新，又被称作管理创新。因此，组织创新就是企业为了适应市场环境、宏观经济变化以及新的技术发展需要而做出的企业形式的新组合，是由企业内部要素和外界环境要素共同作用的结果。组织创新职能可以是针对外部环境变化后的反应，也可以是自我组织变革，抑或引导环境变化的预先行动，故可以将企业组织创新的动因分为以下两方面：一是机会型创新需求，这是源于企业自身的利润动机，企业为追求利润主动进行企业内部的自增强变异调整；二是生存型创新动因，是企业为适应外部环境变化，对组织结构的自适应变异调整。

组织创新活动在企业成长的不同阶段存在异质性。按照生命周期划分，可以将企业成长阶段分为孕育期、初生期、成长期、成熟期和衰退期。一般而言，企业在孕育期和衰退期基本不再组织创新活动，故而组织创新只发生在初生期、成长期、成熟期。在初生期，企业组织创新主要是为技术创新保驾护航，主要目标是完善直线职能结构；在成长期，对企业管理要求不断提高，企业组织形式将逐渐趋向专业化和正规化，直线职能结构在这一阶段会阻碍企业成长；在成熟期，随着企业规模增大导致管理层级增多，企业管理效率较低，组织创新目标是最大化企业效率，在大企业内部采用分组或分块管理，构建立体式、扁平化的创新组织结构。

企业家作为生产要素的组织者，还承担在空间上对资源进行调配以实现有效利用的职责。而传统经济理论将这一职能都归功于价格机制是不充分的，原因是价格虽能根据资源的相对稀缺程度释放信号，但凭借价格并不能自动实现资源的配置最优,因为有很多情况,价格机制难以发挥作用,比如信息不对称、外部性等市场失灵情况。需要企业家凭借其创见能力,对价格所提供的信号做出正确的判断,不仅能够被动地适应价格,还能根据市场需求变化去主动地预测价格,即企业家作为市场决策主体的创见能力。

对于一国或地区的企业而言,技术创新、市场创新以及组织创新之间是相互联系、缺一不可的,因为任何一方面的创新都可能会诱发其他方面的创新,它们之间的区别主要是在企业发展的不同阶段所发挥的作用差异。通常情况下,随着企业规模不断变大,企业将由技术创新转向组织创新;随着行业市场的逐渐饱和,市场创新将愈发重要。

4.2.3 企业家精神的创业功能

企业家精神通过识别功能发现市场套利机会,并通过创新职能进行技术创新,最后通过创业职能组织生产。改革开放以来,企业家精神的创业职能构成了我国经济高速增长的重要动力(胡永刚、石崇,2016),这个时期大致出现了三次创业热潮,分别对应产生了三代企业家,分别是农民企业家、由政府工作人员转型的企业家和海归企业家,企业家创业精神有力提升了我国经济实力,促进了我国经济高速增长,也必将持续推动经济高质量发展。

经济高质量发展主要体现在从依靠要素投入和市场拓展为基础的"斯密式增长",转向以依靠要素投入和创新为动力的"熊彼特式增长",企业家创业精神的有效发挥是实现熊彼特式增长的重要路径。按照全球创业观察(GEM)对创业类型的划分,可以将创业类型分为生存型创业和机会型创业。所谓生存型创业是指企业家为了生存而被迫从事的创业活动,是由于劳动者在市场上难以找到就业机会,是弱势群体为避免失业从而实现就业的重要方式;机会型创业是指企业家通过识别和利用市场机会而主动从事的创业活动,比如从事新产品开发、新市场机会开拓等熊彼特式创业,其主要特征是凭借企业家精神对市场机会的识别、引进新技术与发明及对创业可能带来的风险承担。

大量研究表明,机会型企业家创业精神能够促进经济增长。由于机会型企业家精神是以市场开拓和创新为基础的，是企业家主动寻求商业机会和个人价值的行为，因此能够激励企业家开展有利于长期发展的创新型创业活动。相对而言，现有研究关于生存型企业家对经济增长的影响并未形成一致的结论。部分学者认为生存型企业家为避免失业而开展的自雇型创业活动，通过减少社会失业率能对经济增长产生正向作用（Urbano、Aparicio，2016）。但也有学者认为生存型企业家占比提升将会限制企业家创新能力，并使得企业家从事非创新型创业活动（Mrozewski、Kratzer，2017）。因为生存型企业家往往面临较大的生活压力，会更加倾向于低附加值且见效快的非创新的创业活动，以期尽快获取经济回报，改善贫困的生活现状，而这会抑制一国或地区的创新，导致经济增速放缓。

从长期经济增长的阶段性特征来看，两类企业家创业精神与经济增长之间存在动态关系，受经济增长方式的影响。GEM研究报告显示，随着一国经济不断发展，生存型企业家的比例会逐渐降低，而机会型企业家精神将愈发重要。具体来说：①在经济发展初级阶段，市场中存在潜在的价值空间和盈利空间，企业家凭借其敏锐的发现能力，很容易发现套利机会，企业家凭借引进、模仿国外先进技术就可以保持盈利，相对于开展大规模创新活动所需要的更高投入成本，经济增长主要采用以要素投入和效率改进为主的斯密式增长方式，生存型企业家创业占比更高。Puente等（2019）研究发现，拉美国家在经济转型时期，生存型企业家占比更高，这主要与其经济社会发展状况导致的生存压力有关。②随着一国经济由效率型转向创新驱动型，企业家套利空间变得越来越小，增长速度必然下降，此时，生存型企业家利用引进、模仿等方式难以为继，而机会型企业家更适合创新活动的优势开始显现，机会型企业家更容易与高技能与资本密集型的市场创业机会相匹配，机会型企业家精神占比逐步提高。

根据上述对企业家创业精神的分析，并对应于我国经济发展的过程，生存型企业家精神主要表现为个体户形式，而机会型企业家精神则为私营企业形式为主的正规化经营。在改革开放的初期，以放松管制为主的市场化改革开始推进，市场上存在大量套利机会，以个体户经济为代表的生存型企业家发展迅速，与农民企业家相对应，一定程度上支持了经济高速增长。随着市场化改革的不断深入，以自我雇佣为主、规模较小、资源集成度较低等为特点的个体户经济的局限性愈发明显，在长期还可能产生大规模非正规就业，导致较高的社会成本与制度费用，而机会型企业家对市场机会感知能力更强，在技术与产品创新以及风险承担方面更有优势，对应由政府工作人员转型的企业家和海归企业家，企业经营更加正规化，成为经济高质量发展阶段的主要动力。

4.3　企业家精神的测度

前面的文献综述部分已经从宏观和微观层面，详细梳理了已有研究关于企业家精神的测度，然而由于企业家精神的内涵丰富，目前学术界尚未形成统一的观点。因此，本节将首先列举企业家精神的主要测度指标，然后结合我国具体国情，并基于数据可得性和实际研究需要，提出本书拟采用的测度我国企业家精神的衡量指标。

4.3.1　企业家精神的测度指标

1.GEM 企业家精神测度

微观层面的企业家精神主要是以企业家特质进行测算，大多研究采用多维指标进行测度。Covin 和 Slevin（1991）从企业定位观出发较早对企业家精神进行了测度，选取企业的创新性、开拓性和冒险性等行为编制了衡量企业家精神的量表，并受到学者们普遍认可并不断得到完善。目前，在全球范围内普遍采用全球创业观察（Global Entrepreneurship Monitor，GEM）公布的企业家精神指数，该数据是由美国巴布森学院（Babson College）和伦敦商学院（London Business School）在 1999 年共同发起成立的 GEM 发布的，包含全球约 115 个国家的创新与创业数据。

GEM 在全球范围内开展创业和创业生态系统的调查研究，是全球唯一一个直接从个体企业家那里收集创业数据的研究来源，使学者们能够运用独特的方法论来研究国家层面的创业精神。自成立 24 年来，GEM 一直致力于为各国提供可靠、有力和可信的数据，帮助做出关键决策，以刺激可持续的创业形式，促进全球健康的创业生态系统。比如，在2008年经济大衰退之后，GEM的研究为政策制定者提供了关于如何最好地培育创业精神以推动经济增长和繁荣的宝贵见解。国际很多组织也将GEM的指标纳入或整合到他们自己的数据集中，或者使用GEM数据作为他们自己分析的基准。

GEM主要检测各国年轻人对创业的行为和态度，是通过成人人口调查（APS）收集受访者的创业活动、态度和愿望等信息[①]，并开发出了一系列具体指标来衡量某个国家或地区的企业家精神构成要素，主要有：（1）企业家自我认知，包括感知机会率（在18~64岁的人口中（不包括参与任何阶段创业活动的个人），在他们居住的地区看到良好的创业机会的百分比）、感知能力率（在18~64岁的人口中（不包括参与任何阶段创业活动的个人）认为自己拥有创业所需技能和知识的百分比）、害怕失败率（在18~64岁的人口中（不包括参与任何阶段创业活动的个人）表示害怕失败会阻止他们创业的百分比）、创业意向率（在18~64岁的人口中（不包括参与任何阶段创业活动的个人）潜在企业家和打算在三年内创业的百分比）；（2）早期企业家活动情况，包括总早期创业活动（TEA）率（在18~64岁的人口中创业初期或新企业所有者-经理的百分比）、已建立企业拥有率（在18~64岁的人口中目前是已建立企业的所有者-经理的百分比，即拥有并管理已向所有者支付工资，工资或任何其他付款超过42个月的运营企业）、创业员工活动率（员工参与创业活动的比率，如开发或推出新的商品或服务，或建立新的业务部门，新的机构或子公司）、高就业创造预期率（参与TEA的企业预计在5年内创造6个或更多就业机会的百分比）、创新率（参与TEA的企业中表示他们的产品或服务对至少一些客户来说是新的，并且很少或没有企业提供相同的产品的百分比）；（3）企业家社会评价，包括地位高的成功企业家比率（在18~64岁的人口中，同意在他们的国家，成功的企业家地位高的百分比）、创业是一个好的职业选择比率（在18~64岁的人口中，同意在他们的国家，大多数人认为创业是一个理想的职业选择的

---

① APS是GEM设计的一份非常全面的调查问卷，在GEM中的每个国家对至少2 000名成年人进行调查，意在搜集关于受访者的创业活动、态度以及创业愿望等详细信息。

百分比）等。

图4-1、图4-2是根据GEM提供的关于创新创业部分指标绘制的图形，可以看出，受疫情和我国经济增速放缓等影响，近些年除了创新率（见图4-2上方的曲线）有所提升外，其他指数均有所下降。

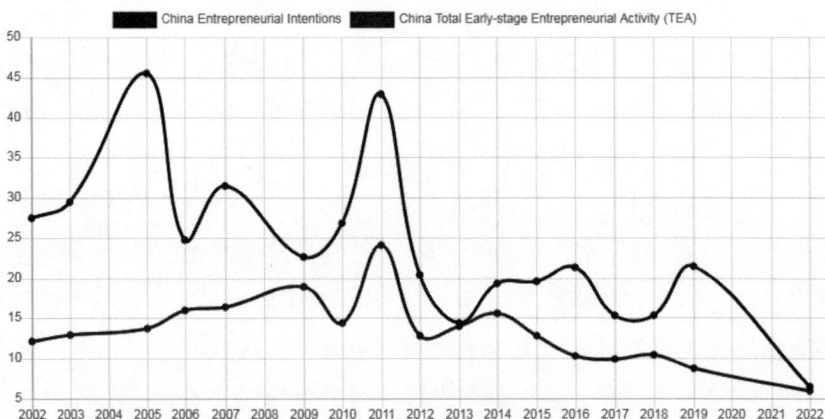

图4-1　GEM创业意向率和总早期创业活动率（TEA）[①]

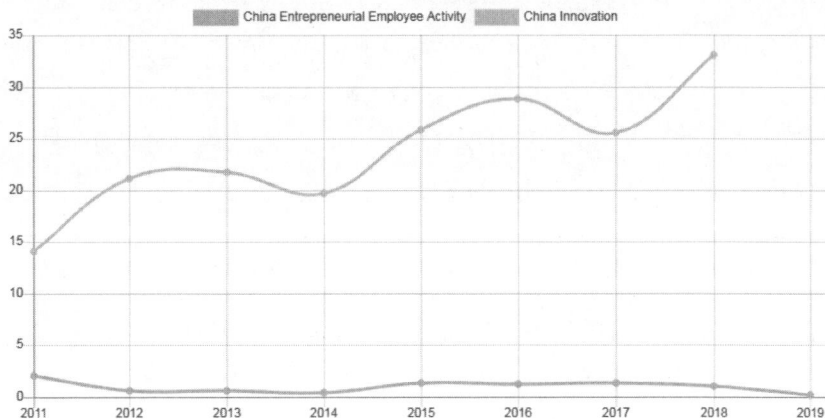

图4-2　创业员工活动率和创新率[②]

2.自我雇佣率

自我雇佣率是国内外学者研究企业家精神的常见指标之一，其衡量一般采用自我雇佣人员占总人口的比重。按照OECD（2001）对经合组

---

① 上面的曲线表示GEM创业意向率，下面的曲线表示总早期创业活动率。
② 上面的曲线表示创业员工活动率，下面的曲线表示创新率。

织成员国劳动者调查时的划分，可将劳动者分为自我雇佣者和雇员两大类。自我雇佣是指劳动者通过自己创办企业获取资本收益，并拥有经营决策的权利，其报酬主要来自企业经营利润。已有研究表明，自我雇佣率与失业、人均GDP以及服务部门规模存在一定的相关性，且对于发达国家的研究显示，自我雇佣比率与总体就业正相关（Audretsch、Fritsch，2003）。由于企业家精神可以从静态视角反映一国或地区的企业家精神活跃程度，所以称为衡量企业家精神的重要指标。李宏彬等（2009）采用私营企业和个体就业人数占总就业人口比重衡量自我雇佣率，并被国内学者普遍使用。但是该指标也存在明显不足，其包含过多非企业家的其他个体，无法全面呈现企业家对新技术的使用情况，也无法反映企业家对新市场机会的识别与发现情况。

3.企业家拥有权比率

企业家拥有权比率也是国内外研究企业家精神的常见指标之一，一般采用企业所有者人数占劳动力人数的比重衡量。企业家拥有权比率是指投资者对自己所建立的企业拥有的剩余所有权和控制权。由于20世纪70年代开始，我国将创业认定为通过成立具有法人资格的企业作为唯一途径，因此，同自我雇佣率相比，企业家拥有权比率把企业所有者视作企业家。该指标可以测算与比较不同时期、不同地方企业家创新行为。Audretsch（2001）就将其作为企业家活动活跃程度的衡量指标。但是，该指标也存在明显缺陷，比如，该指标所包含的除了自我雇佣者之外，还包括股东，从而扩大了企业家的范围，因为在实际公司治理中，股东并没有创新和市场发现的职能。同时，其对企业家投资者也没有按照产业进行区分。

4.人均新建企业率

人均新建企业率也是研究企业家精神的常用指标，该指标最初来自GEM指标体系，采用一国或地区当年新建企业数量占当地总人口比重衡量。由于新企业成立可以推动市场结构变化，促进地区生产率提高，且由于一地区或产业新成立企业越多，表明企业家创业行为越活跃，所以大部分研究直接采用新建企业数表示企业家精神。

5.小企业市场份额

小企业市场份额也是国内外研究企业家精神的常见指标之一，其主要产生于20世纪80年代的西方国家，是基于中小企业占市场更高份额的实际情况所提出的，一般采用小企业市场销售额占市场总额比重衡量，Glaear（2007）也采用小企业数量来衡量企业家精神。但这一指标也存在不足，该指标忽视了大企业发展对经济增长的贡献，并不适合我国具体情境。

除以上指标外，学者们有时还会采用企业进入退出比率来衡量企业家精神，但是该指标也存在一定的局限性，该指标虽能在一定程度上反映企业家精神的丰裕程度，但无法反映企业家创新功能，尤其无法体现中国情境下企业家精神的特殊性（何予平，2006）；此外，国内有些学者采用专利发明或授权数、研发费用等来衡量企业家精神，这些指标仅能体现企业家的创新精神，无法反映企业家精神的全貌，且研发费用等指标也存在缺陷，无法体现企业家对市场机会的识别。

4.3.2　我国企业家精神的测度

基于上述对于企业家精神的测度指标，并结合数据可得性，本书拟采用以下指标对我国企业家精神进行测度：首先，从企业家精神本质出发，现有研究大多是从企业家创新精神、企业家创业精神，以及包含创新精神、创业精神、冒险精神、不满足精神等方面多维指标展开的。本书将继续遵循主流观点，并将企业家精神分为创新精神和创业精神两方面。其中，创新精神主要是将新的科学或技术知识引入生产性活动，而创业精神主要是企业家创建任何新企业的行为。其次，本书将结合我国企业家精神的特征，立足我国具体国情，选择企业家精神的衡量指标。从我国经济发展历程看，自改革开放以来，民营经济占经济总量的比重不断提升，其对我国经济高速增长的贡献日益重要，而国有企业存在产权不明晰、管理体制僵化、创新性不强、政府主导等问题，导致其在创新、冒险和市场机会识别等过程中表现乏力，企业家精神的发挥并不显著（李小平、李小克，2017）。与此相反，随着我国市场化进程的不断加快，民营经济尤其是私营企业因其产权明晰、自负盈亏等特征，有利于民营企业家充分发挥其职能，即在给定的技术限制下，凭借敏锐的机会识别能力，在任何不均衡中发现套利机会，促使经济重新回到市场均衡；然后通过"创造性破坏"创造出新知识，引起市场重新回到资源配置的不均衡状态，通过创新实现套利。

因此，结合研究实际，并借鉴 Hebert 和 Link（1989）、李宏彬等（2009）的研究，本书将企业家精神分为创新精神和创业精神。其中，基于省级层面的研究，企业家创业精神采用私营企业雇佣比例，即个体和私营企业就业人数占总就业人数比重衡量，企业家创新精神采用专利申请量而非专利授权量表示，因为专利授权容易受官僚因素影响，包含更多的不确定性和不稳定性（周煊等，2012）。基于城市层面的研究，企业家创业精神将采用民营企业就业人数占城市总就业人数的比重衡量，企业家创新精神将采用《中国城市和产业创新力报告2017》中所测算的城市创新指数衡量。

第5章　企业家精神推动经济高质量发展的内在机制与模型构建

　　党的十九大报告提出：我国社会主要矛盾已经转化为人民日益增长的美好生活需要和不平衡不充分的发展之间的矛盾。而解决这一矛盾的关键和逻辑起点在于高质量发展（逢锦聚等，2019；高培勇，2019a）。高质量发展是为适应主要矛盾变化而提出的新战略，是推动国家新经济体系建设的必须长期遵循的战略（张军扩等，2019）。党的十九大报告又指出"深化供给侧结构性改革，应激发和保护企业家精神，鼓励更多社会主体投身创新创业"。党的二十大报告进一步指出，"要坚持以推动高质量发展为主题，……推动经济实现质的有效提升和量的合理增长"。可见，推动高质量发展是当前和今后一个时期确定发展思路、制定经济政策、实施宏观调控的根本要求。但推动经济高质量发展的关键主体和要素是什么？如何确定其具体的微观实施方向？又该如何科学理解上述企业家精神与高质量发展的重要论述呢？本书认为推动经济高质量发展，应立足于我国经济发展的阶段特征、现实条件与具体国情等，还原经济发展阶段变化的特殊背景，运用政治经济学的分析视角，围绕供给侧与需求侧两方面及其关系格局的变化，从企业家精神出发，探索经济高质量发展的微观实现路径。

5.1 企业家精神推动经济高质量发展的机制分析

5.1.1 问题提出

正如前文所述，虽然西方结构性改革理论的微观机制和经济实践都在强调企业家精神的重要性，但事实上它在现代经济增长理论的文献中却未得到应有的重视。20世纪90年代以后，企业家精神才开始逐渐成为经济增长的重要领域，这可能是因为单纯依靠资本、劳动、自然资源等传统生产要素难以解释不同国家和地区间收入差距和经济增长等问题，为此学者们开始重新审视熊彼特"创造性破坏"的思想，企业家精神的作用逐渐被重视。目前对企业家精神与经济发展的研究，也主要集中在企业家精神与经济增长的关系研究方面。大量文献研究表明，对于工业化和转型经济国家，企业家精神与经济增长正相关（McMillan、Woodruff，2002；Thurik、Carree，2008；Samila、Sorenson，2011；胡永刚、石崇，2016；孙早、刘李华，2019）。比如，McMillan 和 Woodruff（2002）研究发现，对于转型经济国家，企业家精神能否有效发挥作用是转型成败的关键。

然而，虽然已有研究通过理论和实证考察了企业家精神和经济增长的关系，但对标高质量发展的目标要求，解决社会主要矛盾转变下我国经济所面临的供求结构性矛盾问题，仍存在一些不足。比如，已有研究仍大多以完全信息和完全理性为基本假定，认为消费者偏好存在内在一致性，不考虑认知需求这一重要过程。然而，自改革开放以来，我国居民需求结构呈现不断升级态势，由基本的生存需求转向科教文卫等有利于提升广义人力资本的需求。如果不考虑需求端的这一重大转变，继续以传统工业化背景下所遵循的生产供给主导模式为主导，忽视对消费者需求结构及偏好的精准识别，就无法实现供求两端的有效对接，导致供求两端产生结构性矛盾，进而引发产能过剩、供需错配及结构性减速等一系列严重问题。因此，本书以为，唯有发挥企业家精神对市场需求方向的提前认知,再通过创新创业组织有效生产,才能提高供给结构从而提升供给体系质量效率,从根本上破解需求侧制约,实现供求关系协调,最终实现经济高质量发展。

因此,本节将在考虑我国居民消费需求结构升级的阶段背景下,依据政治经济学理论,从供需结构有效对接出发,从微观、中观和宏观三个方面提出企业家精神推动经济高质量发展的理论机制。通过梳理居民消费结构变化的典型事实与特征,本书提出供给侧结构性改革的深层原因,并非只是供给数量过多或供给质量过低,而是供给方向不准,即对供给方向的认知滞后于消费需求结构变化的速度,唯有发挥企业家精神的需求认知,提前识别消费需求的方向,解决"供给方向"问题,再引领和整合资源,通过企业家创新与创业提高供给质量和效率,解决"供给多少"和"怎样供给"等问题,才能从根本上解决供需结构性矛盾。因此,本书认为企业家精神是突破经济高质量增长需求制约的关键,从而为更好地把握经济高质量发展提供了微观实施方向。

5.1.2　理论机制分析

目前,学术界关于企业家精神与经济发展的研究,要么集中在企业家精神与经济增长关系方面,要么仅仅从企业家精神(庄子银,2005)、企业家职能(郑江淮、曾世宏,2009)、企业家资本(张晖明、张亮亮,2011)等局部视角研究企业家精神如何促使经济增长方式转变。虽有少数文献分析了企业家精神影响经济增长方式转变的理论机理(曾铖等,2015),但未考虑在我国社会主要矛盾转变背景下,需求结构由超额需求向饱和需求转变的事实(周密、刘秉镰,2017),忽视了企业家精神的需求认知在技术创新与经济增长中的作用,对于企业家精神如何促进经济高质量发展的机制及其逻辑机理尚不明晰。尤其是当前我国经济由高速增长阶段转向高质量发展阶段的背景下,更需要对企业家精神如何推动经济高质量发展的作用机理进行深入研究。本节将结合我国需求结构转变这一特殊的阶段背景,围绕企业家的需求认知、创新与创业精神,并引入政治经济学的分析视角,尝试从微观、中观和宏观三个方面阐述企业家精神影响经济增长的理论机制。

1.微观层面：企业家精神的需求认知是破解需求侧制约的关键

企业家精神的需求认知功能是破解需求侧制约的关键。我国社会的主要矛盾已经转化为人民日益增长的美好生活需要和不平衡不充分的发展之间的矛盾，从物质文化需要到美好生活需要，说明我国居民的消费需求结构已经发生重大变化，主要表现在横向维度上的范围扩展和纵向维度上的层次提升（高培勇等，2019b）。根据国家统计局对居民日常消费的划分，通过对比消费性支出与可支配收入增长率①，可将1995—2021年间的居民日常消费分为必需品和非必需品两大类，必需品包括"食品、衣着、家庭设备用品及维修服务"三类②，非必需品包括"居住、交通通信、教育文化娱乐、医疗保健"四类。从图5-1、图5-2可以看出，随着我国生产力水平的不断提升，人们对必需品的消费需求逐渐接近饱和，而对高端非必需品的需求则日益增强，消费结构正在从低级的"必需"模式向高级的"愿望"模式转变（袁富华，2016）。社会主要矛盾已由供需体系的总量性矛盾转为结构性矛盾，如果继续坚持生产供给为主导的生产模式，不考虑消费者的消费倾向、消费能力等变化，仍将消费者置于生产过程的附属位置，将会导致生产模式与消费模式相脱节，引发产能过剩、过度储蓄与资产泡沫等结构性问题。此时，唯有发挥企业家的需求认知或发现功能，提前认知需求方向、对象、内容等，围绕供给侧和需求侧对接要求，使供给方向主动适应需求转变的需要，才能减少无效供给，提高整个供给体系质量，而这正是高质量发展阶段最为重要的核心要素（高培勇，2019a）。

2.中观层面：企业家精神的创新创业特征推动产业结构升级

企业家精神的创新创业特征推动产业结构升级。企业家精神就是发现不均衡和创造不均衡，发现不均衡就是指企业家的发现、警觉等特征，创造不均衡指通过产品创新和技术创新等，开拓新市场和新用户，提高市场效率（张维迎、盛斌，2004）。创新创业是企业家精神的核心，也是经济高质量发展的第一动力。在提前识别消费者的需求方向后，为满足消费者对产品和服务的质量需求，需要企业家通过创新创业

---

① 目前学术界对必需品和非必需品的具体划分标准主要有两种：一是以需求收入弹性1为临界点，二是将消费性支出与可支配收入增长率进行对比。本节采用第二种标准进行划分。
② 这里不考虑居民消费支出中的"其他商品和服务"（或称"杂项商品和服务"）。

食品　　　衣着　　　家庭设备用品及服务

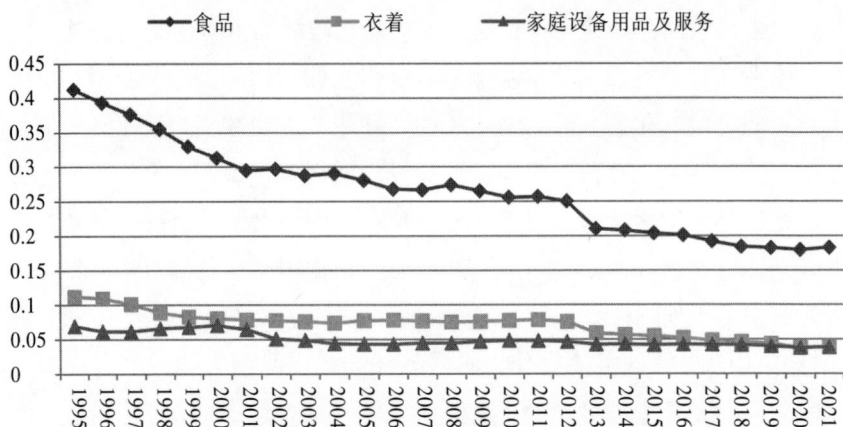

图 5-1　必需品支出占可支配收入比例的趋势

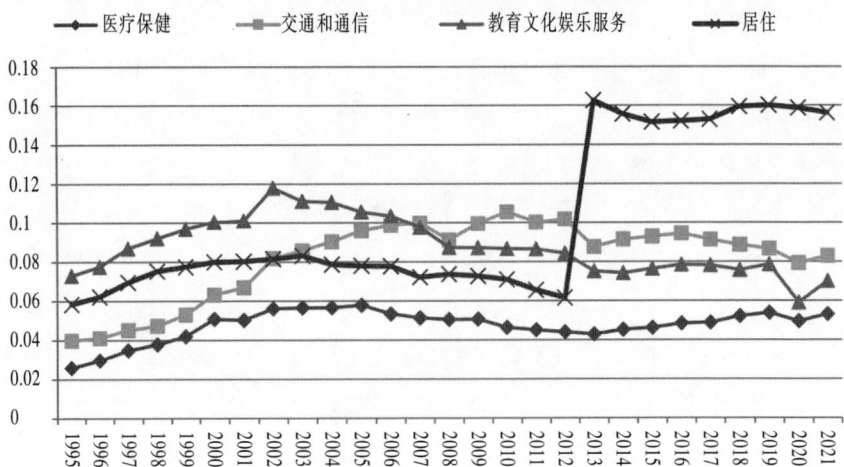

医疗保健　　　交通和通信　　　教育文化娱乐服务　　　居住

图 5-2　非必需品支出占可支配收入比例的趋势

组织有效生产，解决供给体系与需求结构间的矛盾和问题。而供需之间结构性矛盾的主要原因，就是在高速增长阶段下（低质量发展阶段），政府主导资源配置并直接干预经济发展，将资源大量配置到产能过剩领域，带来了各产业内部效率较低、低端主导的产业格局。相反，创新驱动行业的资源配置不足，导致高质量、高品质产品供给严重短缺，造成过剩产能和短板并存等结构性问题。当前我国正处于工业主导向服务业主导发展的关键时期，唯有发挥企业家精神的创新创业特征，从供给侧开展以提高供给体系质量为主攻方向的结构性改革，才能引领和创造需求，形成现代服务业为主导、中高端产品或服务为主的产业结构，实现产业结构的升级。以教育服务、技术咨询等知识密集型行业为例，这些行业都具有信任品的性质①。但由于消费者缺少相应的专业知识，不知道自己需要的确切是什么，也不知道该如何提升自身的满意度水平，需要企业家代为生产或设计出适合的产品组合。企业家通过不断改进"用户体验"提升消费者满意度，以供给创新引领和创造需求，以产品创新提高供给质量，以创业为载体，不断推动产业结构向高级化方向发展。

3.宏观层面：企业家精神推动长期经济增长

企业家精神推动长期经济增长。政府主导的以调节总量需求为主的投资驱动型增长方式，虽然使我国经济获得高速增长，但也引发了诸多较为突出的问题，最终表现为发展的不平衡不充分，如产业结构上的产能过剩与短板并存、空间布局上的城乡差距和区域发展不平衡、宏观风险上的地方政府债务问题和企业税负问题等，这些都给经济高质量发展带来了阻碍。企业家精神通过优化资源配置与诱导制度变迁（企业家职能视角）、激励劳动投入（管理要素投入视角）以及发挥"干中学"（人力资本视角）等方面的作用，驱动经济增长方式转变，进而推动经济高质量发展。

具体来看：第一，企业家通过技术创新、引导资源配置推动产业结构升级，前文已经进行了分析，这里不再赘述。第二，制度环境会通过改变企业家报酬结构进而影响其职能配置（Baumol，1990），而报酬结构及对未来的预期会导致经济增长的路径依赖（Acemoglu，1995）。当前我国正处于经济增长方式转变的关键时期，需要通过制度创新从技术模仿阶段转变为创新驱动阶段，但制度创新通常是由外来冲击和要素相对价格变化引起的，而对冲击和变化最为敏感的正是企业家和企业家精神，故而企业家会诱导制度变迁和制度创新，并在我国制度变迁中占主导地位（焦斌龙、冯文荣，2007）。第三，从管理要素投入视角来看，作为一种知识性资源投入，企业家精神具有配置功能和激励功能的双重作用。作为生产要素的企业家精神，除自身能够提高产出外，亦可以通

---

① 信任品是指对于一种产品或服务，企业家比消费者自身更了解他所需要的产品或服务的类型。

过对劳动者努力程度的激励，提升产出效率。第四，根据新经济增长理论，企业家精神作为高级人力资本，通过"干中学"及其扩散效应，不仅能够促进本地区实现持续技术创新，而且能够帮助具有一定人力资本积累的后发地区实现赶超发展，促进区域经济协调发展。因此，企业家精神能够通过促使增长方式转变，推动经济长期稳定增长。企业家精神推动经济高质量发展的内在机制如图5-3所示。

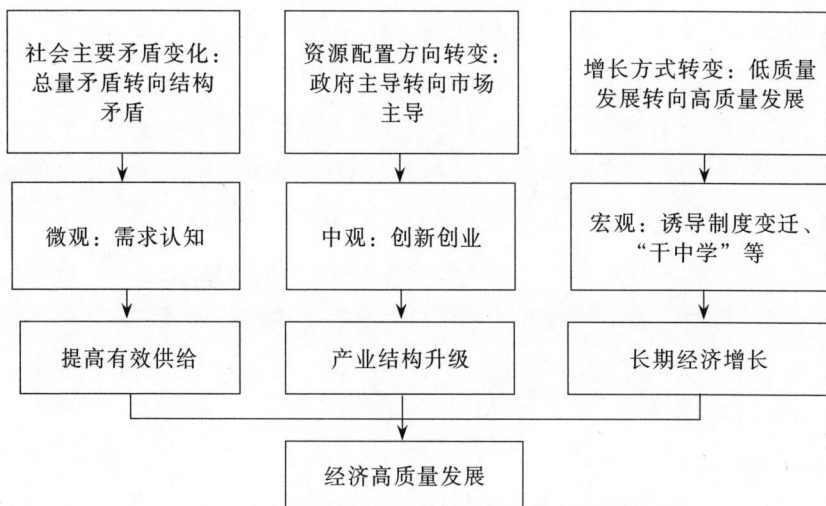

图5-3　企业家精神推动经济高质量发展的内在机制

综上，如果将企业家精神的内涵界定为需求认知、创新与创业三大特征，并结合我国经济发展的特殊阶段背景，运用政治经济学的分析视角，通过分析供给侧与需求侧两方面及其关系格局的变化，可以较为清晰地归纳出企业家精神推动经济高质量发展的理论机制，从而正确认识企业家精神对于经济高质量发展的作用。

5.2　模型构建与数值模拟

前面已经剖析了企业家精神促进经济高质量发展的内在机制，以居民消费需求结构变化作为分析的逻辑起点，证明了我国消费需求结构已经发生重大变化，即由改革开放之初的超额需求阶段开始转向饱和需求阶段，市场主要矛盾也由"供给侧有限的资源满足无限的需求"转向

"供给侧无限的供给转向有限的需求"（周密等，2018），这一转变使得传统生产方式无法适应消费者日益灵活且多样化的需求。如果继续将消费者置于生产过程的附属地位，不考虑消费者需求结构变化，忽视消费者消费能力、消费意愿对生产的反作用，将会导致生产模式与消费模式相脱节①，引发产能过剩、过度储蓄以及资产泡沫等后果。而有针对性地解决供求体系不对接、经济难以实现良性循环的矛盾和问题，正是经济高质量发展阶段面临的最为关键的问题（高培勇，2019a）。

依据熊彼特的内生创新增长理论，研究、开发等创新活动通过发挥"创造性破坏"功能促进技术进步，是推动经济增长的内生动力（Aghion、Howitt，1992；Aghion 等，2009）。本节将立足我国最新实践，考虑需求结构升级、劳动异质化、增长目标导向三大假设，依据熊彼特的创新与内生增长理论，综合运用动态优化模型方法，尝试把需求结构同时引入创新部门和代表性家庭部门，构建内生化企业家精神的四部门增长拓展模型，并通过数值模拟证明企业家精神对经济增长的作用，从而得出我国实现经济高质量发展的主导性机制，为下面的实证检验提供理论基础。

本节具体内容安排如下：5.2.1 是理论模型构建。借鉴已有研究，在一个水平创新框架下内生化企业家精神。考虑到企业家精神不仅能够提高创新生产效率，而且能够通过认知消费需求增加代表性家庭的福利水平，将企业家精神同时引入创新部门生产函数和家庭部门效用函数，构建了一个包含最终产品部门、中间产品部门、创新部门和家庭部门的四部门增长模型，考察了企业家精神对均衡经济增长作用等问题，拓展了企业家精神驱动经济增长的理论研究框架。5.2.2 是采用数值模拟进行分析。根据理论模型推导结果，通过 Matlab 软件进行数值模拟，以验证理论模型的结论。

5.2.1 理论模型构建

本部分将立足我国发展阶段的具体实践，考虑需求结构升级、劳动

---

① 这将会引发严重的供需错配，并产生高端消费品需求的溢出效应。以教育业为例，我国出国留学人数从 2006 年的 4.2 万人次上升到 2018 年的 66.21 万人次，年均增长率为 25.84%。

异质化、经济增长目标导向三大假设，根据新熊彼特增长理论和劳动价值论的基本原理构建符合我国传导机理的拓展模型，最终从供给侧结构性改革视角得到经济高质量发展的主导性机制，为下文的实证检验提供理论基础。

1.模型设计思路

本部分将融合新熊彼特增长模型与劳动价值论，尝试进行以下方面的拓展，具体见表5-1。

表5-1　　　　新熊彼特增长模型与本章模型设计思路的比较

模型比较	新熊彼特增长模型	本章模型
多部门设计思路	单一供给侧导向	供需对接导向
创新来源的设计思路	在知识存量面临边际生产率递减趋势下，依靠R&D部门内生的研发投入改变这一趋势	在知识存量面临边际生产率递减趋势下，依靠创新部门内生的企业家精神需求认知改变这一趋势
创新主体的设计思路	基于大公司等组织的创造性毁灭过程	基于个人的创造性毁灭过程
创新部门的设计思想	创新的科学认知这一下行路线：原理总结-技术研发-产品创新	创新的经验认知这一上行路线：产品认知-技术研发-原理总结
供给侧主导性微观机制的设计思路	西方机制内涵：研发投入（技术价值论）或资本等要素投入（资本价值论）	中国机制内涵：异质性劳动（劳动价值论）

（1）多部门设计思路

西方新熊彼特增长模型中包含单一部门模型和多部门模型，其中在多部门模型中以最终产品部门、中间产品部门和R&D部门为主。由于其没有考虑需求侧的变化，因而设定的多部门模型是一个典型的单一供给侧模型。本部分模型将尝试在上述三部门中增加家庭部门，并将企业家精神纳入家庭部门，因而本部分的设计将尝试从理论上阐释供需有效对接，这是对我国进入到中等收入阶段后，需求地位不断提升的一种理论应对。

当凯恩斯需求侧的管理在实践中失效后，新凯恩斯主义提出了"需求饱和原理"和"需求层次原理"的新消费理论，为需求结构升级提供了理论基础。"需求饱和原理"，认为需求并不能无限扩张，达到门槛水平后将面临饱和；"需求层次原理"则强调了人们的消费需要或者偏好、欲望存在着不同层次结构与程度差别等特征事实（Lah、Sušjan，1999）。根据上述理论可将我国经济发展划分为两个阶段（周密、刘秉镰，2017）：一是超额需求阶段。供给的产量会由足够的需求自动适应，表现为社会生产力水平低下，市场上存在大量基本需求，主要产品都处在卖方市场条件下，对应于新中国成立到改革开放后的一段时间。二是饱和需求阶段。随着生产力的不断提升，收入水平也持续提高，消费者的基本需求开始饱和，消费倾向趋向于"愿望（心里的）"而非"必需（物质的）"，表现为伴随居民收入水平的提升，市场格局开始由供给主导转向需求主导，消费者的主观性和意愿性消费逐渐显现，消费需求变得更加难以捕捉。比如，在1995—2021年间，我国居民教育文化娱乐支出占比和交通通信支出占比等非必需品支出占比均不断提升，且2000年服务业增加值占GDP的比重为41.2%，2019年这一比例提高到55%。当前互联网使得消费者效用从以数量为主的生存等基本需求开始转为第三次工业革命后合作行为和深层次的社交等非基本需求，消费需求开始变得越来越难以有效捕捉（周密、盛玉雪，2018）。如果企业家精神能够在供给侧通过精准认知突破需求侧灵活变化的偏好制约，则就能减少无效供给，扩大有效供给，从而极大地提升消费者福利水平。例如，乔布斯通过对智能手机的精准认知，更好地满足了消费者社交等美好生活的需求，从而极大地提升了消费者福利。

（2）创新部门的设计思想

西方新熊彼特增长模型更强调在科学认知传统的基础上，进行自上而下的创新设计，即科学原理→技术发明→产品创新，因而其创新思路依赖于R&D的持续投入；而本部分是在我国文化的经验认知传统上进行的自下而上的创新设计，即产品需求的经验认知→技术发明→科学原理，因而本部分拓展模型的创新起点是企业家精神需求认知。

　　新熊彼特增长理论是20世纪90年代为了解释日本对美国的挑战以及新古典经济增长理论无法解释长期技术进步的困境而出现的（Dinopoulos、Segerstrom，2006）。经由Romer（1990）、Aghion和Howitt（1992）、Jones（1995）、Steger（2013）以及Aghion和Festré（2017）等学者不断发展逐渐成为内生增长理论的重要分支。早期的新熊彼特增长理论将人口规模作为影响经济增长的关键机制。随着半内生增长模型和完全内生增长模型的发展，对经济增长微观机制的认识从一般的人口规模转向了人力资本，具有高知识含量或高技能含量的人力资本逐渐成为重点关注的对象。此后对人力资本的研究不断向异质化拓展，技能性人力资本和技术性人力资本等在经济增长中的差异开始被关注。一方面，本章将延续新熊彼特增长模型的主体思路，将创新视为经济增长的根本动力；另一方面，与新熊彼特增长模型中将创新视为R&D投入不同，本章回归熊彼特I型理论的经典认识：即创新是技术的首次商业化应用（熊彼特，2009）。"首次商业化应用"暗含着创新是一种"对市场需求进行正确认知的需求发现机制"（哈耶克，2012）。柯兹纳（2013）认为一个决策制定者的全部作用从他对至今未被注意到的机会的警觉中凸显出来。这种警觉正是企业家敏锐的认知能力（Stephen、Javier，2015）。比如，诺基亚总裁斯蒂芬·埃洛普在智能手机方向上认知不足，对市场判断失误，导致诺基亚的失败；小米公司以雷军为主的创业者团队提前清晰地认知了移动互联网的机遇，开始重点打造智能手机，在不到三年时间里跻身世界前列，正是靠其敏锐的认知能力（周密、盛玉雪，2018）。

　　（3）微观机制的设计思想

　　正因为上述创新思想与发展阶段的差异，西方新熊彼特增长模型更加侧重以R&D投入为主的资本价值论和技术价值论。在这种思想基础上，人更多的是一种资源或要素，起到附属作用。而本部分拓展的模型则回归劳动价值论，认为促使供给侧对接需求侧的根本力量是企业家精神，而技术或资本则只是工具或附属。

　　2.基本模型

　　根据上述模型设计思路，本章将借鉴Romer（1990）、Jones（1995）的模型设定，构建一个内生化企业家精神的创新增长模型，企业家精神不仅能够提高创新部门的知识生产效率，而且能够通过精准认知消费需求改善代表性家庭的福利水平。模型中包含最终产品部门、中间产品部门、创新部门以及家庭部门。

（1）最终产品部门

以 Romer（1990）、Jones（1995）以及 Aghion 等（2005）等人的模型为基础，假定最终产品部门是由一系列完全竞争的厂商组成，厂商通过使用技能性劳动 L_S 和一系列中间产品 x_i，$i \in [0, A]$，生产最终产品 Y。总生产函数形式为 C-D 函数，满足规模报酬不变的假设，具体形式如下：

$$Y_t = L_S^{1-\alpha} \int_0^A x_{it}^\alpha di \tag{5.1}$$

把最终产品的价格标准化为1，则在要素价格给定的情况下，最终产品部门通过雇佣技能性劳动和使用中间产品获得最大利润：

$$\max_{L_S, \ x_i} \left\{ L_S^{1-\alpha} \int_0^A x_{it}^\alpha di - w_S L_S - \int_0^A p_{it} x_{it} di \right\}$$

其中，w_S 表示技能性劳动的工资，p_{it} 表示中间产品 i 在 t 期的价格。

通过求解上述利润最大化的一阶条件可得：

$$w_S = (1-\alpha) L_S^{-\alpha} \int_0^A x_{it}^\alpha di = (1-\alpha) Y_t / L_S \tag{5.2}$$

$$p_{it} = \partial Y_{it} / \partial x_{it} = \alpha L_S^{1-\alpha} x_{it}^{\alpha-1}, \ \forall i \tag{5.3}$$

其中，式（5.2）和式（5.3）分别为最终产品部门对技能性劳动和中间产品的需求函数。

（2）中间产品部门

中间产品部门是由一系列具有垄断权利的厂商组成，这些厂商进行生产需要向市场租借资本。假设每生产一单位中间产品需要从市场上租借一单位资本，市场利率为 r，根据中间产品厂商利润最大化的条件有：

$$\max_{x_{it}} \pi_{it} = \max \left\{ p_{it} x_{it} - r x_{it} \right\}$$

将（5.3）式代入上式并关于 x_{it} 求导，可得：

$$r = \alpha^2 L_S^{1-\alpha} x_{it}^{\alpha-1} \tag{5.4}$$

进一步，第 i 个中间产品部门的利润为：

$$\pi_{it}(A) = \alpha(1-\alpha) L_S^{1-\alpha} x_{it}^\alpha \tag{5.5}$$

中间产品部门需要从创新部门购买专利生产新产品，由于创新部门是完全竞争的，根据 Romer（1990），创新部门生产知识的价格应当等于中间产品垄断厂商净利润的贴现值：

$$\int_t^\infty e^{-\int_t^\tau r(s)ds} \pi(\tau)d\tau = P_{A,t} \tag{5.6}$$

其中，P_A 表示创新部门生产知识的价格，两边关于时间 t 求导（假定 P_A 为常数），可得：

$$p_A = \frac{\pi_{it}}{r_t} \tag{5.7}$$

（3）创新部门

新熊彼特增长理论是 20 世纪 90 年代为了解释日本对美国的挑战以及新古典经济增长理论无法解释长期技术进步的困境而出现的（Dinopoulos、Segerstrom，2006），经过 Romer（1990）、Jones（1995）等研究发展逐渐成为内生增长理论的重要分支。本节基于新熊彼特增长理论关于人力资本异质性的思想，重点关注技能性劳动、研发性劳动等在经济增长中的差异。一方面仍将创新视为经济增长的根本动力，另一方面将创新视为"技术的首次商业化应用"，而非简单的 R&D 投入[①]，因为"创新的首次商业化应用"暗含对市场需求正确认知的需求发现机制，而这种对需求发现的认知正是来自企业家对至今未被注意到的机会的警觉，即企业家精神的认知特质。

根据上述分析，并借鉴 Romer（1990）、Jones（1995）及 Akcomak 和 Weel（2009）的研究[②]，将企业家精神加入到知识生产函数，进而将知识生产函数设定如下：

$$\dot{A} = \delta(L_R/L)A^\phi E^{1-\phi} \tag{5.8}$$

其中，δ 表示创新部门生产效率，L_R 表示研发性劳动投入，L 表示人口规模，A 表示知识资本存量，$0<\Phi<1$ 表示知识具有正向的溢出效应，E 表示企业家精神。同时，在知识生产模型的设定中考虑了稀释效应，即随着市场规模的扩大（用人口规模 L 表示），创新的难度会越来

[①] 一种新的技术如果不能迅速地转化成新产品和新工艺，将处于 R&D 的领先者和创新产品的滞后者的自相矛盾境地（刘立，2011）。

[②] Akcomak 和 Weel（2009）将社会资本引入知识生产函数，而企业家精神是社会资本的一个特殊方面（欧雪银，2009）。

越大，这可能是因为随着市场规模的扩大，跟生产分配相关的组织成本会增加（Dinopoulos 等，2000）。上式的经济学含义是：新知识是在一定知识存量与创新部门的生产效率基础上，通过企业家精神对市场需求的认知形成的。其中 R&D 投入所形成的专利或发明成果，如果没有商业化或不被市场承认则不能视为创新，只能视为知识存量。

根据 Romer（1990）和 Jones（1995）的研究，假定创新部门是完全竞争的，则有如下无套利条件：

$$P_A \dot{A} = w_R L_R \tag{5.9}$$

其中，P_A 表示创新部门生产知识的价格，等式左边表示创新部门通过生产新知识而带来的价值增加，等式右边表示创新部门价值增加需要支付的劳动成本。根据 Romer（1990）和 Jones（1995）的研究，假定均衡时劳动者在最终产品部门和创新部门工作可以获得相同的工资收入，即满足 $w_s = w_R = w$。

（4）家庭部门

根据前文的模型设计思路，当需求结构进入饱和需求阶段以后，企业家精神对消费需求的精准认知将变得愈加重要，能够有效提高产品供给的质量和效率，从而显著提升消费者的福利水平。因此，本部分将在传统效用函数的基础上，借鉴 Zou（1995）的模型设定，将具有需求认知特征的企业家精神引入代表性家庭的效用函数[①]，将代表性家庭的效用函数设定如下：

$$U = Max \int_0^{+\infty} (\ln C + \beta \ln E) e^{-\rho t} dt \tag{5.10}$$

其中，C 和 E 分别表示消费水平和企业家精神，$\beta > 0$ 表示相对于消费来说，企业家精神对提升家庭福利的重要性，$\rho > 0$ 表示贴现率。

假设家庭会将部分收入用于企业家精神的积累（周敏慧等，2017），用 I 进行表示，从而得到家庭的预算约束方程及企业家精神的动态积累方程（假定资本折旧率为零）：

$$\dot{K} = rK + w(L_S + L_R) + \int_0^A \pi_i di - C - P_A \dot{A} - I \tag{5.11}$$

$$\dot{E} = I \tag{5.12}$$

① Zou（1995）将财富、资产引入代表性家庭的效用函数。

其中，rK、w（$L_S + L_R$）、$\int_0^A \pi_i di$ 分别表示家庭部门的资本收入、劳动收入和利润收入，I 表示家庭用于企业家精神积累的投资。

家庭部门面临的决策是如何在给定预算约束下，通过选择每期的消费、储蓄、企业家精神积累投入以实现最大化自身效用。通过构建现值的汉密尔顿函数（Current-Value Hamiltonian Function）和横截性条件，可得到如下最优化问题：

$$CH = \ln C + \beta \ln E + \lambda_1 [rK + w(L_S + L_R) + \int_0^A \pi_i di - C - P_A \dot{A} - I] + \lambda_2 I \quad (5.13)$$

$$\lim_{t \to +\infty} \lambda_1 Ke^{-\rho t} = \lim_{t \to +\infty} \lambda_2 Ee^{-\rho t} = 0 \quad (5.14)$$

其中，λ_1、λ_2 分别表示物质资本和企业家精神的影子价格。

通过求解上述最优化条件可得：

$$\dot{C}/C = r - \rho \quad (5.15)$$

$$r/C = \beta/E \quad (5.16)$$

3. 求解竞争性均衡

由竞争性均衡实现的两个条件——经济个体实现最优和市场出清，可知，当经济处于平衡增长路径时，需要同时满足以下两个条件：一是资本市场和劳动市场出清；二是所有的经济个体实现最优。

（1）由市场出清的条件可知：

$$L_S + L_R = L$$
$$K = \int_0^A x_i di \quad (5.17)$$

由对称性可知，均衡时最终产品部门对每种中间产品的需求量必然相同，且根据市场出清的条件，可得 $x_i = \bar{x}$，$i \in [0, A]$，则有：

$$\bar{x} = K/A \quad (5.18)$$

将（5.18）式代入（5.1）、（5.2）、（5.4）、（5.5）式可得：

$$Y = (AL_S)^{1-\alpha} K^\alpha \quad (5.19)$$

$$w = (1 - \alpha)(Y/L_S) \quad (5.20)$$

$$r = \alpha^2 \left(\frac{AL_S}{K}\right)^{1-\alpha} = \alpha^2 (Y/K) \quad (5.21)$$

$$\pi_i = \alpha(1 - \alpha)(Y/A) \quad (5.22)$$

（2）根据经济个体实现最优的条件：

容易得到 Y、C、K、A、E 与 I 增长率相同，我们假定增长率为 g，L_S、L_R、x 和 P_A 均为常数。

由（5.7）式和（5.9）式可得：

$$\frac{\pi_i}{r}\dot{A} = wL_R \tag{5.23}$$

将（5.16）、（5.20）、（5.22）式代入上式，并结合平衡增长路径的条件，可得：

$$\frac{L_S}{L_R} = \frac{\rho + g}{\alpha g} \tag{5.24}$$

再结合劳动市场出清的条件，则有：

$$L_S = \frac{(\rho + g)}{\rho + g + \alpha g}L \tag{5.25}$$

$$L_R = \frac{\alpha g}{\rho + g + \alpha g}L \tag{5.26}$$

将式（5.20）、（5.21）、（5.22）代入式（5.11），则可以得到家庭预算约束的方程：

$$\dot{K} = (AL_S)^{1-\alpha}K^{\alpha} - C - I \tag{5.27}$$

对上式两边同时除以 K，将企业家资本的预算约束方程代入，并结合平衡增长路径的条件，可得：

$$\frac{\dot{K}}{K} = \left(\frac{AL_S}{K}\right)^{1-\alpha} - \left(\frac{\rho + g}{\beta} + g\right)\frac{E}{K} \tag{5.28}$$

联立（5.4）、（5.8）、（5.15）和（5.19）式可得：

$$\frac{E}{K} = \left(\frac{gL}{\delta L_R}\right)^{V1-\phi}\left(\frac{\rho + g}{\alpha^2}\right)^{V1-\alpha}\frac{1}{L_S} \tag{5.29}$$

将（5.25）、（5.26）和（5.29）式代入（5.28）式，并结合平衡增长路径的条件可得：

$$g = \frac{\rho + g}{\alpha^2} - \left(\frac{\rho + g}{\beta} + g\right)\left(\frac{\rho + g}{\alpha^2}\right)^{V(1-\alpha)}\left(\frac{\rho + g + \alpha g}{\delta\alpha}\right)^{V(1-\phi)}\frac{\rho + g + \alpha g}{(\rho + g)L} \tag{5.30}$$

$$\frac{I}{Y} = \frac{\dot{E}}{E}\frac{E}{K}\frac{K}{Y} = g\left(\frac{\rho + g}{\alpha^2}\right)^{\frac{1}{1-\alpha}-1}\left(\frac{\rho + g + \alpha g}{\delta\alpha}\right)^{\frac{1}{1-\phi}}\frac{\rho + g + \alpha g}{(\rho + g)L} \tag{5.31}$$

方程（5.30）和（5.31）表示平衡增长路径上，经济增长率和家庭部门用于企业家精神的投资占收入的比重。接下来，我们将通过数值模拟来求解模型的最优化问题。

5.2.2　数值模拟

根据理论模型推导结果，本部分将通过 Matlab 软件进行数值模拟。根据已有研究并结合参数的经济学含义，首先对模型包含的参数进行赋值。假定主观贴现率 $\rho = 0.02$，劳动收入占总产出的比例为 0.4，则 $\alpha = 0.6$，创新部门的生产效率 $\delta = 0.2$（严成樑，2012）。为简化分析，设定总劳动投入 L 为 1。根据 Jones（1995）的研究，知识存量对应的指数 Φ 应当小于 1，这里我们取 0.3、0.5 和 0.8 分别进行考察。在控制上述参数的条件下，本章拟考察企业家精神重要性对家庭用于企业家精神投资占比及经济增长率的影响，即在 β 取不同数值的情形下，分别考察企业家精神重要性对平衡增长路径上的企业家精神投入占比及经济增长率影响的变化趋势。

图 5-4、图 5-5 为数值模拟的结果，可以看出，企业家精神的重视程度越高（β 越大），家庭用于企业家精神积累的投入占比越高，经济增长速度也越快，且上述结论具有稳健性，不会因企业家精神对创新影响程度的变化而改变。其中的理论机制如下：企业家精神重视程度越高，则家庭收入中用于企业家精神的积累越多，这将会提高企业家精神的存量进而提升研发部门的生产效率，促进创新部门的知识生产，从而使得研发部门选择更多地雇用研发人员，最终促进经济增长。因此，可以从企业家精神差异的视角来解释不同国家或地区经济增长的差异，即一个国家或地区经济发展水平高，可能是因为这个国家或地区更为重视企业家精神的积累，而非劳动、物质资本、技术水平等传统生产函数中的要素。本章的研究有助于丰富已有关于不同国家或地区经济增长差异的解释，也为当前弘扬企业家精神提供了支撑。

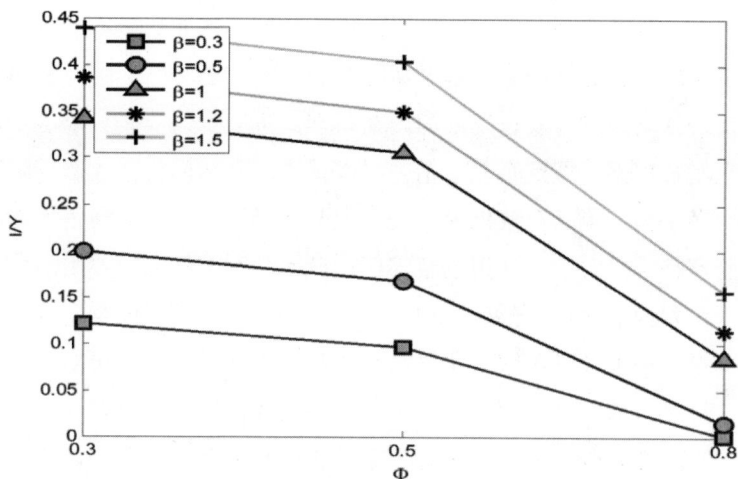

图5-4 企业家精神重视程度与企业家精神投资的关系

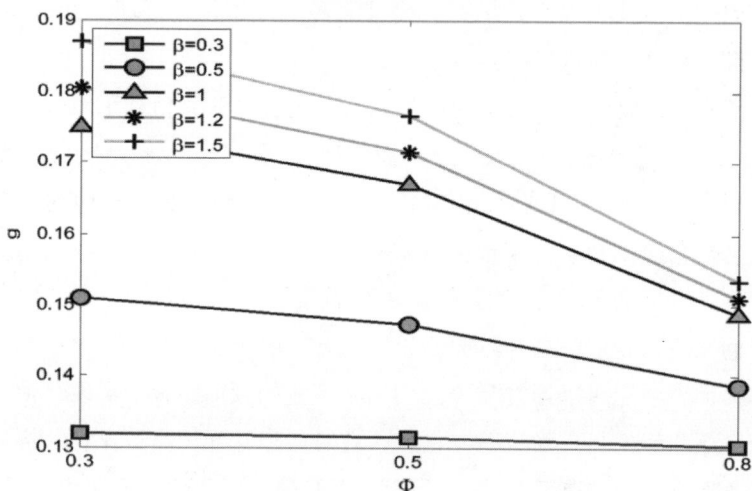

图5-5 企业家精神重视程度与经济增长的关系

5.3 本章小结

本章将社会主要矛盾转变纳入供求分析框架，运用政治经济学分析视角，通过分析消费需求结构转变的典型事实，将企业家精神内涵界定为需求认知、创新与创业三大特征，提出供需结构性矛盾产生的深层原因是供给方向不准，只有率先通过企业家精神识别需求方向，然后通过引领和整合资源，提高供给体系的质量和效率，才能从根本上解决供需结构性矛盾。在此基础上，本书从微观、中观和宏观三个层面阐述了企业家精神推动经济高质量发展的内在机理。进一步，依托一个水平创新的内生增长框架，假定企业家精神可以提高研发部门生产效率，同时能够识别消费需求提高有效供给，进而提升代表性家庭的福利水平，本书将企业家精神同时引入知识创新部门生产函数和家庭部门效用函数，构建了一个包含最终产品部门、中间产品部门、创新部门以及家庭部门的四部门增长模型，以考察企业家精神影响经济增长的内在机制。在此基础上，通过数值模拟求解出理论模型的最优化问题。研究发现：企业家精神的重要性越强，家庭用于企业家精神的投入会越多，知识生产和经济增长速度也越快，且该结论具有稳健性，不会随着企业家精神对创新影响力度的变化而改变。因此，企业家精神能够促进创新与经济增长，进而推动经济高质量发展。

基于上述结论，本书认为应鼓励人们进行企业家精神积累方面的投入。企业家精神是影响家庭部门福利水平和研发生产效率的重要因素，应当提升家庭部门积累企业家精神的意愿，推动企业家精神的存量提高。努力营造弘扬企业家精神的浓厚社会氛围，不断培育和壮大企业家的整体队伍，提高全社会企业家精神的整体水平，增强经济发展新动能。而家庭在企业家精神方面的投资提升取决于家庭的消费意愿和消费能力，消费意愿可以通过提高人们创新创业的预期回报来实现，消费能力取决于家庭的可支配收入。例如，政府应当在知识产权保护、产品市场准入等方面推进制度改革，以提升人们创新创业的预期回报。因此，不仅需要提升人们创新创业的预期回报，还应当采取各种切实有效的措施提高家庭可支配收入水平。同时，要进一步健全和完善职业经理人遴选过程，畅通企业家成长过程，给予企业家创新容错空间，着力推进"大众创业万众创新"，不断壮大企业家队伍。

第6章 消费需求转变、企业家精神与经济高质量发展

前面通过机制分析、理论模型构建及数值模拟，论证了消费需求结构转变背景下企业家精神与经济高质量发展之间的关系。本章将借鉴 Hebert 和 Link（1989）、李宏彬等（2009）的研究，将企业家精神分为创新精神与创业精神，结合我国消费需求结构转变的特殊背景，利用1997—2019年间省级面板数据，实证检验消费需求结构转变背景下企业家精神对经济高质量发展的作用；进一步，通过比较传统供给侧与当前供给侧的视角，对现阶段经济高质量发展的主导性微观实现机制进行经济学解释。

6.1 模型设定与变量描述

6.1.1 基准模型设定

由前文分析可知，当消费需求结构升级后，消费者的需求将会更加多样化、灵活化等，企业家精神对消费者需求方向的精准认知与主动对

接，对于提高有效供给进而实现供求对接将变得愈发关键。为考察消费需求结构转变背景下企业家精神对经济高质量发展的作用，本节设定如下回归方程：

$$y_{it} = \alpha_1 Eship_{it} + \alpha_2 Dem_{it} + \alpha_3 Eship_{it} \times Dem_{it} + X_{it} + \mu_{it} + \lambda_t + \varepsilon_{it} \quad (6.1)$$

其中，下标 i 表示地区，t 表示时间。因变量 y_{it} 表示经济发展质量，$\ln Eship$ 表示企业家精神，借鉴 Hebert 和 Link（1989）、李宏彬等（2009）的思想，将企业家精神分为创新精神（$\ln IEship$）和创业精神（$\ln BEship$）。Fdem 为消费需求结构，采用非必需品支出占可支配收入的比重表示。其中，必需品主要是满足人们最基本的生存需要（或称为基本需求），而非必需品则反映居民对于更高层次的美好生活的向往，该值越高，说明需求结构越高。$\ln Eship \times Fdem$ 是企业家精神和需求结构的交互项，用来估计需求结构变化如何影响企业家精神对经济高质量发展阶段下经济增长的作用。X 表示其他可能影响经济增长的控制变量，包括政府支出规模、宏观税负水平、对外开放水平等。u_i 和 λ_t 分别表示不可观测的地区效应和时间效应，ε_{it} 为随机干扰项。

6.1.2 变量描述和数据说明

1. 被解释变量

经济发展质量（$Gquality$）。本章将借鉴储德银等（2020a）构建的经济发展质量综合指标体系，并采用主成分分析方法可得到经济发展质量，具体指标设定及测算方法详见储德银等（2020a）。

2. 核心解释变量

（1）企业家创新精神（$\ln IEship$）、企业家创业精神（$\ln BEship$），借鉴李宏彬等（2009）的研究，采用专利申请量（取对数）表示企业家创新精神，采用个体和私营企业就业人数占总就业人数比重（取对数）衡量企业家创业精神。（2）消费需求结构（$Fdem$），采用居民非必需品支出占居民可支配收入的比重衡量，非必需品支出包括医疗保健、交通与通信、教育文化娱乐服务以及居住四个方面。数据主要来自"城镇居民家庭平均每人消费支出"（1995—2012）、"城镇居民人均收支情况"（2013—2019）。（3）企业家精神与需求结构的交互项（$\ln Eship \times Fdem$），用于考察需求结构升级背景下企业家精神对经济高质量发展的作用。

3.控制变量

根据已有研究，本节选取物质资本存量、技能性劳动投入、知识资本存量、政府支出规模宏观税负水平、对外开放水平等作为可能影响经济增长的控制变量。（1）物质资本存量（ln$K$），借鉴张军等（2004）提供的数据及方法，根据各省份年度固定资产投资形成总额，选取2000年为基期，并采用永续盘存法进行计算。具体公式如下：$K_t = K_{t-1}(1-\delta) + I_t/P_t$，$K_t$ 和 K_{t-1} 分别表示 t 期和 $t-1$ 期的实际资本存量，I_t 为固定资产形成总额[①]，P_t 为固定资产投资价格指数，δ 为折旧率，取值为9.6%。（2）技能性劳动投入（L_s），采用总就业人数减去研发部门劳动人数再除以总就业人数表示。其中，总就业人数根据城镇就业人数和农村就业人数加总得到。研发部门劳动人数（L_r），采用研发部门的全时量衡量。（3）知识资本存量（ln$Astock$），借鉴 Porter 和 Stern（2000）、Pessoa（2005）的方法，采用专利申请数表示每年新生产的知识[②]，并采用永续盘存法计算知识存量。（4）政府支出规模（Gov），用财政支出占地区生产总值的比重衡量。（5）宏观税负水平（$Mtax$），用一般预算收入占GDP比重衡量。（6）对外开放水平，包括贸易开放（$open$）和投资开放（FDI）两部分，分别采用进出口总额占GDP比重和外商直接投资占地区生产总值的比重表示。

本章利用我国34个省级行政单位中的30个省、自治区、直辖市1997—2019年的面板数据，研究消费需求结构转变下企业家精神对经济高质量发展的作用，其中由于西藏缺失数据较多，故而将其删除。数据主要来源于《中国统计年鉴》、《中国科技统计年鉴》、《中国人口统计年鉴》、国泰安数据库和EPS数据库等。研究区间的选取主要是基于我国市场化改革的全面稳步推进，放松了对非国有制经济的管制，从而更加有利于企业家精神的充分发挥，我国经济真正开始进入到以满足基本消费需求为主的高速增长阶段，正是基于这一重要的时间节点，并结合

[①] 固定资产形成总额是指支出法GDP核算中的固定资产形成总额，不同于全社会固定资产投资。

[②] 选用专利申请量而非专利授权量，是因为专利申请量比授权量更能真实反映创新水平（黎文靖、郑曼妮，2016）。由于专利授权量需要检测和缴纳年费等，可能包含更多的不确定性和不稳定性（周煊等，2012），并且容易受官僚因素的影响。

数据可得性和连续性，本节选取1997—2019年为研究区间。表6-1是所有变量的描述性统计结果。

表6-1 描述性统计结果

变量名	观测数（个）	均值	标准差	最小值	最大值
Score	690	1.325	0.851	0.203	4.801
ln*IEship*	690	9.275	1.790	5.159	13.305
ln*BEship*	690	2.924	0.577	1.508	4.199
Fdem	690	0.603	0.078	0.438	0.779
ln*K*	690	9.555	1.195	6.202	12.070
L	690	0.258	0.182	0.023	1.154
ln*Astock*	690	10.824	1.657	7.028	15.045
L_s	690	0.257	0.182	0.023	1.146
Gov	690	19.257	9.462	5.363	62.835
Mtax	690	8.976	3.213	3.392	22.734
Open	690	29.673	37.142	1.267	172.148
FDI	690	47.633	59.044	2.589	570.537

6.2 实证估计结果

6.2.1 基准回归模型

1.企业家创新精神

根据（6.1）式模型设定，考虑可能存在的异方差，采用双向固定效应模型进行估计，结果见表6-2。其中，第（1）列是仅考虑企业家创新精神、消费需求结构及两者交互项的估计结果。第（2）列是进一步加入物质资本存量、知识资本存量和技能性劳动的估计结果。第（3）～（5）列是向模型中依次加入政府支出结构、宏观税负水平、对外开放水平等其他控制变量的估计结果。可以看出，企业家创新精神、企业家创新精神与消费需求结构交互项前的估计系数均在1%水平上显著为正，一方面表明企业家精神对经济高质量发展的作用受消费需求结构的影响，另一方面表明随着消费需求升级（即基本需求占比下降），企业家精神对经济发展质量的正向作用逐渐增大。可能的原因是随着我国居民收入的不断增加，消费能力和消费倾向逐渐发生变化并促使消费需求结构不断升级，经济增长的动力由生产供给主导逐渐向消费需求主导转变，即消费者在市场中逐渐居于主导地位。消费需求结构的这种变化，需要通过不断提升消费者的"用户体验"以提高他们的满意度，但消费者自己却不清楚如何使其满意度提高，如信任品，更加需要供给侧的回应与引领（贾康，2018）。企业家精神正是通过"创造性破坏"的创新，引领并创造需求，从而在供需互动中通过有效供给实现供求平衡。如乔布斯通过供给创新，引领全球消费潮流，有效释放了市场消费潜力，促进了经济繁荣增长。因此，消费需求结构升级迫切需要企业家以创新精神为支撑，才能实现经济高质量发展。消费需求结构前的系数显著为负值，但由于交互项前的系数为正，且企业家创新精神的取值范围介于5.159与13.305之间，因此，需求结构对经济高质量发展的综合影响不好判断，这与预期一致，因为，需求结构对经济发展的影响往往需要借助于其他变量。知识资本存量前的系数显著为正，这与Romer（1990）的研究结论一致，即知识生产具有规模效应，知识存量增加对新知识的生产具有较强的溢出效应。此外，其他控制变量的系数也与预期基本一致。

表6-2　　　　　　　　基准回归结果（企业家创新精神）

变量	(1)	(2)	(3)	(4)	(5)
ln$IEship$	0.126***	0.087*	0.225***	0.197***	0.193***
	(3.032)	(1.666)	(3.572)	(3.242)	(3.159)
$Fdem$	−2.525***	−1.158*	−2.786***	−2.029***	−1.840**
	(−4.074)	(−1.683)	(−3.472)	(−2.604)	(−2.334)

续表

变量	（1）	（2）	（3）	（4）	（5）
ln$IEship×Fdem$	0.354***	0.180***	0.369***	0.295***	0.267***
	（6.434）	（2.807）	（4.593）	（3.781）	（3.371）
ln$K$		−0.401***	−0.333***	−0.268***	−0.277***
		（−9.081）	（−7.058）	（−5.784）	（−5.951）
ln$Astock$		0.127***	0.153***	0.136***	0.143***
		（3.234）	（3.860）	（3.556）	（3.734）
L_s		−0.235	−0.211	−0.093	−0.059
		（−1.489）	（−1.348）	（−0.613）	（−0.379）
Gov			0.010***	0.005*	0.004
			（3.832）	（1.857）	（1.451）
$Mtax$				0.044***	0.046***
				（7.163）	（7.370）
$Open$					0.000
					（0.671）
FDI					0.000*
					（1.846）
常数项	2.609***	5.440***	5.286***	4.156***	4.170***
	（5.725）	（8.212）	（8.050）	（6.381）	（6.363）
N	690	690	690	690	690
R^2	0.932	0.942	0.943	0.948	0.948

注：（1）***、**、*分别表示在1%、5%、10%的水平上显著；（2）括号内为t统计量的值。下同。

2.企业家创业精神

为了对企业家创新精神进行补充，表6-3报告了消费需求结构转变条件下企业家创业精神对经济增长的影响，仍采用双向固定效应模型进行估计。其中，第（1）列是只考虑企业家创业精神、消费需求结构以及两者交互项的估计结果。第（2）列是进一步加入物质资本存量、知识资本存量和技能性劳动的估计结果。可以发现，企业家创业精神和消费需求结构的交互项前的系数显著为正值，说明企业家创业精神对经济增长的作用受消费需求结构的影响，且随着消费需求结构不断升级，企业家创业精神对经济增长的作用是逐渐增强的。同样地，第（3）~（5）列是逐渐向模型中加入其他控制变量的估计结果，可以看出，交互项前的系数仍显著为正，说明模型估计是稳健的。可能的原因在于，随着消费需求结构的不断升级，尤其是当消费需求结构由超额需求向饱和需求转变时，食品、衣着等基本需求开始接近饱和，而民主、法治、环境等需求日益增长，消费者偏好越来越难以捕捉，呈现出更加多样化、灵活化、个性化等特征，更加需要企业家在市场发现方面的作用。在现实生活中，企业家创业精神构成了我国经济高速增长的重要动力，以马云、马化腾等为代表的一大批著名企业家就是在近两次创业浪潮中产生的，这使得经济效率得到极大的提升，从而促进了经济增长（胡永刚、石崇，2016）。此外，消费需求结构、知识资本存量等变量符号也与企业家创新精神的估计结果基本一致。

表6-3　　　　　　　　　基准回归结果（企业家创业精神）

变量	（1）	（2）	（3）	（4）	（5）
ln$BEship$	0.589***	0.342***	0.460*	0.288**	0.272**
	(5.313)	(3.303)	(1.757)	(2.581)	(2.442)
$Fdem$	−3.224***	−2.280***	−2.746*	−1.748***	−1.761***
	(−4.983)	(−3.819)	(−1.792)	(−2.810)	(−2.835)
ln$BEship×Fdem$	1.349***	0.888***	1.084*	0.761***	0.747***
	(7.208)	(5.087)	(1.951)	(4.024)	(3.972)
ln$K$		−0.399***	−0.373*	−0.326***	−0.336***
		(−9.823)	(−2.003)	(−7.935)	(−8.200)
ln$Astock$		0.130***	0.137**	0.109***	0.109***
		(6.225)	(2.107)	(5.220)	(5.071)

续表

变量	(1)	(2)	(3)	(4)	(5)
L_s		−0.069	0.082	0.135	0.107
		(−0.529)	(0.210)	(0.995)	(0.758)
Gov			0.006	0.002	0.001
			(0.801)	(0.812)	(0.502)
Mtax				0.036***	0.038***
				(5.897)	(6.182)
Open					−0.000
					(−0.422)
FDI					0.001***
					(3.075)
常数项	3.202***	5.549***	5.202**	4.259***	4.347***
	(8.204)	(9.483)	(2.153)	(7.097)	(7.165)
N	690	690	690	690	690
R^2	0.935	0.947	0.948	0.951	0.951

6.2.2 稳健性回归

鉴于企业家精神对经济发展质量的作用受消费需求结构变化的影响，为保证分析结论的可靠性，本节从下面四个角度对全样本进行稳健性检验。

1.稳健性回归Ⅰ：更换被解释变量

由于经济高质量发展是一个综合指标，尚没有形成统一的测算方法。全要素生产率（TFP）不仅是经济高质量发展的实现途径（高培勇等，2020），也是检验经济高质量发展的核心指标（王一鸣，2022），因此，除通过构建指标体系测算经济高质量发展以外，学术界还普遍采用全要素生产率来衡量经济发展质量。因此，本节采用随机前沿分析

（Stochastic Frontier Analysis，SFA）方法，通过设定超越对数生产函数对模型各系数进行估算，最终得到省级层面的全要素生产率，用来衡量经济发展质量。表6-4第（1）列和表6-5第（1）列是采用全要素生产率作为被解释变量得到的估计结果，从估计结果可知，企业家精神与消费需求结构的交互项前的系数仍显著为正值，这与基准模型中的估计结果一致。此外，其他控制变量的估计结果也与基准回归基本一致，表明模型估计结果是稳健的。

2.稳健性回归Ⅱ：用恩格尔系数（*Engel*）衡量需求结构

恩格尔系数通常是指食品支出在现金消费支出中所占比例，是恩格尔在19世纪对消费需求结构变化总结出的一个规律指标，常常用来衡量一个国家或地区人民生活水平。该指标越低，说明一个国家的生活越富裕，消费需求结构越高①。近年来，我国的恩格尔系数逐年下降，表明我国居民收入在增长，消费需求结构在升级、消费观念在改变②。故这里采用恩格尔系数（*Engel*）来表示基本需求占比，采用（1-*Engel*）衡量消费需求结构（*Fdem*），并利用双向固定效应模型进行回归分析。回归结果见表6-4第（2）列和表6-5第（2）列，企业家精神与消费需求结构的交互项前的系数仍显著为正值，这与基准模型中的估计结果一致。此外，其他控制变量的估计结果也与前文基本一致，表明估计结果是稳健的。

表6-4　　　　　　　　稳健性回归结果Ⅰ

变量	企业家创新精神（ln*IEship*）			
	（1）	（2）	（3）	（4）
	TFP	*Engel*	*Lag*	*GMM*
				0.352***
				（10.300）

---

① 国际通行的标准是一国平均恩格尔系数大于60%为贫穷，50%~60%为温饱阶段，40%~50%为小康，30%~40%为相对富裕，20%~30%为富足，低于20%为极其富足。国家统计局的数据显示，2018年全国居民恩格尔系数为28.4%。

② 人民日报海外网2019年2月20日第11版，https://baijiahao.baidu.com/s？id=1625935279049008016&wfr=spider&for=pc。

续表

变量	企业家创新精神（ln*IEship*）			
	（1）	（2）	（3）	（4）
	TFP	*Engel*	*Lag*	*GMM*
ln*IEship*	0.009	0.389***	0.110*	0.040***
	（0.933）	（5.708）	（1.687）	（3.108）
Fdem	−0.103	−4.732***	−1.364*	−0.636***
	（−0.858）	（−5.267）	（−1.732）	（−2.903）
ln*IEship×Fdem*	0.028**	0.580***	0.190**	0.068***
	（2.290）	（6.273）	（2.390）	（2.882）
ln*K*	0.017**	−0.261***	−0.325***	0.063***
	（2.392）	（−5.961）	（−6.772）	（8.049）
lnAstock	−0.006	0.154***	0.117**	−0.030***
	（−1.009）	（4.074）	（2.484）	（−3.169）
L_s	−0.072***	−0.090	0.007	−0.729***
	（−3.021）	（−0.598）	（0.047）	（−8.073）
控制变量	Yes	Yes	Yes	Yes
地区固定	Yes	Yes	Yes	Yes
时间固定	Yes	Yes	Yes	No
N	690	690	660	630
R^2	0.360	0.950	0.948	
AR（1）				0.018
AR（2）				0.105
Sargan P				0.999

注：（1）***、**、*分别表示在1%、5%、10%的显著性水平上显著；（2）圆括号内为 *t* 统计量的值；（3）为使表格简洁，解释变量的滞后一期、恩格尔系数等仍采用原有的变量名称表示，并省略了控制变量的估计结果。下表同。

3.稳健性回归Ⅲ：考虑滞后效应

鉴于企业家创业精神和创新精神以及其他控制变量对经济增长的影响可能存在一定的时滞，本节分别用企业家创业精神、创新精神以及其他变量的滞后一期分别替代各自的当期项，并采用双向固定效应模型进行估计。从结果可知（见表6-4第（3）列和表6-5第（3）列），滞后一期的企业家创业精神、创新精神与消费需求结构的交互项前的系数仍都显著为正，这与基准模型的估计结果一致，说明了模型的估计结果是稳健的。

4.稳健性回归Ⅳ：动态面板估计

考虑到经济发展质量可能具有一定的持续性，即过去的经济发展质量可能会影响当前的经济发展水平，本章在基准模型基础上加入被解释变量的滞后一期作为解释变量，将其扩展为动态面板，用于捕捉模型中的惯性以及其他可能遗漏的影响经济高质量发展的因素，以降低估计偏误。同时，考虑到企业家精神与经济发展质量之间可能存在双向因果关系，例如，企业家创新与创业可能会通过更好地认知消费者的需求，通过产品创新、服务创新等促进经济高质量增长；而且，经济增长质量较高的地区人们收入水平可能更高，从而人们用于企业家精神积累的投入也会增加，企业家精神的水平可能会更高。

为解决上述内生性问题，本节尝试在模型中加入企业家精神的滞后两期作为其自身的工具变量，但由于将被解释变量的滞后项作为解释变量加入模型，会导致解释变量与随机扰动项之间相关，从而产生新的内生性问题，故本节将采用差分GMM和系统GMM进行估计。同时，由于差分GMM方法在时间序列观测值较少时容易产生估计偏误问题，而系统GMM不仅可以有效地避免该问题，还可以解决测量误差、非时变的遗漏变量和解释变量的内生性问题，得到更具有一致性的估计（Caselli等，1996）。因此，本部分将采用系统GMM对上述动态模型的内生性问题进行检验，并根据Arellano和Bond（1991）建议对模型进行筛选和统计推断。从表6-4第（4）列和表6-5第（4）列可知，被解释变量的滞后两期前的系数为正，且在1%的水平上显著，说明经济增长质量具有持续性。且从AR（1）、AR（2）检验P值可知，差分方程中残差序列只存在一阶自相关，不存在二阶及更高阶自相关。同时，Sargan-P值表明所有工具变量均不存在过度识别问题，说明工具变量的选择是有效的。企业家精神与消费需求结构的交互项系数显著为正，也与基准模型的结果一致，故基准回归结果是稳健的。

表6-5 　　　　　　　　　　　稳健性回归结果Ⅱ

变量	企业家创业精神（lnBEship）			
	（1）	（2）	（3）	（4）
	TFP	*Engel*	*Lag*	*GMM*
				0.346***
				（11.327）
ln*BEship*	0.034*	0.558*	0.172	0.078***
	（1.931）	（1.914）	（1.521）	（2.833）
Fdem	0.376***	−3.200**	−1.670***	−0.353***
	（3.849）	（−2.099）	（−2.648）	（−2.644）
ln*BEship*×*Fdem*	0.073**	1.153**	0.626***	0.100**
	（2.456）	（2.128）	（3.269）	（2.277）
ln*K*	0.011*	−0.347**	−0.355***	0.061***
	（1.709）	（−2.178）	（−8.387）	（7.352）
ln*Astock*	0.002	0.124**	0.111***	−0.017***
	（0.527）	（2.077）	（5.176）	（−2.748）
L_s	−0.055**	0.107	0.062	−0.695***
	（−2.477）	（0.277）	（0.443）	（−8.324）
控制变量	Yes	Yes	Yes	Yes
地区固定	Yes	Yes	Yes	Yes
时间固定	Yes	Yes	Yes	No
N	690	690	660	630

续表

变量	企业家创业精神（lnBEship）			
	（1）	（2）	（3）	（4）
	TFP	*Engel*	*Lag*	*GMM*
R²	0.362	0.952	0.953	
AR（1）				0.018
AR（2）				0.189
Sargan P				0.999

6.3 经济高质量发展的微观实现机制：基于传统供给侧与当前供给侧比较

20世纪70年代，当凯恩斯的需求管理政策因滞胀而受到学术界的普遍批判与质疑时，结构性改革政策随之开始实施。然而西方的结构性改革政策总体仍然遵循新自由主义框架，在"回到斯密去"的旗帜下将宏观经济分析微观化（方兴起，2007）。在当前发展阶段，为什么我国不能简单追随西方轨迹进行管制放松，而应该回归劳动价值论呢？本部分将在前面理论与实证基础上，进一步从供给侧结构性改革的视角提炼经济高质量发展的微观实现机制选择上的经济学意义。

6.3.1 新古典模型的应用：斯密增长机制与熊彼特增长机制

发达国家的经济学家在分析资源配置时通常以给定的产业、技术为前提，假定不存在外部性和信息不确定性，因而得出的结论是：竞争性市场是人类社会资源配置的最优机制（林毅夫，2011）。这一基本模型可以归纳成两种不同的侧重点：一种是包含熊彼特型的斯密增长机制。韦森（2013）认为自19世纪西方工业革命以来的经济增长，只不过是加入了科技革命和机器化工业大生产后的斯密动态经济增长，或者说是包含了"熊彼特型增长"的广义的"斯密动态经济增长"。这一机制更侧重要素分工与增长。另一种是包含斯密型的熊彼特增长机制。林毅夫（2013）认为韦森的认识与现代经济中新产品、新产业不断涌现的主要特征不吻合。现代经济增长的实质及其特征事实是持续性的技术创新、产业升级、经济多样化和收入增长加速，……只有在熊彼特型增长中才会有不断的新的产品和产业的创新……因此，对现代经济增长更合适的描述是包括了"斯密型增长"的"熊彼特型动态增长"（林毅夫，2010）。

在资本主义工业化初期和中期等需求较为稳定的发展阶段，上述两种认识都能够在不同范围和不同层面有效指导实践。然而随着人们的生活水平不断提高且伴随着数字经济时代的到来，在新古典理论中，无论是包含熊彼特型的斯密增长机制还是包含斯密型的熊彼特增长机制的局限性都开始日益明显。

（1）包含熊彼特型的斯密增长机制是依靠价格的以后验式调整为主的供给叙述，因此无法摆脱资本价值论主导一切的局限性。在这一框架下，要素依靠价格进行配置，但是价格机制依靠供需的事后对接进行出清（袁志刚、高虹，2016）。正是这个特点，使得过剩将不可避免。而且，价格通过信息传递、有效选择和定向激励进行资源配置，供给侧完全依靠价格标准来指导和调节生产，价格作用发挥到了极致，以价格体现的利润、利息等形式开始主导一切，资本价值论将成为必然。

（2）包含斯密型的熊彼特增长机制是一个以生产决定消费的供给叙述，因此无法摆脱技术价值论主导一切的局限性。正是从这个意义上看，新古典模型是一个充分信心预期的模型。虽然考虑效用函数的新古典需求理论，经历了从基数效用论、序数效用论与显示性偏好论的发展过程，但都假定偏好是独立的、外生的且稳定的，因此给定产品和要素的市场价格（无论均衡与否），家庭和厂商预期它们可以出售任何数量的产品和要素（龚刚，2008）。正因为假定所有的高技术都是被需求的，所以这一框架无法解释诺基亚、摩托罗拉、东芝、索尼等持续的高研发投入并没有带来熊彼特型增长的微观特征事实。

上述新古典的供给侧叙述框架下，实质暗含着两个假定：一是斯密机制中可以找到一个价格出清所有的产品；二是熊彼特机制中生产出来的产品和技术都是被需要的。因而，在上述两种机制下，供给侧的主要任务是解决"生产多少"和"如何生产"的问题——通过斯密机制降低要素投入"更多地生产"或通过熊彼特机制提升产品技术水平"更好地生产"。这种理解被置于工业化初期或中期等超额需求的结构条件下时是合理的。因为这种市场条件下存在大量超额需求需要被满足，萨伊定律有效，供给可以自动创造需求。然而如果进入到工业化后期和数字经济时代需求结构升级后的饱和需求时代，"生产什么"的问题就开始日益重要，理论也需要进行合理拓展。

6.3.2 供给侧结构性改革实施机制：包含斯密型和熊彼特型的异质性劳动机制

1.对新古典模型的拓展

针对传统新古典模型中价格后验和需求缺失的局限，本节尝试通过纳入企业家认知需求和四部门之间的传导来优化解决。为了便于与新古典模型进行对比，本节将关键变量的关系提炼成如下模型，即包含着熊彼特型增长和斯密型增长的异质性劳动机制：

供给侧＝企业家精神（认知性劳动）*工匠精神（技能性劳动）*要素投入（资本、技术等）

本章模型所提出的异质性劳动机制将"生产什么、生产多少和如何生产"有效结合起来，与新古典模型存在三点不同：一是回归劳动价值论。供给侧不是以要素为主的被动配置，而是以人的主动性对接与适应为主。上述公式强调了供给侧在应对需求结构升级时的主动性与能动性，并认为企业家精神才是实现供给侧增长的根本动力，技术与资本等投入要素只是载体或工具。二是依靠企业家精神解决了"生产什么"的问题。企业家精神的需求识别特征是供需对接的桥梁。加入企业家精神识别需求之后，才能不依靠后验的价格，而依靠主动认知更好地完成供需之间的对接。它解决的是需求结构升级与快速变化前提下，需求函数如何实现内生化的问题，即解决供给侧对需求的精准认知。随着数字经济的快速应用与发展，通过提前认知需求使得消费从一开始就内生于生产，提前精准认知需求方向、对象、内容、数量等成为了可能，如数字经济时代可以通过粉丝平台互动精准认知需求内容，通过在线预订制提前明确需求数量（周密、盛玉雪，2018）。从这个意义上看，生产行为本身就它的一切要素来说也是消费行为①，而且是预知消费行为的过程（宋涛，2015）。其中企业家精神背后的认知特征决定了生产体系吸收新要素的方向，解决"生产什么"的问题。三是依靠工匠精神与要素投入的结合解决"生产多少、如何生产"的问题。上述公式包含斯密型和熊彼特型所诠释的价格和研发等积极因素。工匠精神*要素投入（资本与技术等）解决的是：在需求已经明确认知的前提下，如何从低成本和高效率两个方面增加供给侧的总量和质量问题。其中以工匠精神与资本的结合，能够更好地降低价格实现低成本是斯密机制的重点，解决"生产多少"的问题；以工匠精神与技术的结合，实现高效率是熊彼特机制的关键，解决"如何生产"的问题。要将这些有效结合，离不开企业家创新创业活动，即通过合理组织与有效管理来实现。传统供给侧和当前供给侧的比较见表6-6。

表6-6 **传统供给侧和当前供给侧的比较**

供给侧变化	供给侧的条件	解决的关键问题	供给的主要任务	主要提升方向
传统供给侧	供给主导	生产多少和如何生产	生产为主，认知为辅	资本劳动比
当前供给侧	需求主导	生产什么	认知为主，生产为辅	需求认知比

2.工匠精神与企业家精神的演变关系

从西方的发展历程来看，无论是老牌发达国家还是日本，工匠精神和企业家精神这两个精神基本上都是并行不悖的。尤其是德国和日本，在20世纪80年代以前基于其稳固的劳资关系建立了有助于认知发展的整套制度和机制。在需求呈现结构性变化时，面向消费驱动的行业，这两种劳动的主导性呈现一定的动态组合特征，并相辅相成。为有效适应当前需求结构快速升级的数字经济时代特征，应将单一供给侧模型转换为供需对接模型，优先以企业家精神的需求识别先导，解决"供给什么"的方向认知问题；然后引领与整合工匠精神背后的技能性劳动，通

---

① 生产是生产资料和劳动力的消费，消费品的消费是劳动力的再生产。

过创新创业活动推动产业结构升级，解决"怎么供给"的效率和质量问题。

当处于超额需求阶段时，主导性微观机制以技能性劳动为主，实现机制应以工匠精神为主导。具体来看，当超额需求为主时，产品供给占主导，供给侧的关键结构性问题是"供给侧有限的资源满足无限的需求"。此时，虽然存在大量基本需求，然而由于受低收入水平的限制，供给侧扩大供给能力面临的最关键的制约是有购买能力的需求规模不足。正是从这个意义上看，在超额需求下，需求侧最大化满足的问题虽然暗含地存在，但是并不构成真正需要思考的问题，消费选择并不重要，因为需求只是受外在收入约束的影响，稳定且可控。在这种经济实践背景下，新古典经济学将偏好作为系统的外在变量并在其稳定不变的前提假设下考虑消费选择由收入、价格等外在约束决定（周小亮、筐贤流，2009），就具有时代的合理性和科学性。在这一阶段，供给侧只需要不断降低劳动成本或不断提高技术水平，就能变相降低收入等外在约束，突破需求侧的预算制约。经济发展史对此进行了很好的诠释。19世纪中后期，英国工厂制时代积累了巨大的生产能力，能够制造机器并使用机器大批量生产布料、轮船等各种产品。决定微观企业成败的既不是正规教育，也不是实验室开发的新技术，而是熟练的技术工人（拉佐尼克，2009）。这些能工巧匠凭借经验、智慧和勇气在黑暗中摸索最终获得成功（刘立，2011）。

当处于饱和需求阶段时，主导性微观机制以认知性劳动为主，中国机制需要以企业家精神为主导。只有到了饱和需求时代，生产力大大发展起来，一般人的消费已超出了基本生存的需要，而且新的消费对象以很快的速度不断出现，消费选择进而对各种消费品进行比较的问题才真正提到人们面前（樊纲，2015）。当需求占主导时，微观主体面临的主要矛盾就从"供给主导下有限的资源满足无限的需要"演变成"需求主导下无限的供给寻找有限的需求"。此时，供需双侧之间的关系对接就成为了决定供给侧成败最关键的变量。此时，如果不考虑需求侧的变化，而继续在原有轨道上增加技能性劳动的数量与质量，虽然产出数量和质量都能提高，但可能离需求越来越远，市场出清越来越难，过剩也将越来越多。

企业家精神和工匠精神的科学组合。随着我国人均GDP逐步进入8 000-16 000美元的中等收入阶段，并伴随着移动互联网等外部冲击，基本需求开始逐渐从超额需求转向饱和需求，需求结构开始快速升级。在这种背景下，新的技术不能迅速地转化成新产品和新工艺，许多企业面临着作为一个R&D的领先者和创新产品的滞后者的自相矛盾境地（刘立，2011）。认知消费者的需求是什么和在哪里开始变得越来越重要。以发现、警觉、认知等为主的企业家精神开始受到重视（Zhang、Cueto，2017）。因此，在这种背景下，应优先以企业家精神快速精准地认知方向，然后引领和整合工匠精神背后的技能性劳动，并通过企业家创新创业推动产业升级，解决"供给多少"和"如何供给"的效率和质量问题，科学地对两者进行组合。上述关系可以通过图6-1进行体现。

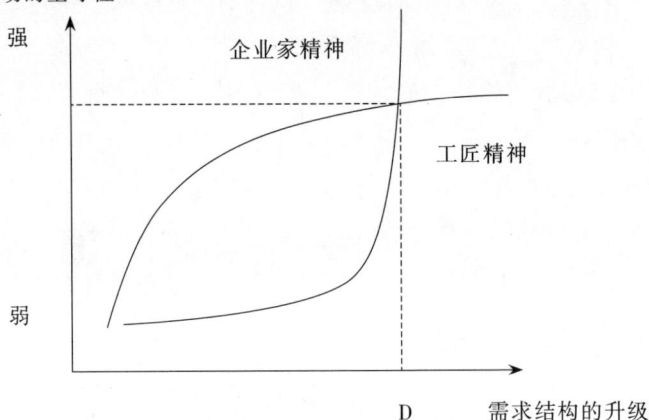

图6-1 工匠精神与企业家精神的关系[1]

因此，本节要阐述的具体观点包括：（1）供给侧结构性改革具有明显的需求结构响应特征。不断突破需求侧的制约是实现经济高质量发展的内在动力。（2）当需求结构以超额需求为主时，市场的主要矛盾表现为"供给侧有限的资源满足无限的需求"。此时，供给侧需要依靠工匠精神背后的技能性劳动，突破需求侧收入过低的预算制约。当需求结构以饱和需求为主时，市场的主要矛盾演变为"供给侧无限的供给寻找有

———————
[1]　D为需求结构从低层向中高层的转折点。

限的需求"。此时，供给侧需要依靠企业家精神的需求认知，突破需求侧变化灵活的偏好制约。（3）为有效适应当前需求结构快速升级的数字经济时代特征，应将单一供给侧模型转换为供需对接模型，优先以企业家精神的需求认知为先导，解决"供给什么"的方向识别问题；然后引领和整合工匠精神背后的技能性劳动，并通过企业家创新创业推动产业升级，解决"供给多少"和"如何供给"的效率和质量问题。

6.4 本章小结

基于前文的理论机制分析和模型构建，本章利用1997—2019年的省级面板数据，借鉴储德银等（2020a）的方法，依托"新发展理念"构建经济高质量发展的综合指标体系，从而测算得到经济发展质量；同时将企业家精神分为创新精神与创业精神，并结合我国消费结构升级的特殊背景，实证考察了消费需求转变下企业家精神对经济高质量发展的作用；最后，基于供给侧结构性改革视角，综合运用新熊彼特增长模型和劳动价值论推导经济高质量发展的中国机制，形成"以企业家精神的需求识别明确供给方向，然后引领和整合工匠精神背后的技能性劳动提升供给能力"为主线的中国机制。

研究发现：企业家精神对经济增长的作用受需求结构影响呈现异质性，随着需求结构不断升级，企业家创新精神与创业精神对经济发展质量的作用不断增强；且在控制内生性、更换经济发展质量衡量指标、替换核心解释变量等稳健性检验后，结论依然成立；企业家精神与工匠精神（技能性劳动）的结合是实现我国经济高质量发展的根本路径。因此，本章研究的经济学意义是：以供给侧结构性改革为主线推动经济高质量发展，不能简单追随西方结构性改革的轨迹进行自由化，而应该融合西方的先进成果并回归劳动价值论，根据当前我国需求结构升级的时代特征，进行企业家精神和工匠精神的适应性选择和政策的因势利导。在当前需求结构升级的阶段性背景下，需求偏好灵活且不易捕捉，需求结构以超额需求为主，市场的主要矛盾表现为"供给侧有限的资源满足无限的需求"，供给侧向需求侧的顺畅转化应优先从依靠技能性劳动为主导的生产偏向，转向以需求认知的企业家精神为主导。

基于上述结论，可得到以下几点启示：

（1）供给侧向需求侧的顺畅转化，应转向以企业家精神为主导的需求认知偏向。供给侧结构性改革的深层原因，表面上看是供给数量过多或供给质量过低，从而可能获得缩减生产能力或提高供给质量等结论。而本章研究发现，由于对供给方向的认知滞后于需求结构变化的速度，我国供给侧结构性改革的根本原因是供给方向不准，因而，在面向消费者且需求变化较为快速的产业或领域中，简单发扬以技能性劳动为主导的工匠精神，可能产生更为严重的过剩。因为沿着新古典模型的"劳动-资本-全要素生产率"的单一供给侧道路，存在价格后验和需求缺失的局限，无法系统解决基本需求饱和，需求偏好灵活的结构性制约，容易出现供需不平衡引发的产能过剩困境。基于此原因，本书立足劳动价值论并充分吸收西方经济学的积极因素，将企业家精神纳入供给侧微观实现机制，形成包含斯密型和熊彼特型的异质性劳动中国机制，系统解决供给侧对需求函数的微观认知问题。一方面，使新古典经济学中的单一供给侧模型转变为供需对接模型；另一方面，将异质性劳动和多部门传导等微观因素纳入宏观增长分析，形成"以企业家需求认知明确供给方向，然后引领和整合工匠精神背后的技能性劳动提升供给能力"为主线的经济高质量发展实现机制。本书的政策启示是：不能简单套用西方结构性改革的轨迹进行自由化，而应该融合西方的先进成果并回归劳动价值论，根据当前我国需求结构的时代特征，进行企业家精神和工匠精神适应性选择和政策的因势利导，即在需求结构升级的阶段性背景下，优先从依靠技能性劳动为主导的生产偏向转向以需求认知的企业家精神为主导。

（2）应正确认识和有效发挥企业家精神的职能作用。本章研究发现，在社会主要矛盾转变背景下，企业家精神是解决供需结构性矛盾的关键。消费需求结构的重大变化，使得经济增长动力由供给主导向消费需求主导转变，供给结构难以适应需求结构的新变化，使供给端和需求端的结构问题成为当前面临的最突出问题。要从供给端破除需求端灵活多样的偏好制约，只有发挥企业家精神的需求认知、创新与创业特征，通过产品或服务创新等促使供给体系主动适应需求结构的新变化，才能根本解决供需双侧的矛盾和问题，实现经济高质量发展阶段的目标要求。而企业家精神的有效发挥取决于相应的制度环境，因此，必须大力推进营商环境、产权制度以及要素市场等方面改革，引导企业家将职能更好地配置在生产活动领域，提高创新能力和效率，以更好发挥企业家精神的职能作用。

第7章 市场化改革、企业家精神与经济高质量发展

党的二十大报告将实现高质量发展作为中国式现代化建设的本质要求。在经济高速增长阶段，我国所经历的三次大的创业浪潮是经济增长的重要动力。市场化改革帮助民营企业不断打破行业管制，为有效培育和发展企业家精神提供了一定的制度条件。但随着我国进入经济高质量发展新阶段，经济运行的主要矛盾仍主要表现在结构性和体制性方面，能否有效解决供给体系和需求结构的矛盾和问题，是经济高质量发展阶段最为关注的方面（高培勇，2020）。作为制度改革的重要方面，市场化改革是影响企业家创新创业、职能配置的重要因素。与新发展阶段的新形势新要求相比，我国市场体系还不健全、市场发育还不充分，产生大量以寻租、非正规竞争、低端创新等非生产性活动为主的粗放式企业行为，阻碍我国经济高质量发展（张峰等，2016），因此，必须坚定不移深化市场化改革。那么，究竟该如何理解经济高质量发展与市场化改革之间的关系呢？本章以为，企业家精神与经济高质量发展的目标要求高度一致（张军扩，2018），是供给侧结构性改革中决定经济增长新旧动能转换的重要因素，而市场化改革能够为企业家精神的培育和有效发

挥提供制度环境。

那么，究竟该如何培育和有效发挥企业家精神呢？这一问题已成为学术界关注的热点问题，也是推动经济高质量发展必须解决的现实问题。已有研究发现，影响企业家精神的因素主要有经济制度（Baumol，1990）、企业组织（Acs、Audretsch，1988）、区位环境（Glaeser 等，2010）、历史传承（马忠新、陶一桃，2019）、家庭背景（周敏慧等，2017）等。如 Glaeser 等（2010）发现，地区集聚效应有利于企业家精神的创新活动；周敏慧等（2017）发现企业家的家庭出身会通过企业家资本代际传递影响家庭创业行为。其他领域的研究表明，宗教、文化、种族等也会影响企业家精神的形成。本书认为，市场化程度是影响企业家精神形成及发挥作用最为关键的因素，因为我国经济体制改革的实质是市场化改革，而市场化改革的核心则是企业家精神的有效发挥（胡永刚、石崇，2016）。

然而，虽有少数研究关注了市场化程度对企业家精神的作用，但大多仍集中在理论机制分析方面且逻辑机理尚不明晰，相关的经验证据也不充分，而在当前社会主要矛盾由供需总量性转为结构性矛盾的背景下，市场的作用更大（高培勇等，2019b）。需要强调的是，作为转型经济国家，我国市场机制尚不完善，一些领域尚存在烦琐的行政审批流程，一方面使企业难以根据市场供需快速做出应对，使相对价格信号作用难以体现；另一方面使得企业家将职能配置在非生产性领域而不是有效组织生产。由于企业家的成长和市场的发育是同一过程的两个方面（张维迎，2003），因此凡是在市场化程度不高的经济环境中，企业家都会产生寻租、非正规竞争与低质量创新等粗放式扩张问题（张峰等，2016；郭平、胡君，2021）。当企业家把大量精力、资金配置到搞关系甚至贿赂等非生产性活动时，公平市场环境将受到严重的负面影响，并最终危害经济高质量发展（夏后学等，2019）。因此，市场化程度对企业家精神培育和发挥至关重要。

综上，本章将从经济增长方式转变出发，主要研究市场化改革、企业家精神与经济高质量发展之间的关系。对比已有研究文献，本章可能的贡献如下：（1）从理论上剖析市场化影响企业家精神的内在机制。市场化改革通过形成企业家精神培育的制度环境，促使企业家精神将职能配置到生产性活动，从而有利于企业家精神的培育和有效发挥。因此，丰富了已有关于企业家精神影响因素的研究。（2）借鉴 Audresch 和 Thurik（2001）和樊纲等（2011）的模型设定，将企业家精神和市场化程度同时引入增长核算模型，构建了市场化程度、企业家精神与经济发展质量的回归模型。（3）为了使实证结果更加可靠，采用两种指标来衡量各省份的市场化程度：一是借鉴韦倩等（2014）的方法，以樊纲等学者给出的市场化指数进行推算；二是采用樊纲等学者给出的市场化指数相对排序衡量。（4）借鉴储德银等（2020a）关于经济增长质量的测算方法①，实证研究了市场化程度、企业家精神与经济发展质量的关系，为相关对策研究提供了经验证据。

本章的内容安排如下：7.1 节是理论机制分析。主要分析市场化改革、企业家精神与经济高质量发展之间的关系。7.2 节是模型设定与变量说明。主要是设定市场化程度、企业家精神与经济发展质量的回归模型。7.3 节是实证结果分析。采用两种指标来衡量各省份的市场化程度，分别考察市场化程度对企业家精神的影响、市场化程度与企业家精神对经济高质量发展的协同影响。7.4 节是本章小结。

7.1　理论机制分析

7.1.1　市场化水平与企业家精神

1.市场化水平提高有利于形成企业家精神培育的制度环境

市场化改革通过改变资源配置方式、促使国有企业改革、提高家庭创新创业预期回报等方式，为企业家精神的培育提供制度环境。首先，随着市场经济制度的建立和完善，企业经营和创新活动不再由国家统一计划安排，提高了微观个体的积极性，这些微观主体通过产品创新和要素创新提高产品及服务质量，不断提高生产效率，使企业家创新创业精

---

① 储德银等（2020a）基于创新、协调、绿色、开放、共享的新发展理念，通过构建经济高质量发展的综合指标体系全面测度了经济增长质量。

神得以发挥并日益显著。其次，市场化竞争机制的引入，有利于激发国有企业微观主体的企业家精神。企业家精神并不局限于民营企业，在国有企业中同样存在（钱颖一，2016）。市场化改革所建立的公平市场环境，意味着不同所有制和不同规模企业在市场准入、资源获取、要素成本等方面公平一致，这迫使国有企业进行改革与转型，有利于激发国有企业内部微观主体的企业家精神。最后，市场化改革提高了家庭在企业家精神积累方面的投资。随着政府简政放权、放宽产品市场准入等市场化改革，创新创业的预期回报得以提升，有利于形成大众创业、万众创新的格局。实践表明，在市场化改革越完善的地区，企业家精神在经济活动中发挥的作用也越大。因此，市场化水平提高为企业家精神的形成提供了制度环境。市场化进程影响企业家精神的内在机制如图7-1所示。

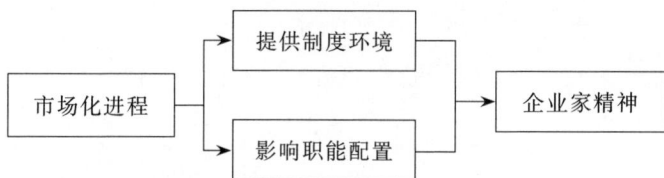

图7-1　市场化进程影响企业家精神的内在机制

2.市场化水平能够影响企业家精神的职能配置

制度环境是影响企业家精神职能配置的重要因素，而市场化水平在各种制度环境中对企业家精神的影响最为重要。已有研究表明，一国或地区经济发展不仅取决于企业家人数和企业家才能，更重要的是受制于企业家精神职能配置的约束（Baumol，1990；庄子银，2007）。Baumol（1990）最早指出企业家精神职能配置对经济增长的影响，他认为企业家精神不仅可以从事生产性活动，也可以从事非生产性的寻租、腐败甚至犯罪等活动，而企业家精神是配置到创造财富的生产性活动还是非生产性活动，决定了一国创新水平和技术水平，并最终导致各国经济增长差异。而能够决定企业家活动配置的，正是市场化水平、法治水平等制度环境因素。通过深化收入分配改革、放宽产品市场与要素市场、加大知识产权保护等市场化改革，营商环境持续优化，能够有效激发企业家从事生产性活动的积极性，并能够直面市场需求提高相对报酬，从而促进企业家职能更多地配置到生产性活动领域。因此，市场化改革能够促使企业家精神将职能配置到生产性活动领域，并伴随寻租空间被挤压而将寻租资源转向产品创新，最终促进经济持续稳定发展。

7.1.2 市场化水平与企业家精神的协同效应对经济高质量发展的影响

前面章节已经对企业家精神对经济高质量发展的理论机制进行了详细的阐释，这里不再赘述。本章将主要分析市场化水平与企业家精神的协同效应如何影响经济发展质量。借鉴已有研究，市场化改革能够通过提高资源配置效率、改变相对报酬结构，激发企业家精神的需求认知和创新创业特征，促进经济高质量发展，具体如下：

一方面，市场取代政府在资源配置中起决定性作用，将改变政府主导资源配置的方式，有利于企业家精神的发挥，并提高经济增长效率。社会主要矛盾的性质决定了资源配置方式的选择，资源配置方式是引导供给适应需求的方式（高培勇，2019a）。当前面临的供需结构性矛盾的主要原因，就是在之前高速增长阶段下，一些地方政府主导资源配置并直接干预经济发展，将资源大量配置到产能过剩领域。市场化水平的提高，将有助于发挥企业家精神的需求认知特征，优化供给结构体系，从而实现供求的有效对接。

另一方面，市场化改革通过改变企业家的相对报酬结构进而影响其职能配置。当前我国正处于经济高增长阶段向经济高质量发展的关键时期，产品市场创新、要素市场改革、知识产权保护、法治环境等方面的市场化改革，能够促使企业家精神更多地分配到生产性活动领域，有助于企业家创新创业特质的积累与发挥，对于更好地构建创新型社会，实现经济高质量发展至关重要。因此，市场化水平与企业家精神对推动经济高质量发展存在一定的协同效应。

7.2 模型设定与变量说明

7.2.1 模型设定

1.市场化程度对企业家精神影响的估计模型

根据前文分析，可以将估计方程设定如下：

$$ES_{it} = \beta Market_{it} + X_{it}\gamma + \lambda_i + \eta_t + \varepsilon_{it} \tag{7.1}$$

其中，下标 i 表示地区，t 表示时间。因变量 ES_{it} 表示企业家精神，可将其分为创新精神（IES）和创业精神（BES）。$Market_{it}$ 代表市场化程度，是该方程的核心解释变量，X 表示一系列影响企业家精神的控制变量，根据已有研究，影响企业家精神的因素包括城市化水平、人口结构、基础设施水平、宏观税负水平等。λ_i 和 η_t 分别表示不可观测的地区效应和时间效应，ε_{it} 为随机干扰项。

2.企业家精神对经济发展质量影响的估计模型

借鉴 Audresch 和 Thurik（2001）、樊纲等（2011）的模型设定，将企业家精神引入柯布道格拉斯生产函数，设定如下增长模型：

$$Y_{it} = A_{it}K_{it}^{\alpha}L_{it}^{\beta}ES_{it}^{\gamma} \tag{7.2}$$

其中，Y_{it} 表示产出水平，K_{it} 表示物质资本投入，L_{it} 表示劳动力投入，ES_{it} 为企业家精神，α、β、γ 分别为物质资本、劳动力和企业家精神的产出弹性。A_{it} 表示全要素生产率（TFP），其主要取决于两方面：一方面是企业生产技术水平的提高；另一方面是由市场化改革或激励机制改变等带来的资源配置效率或微观生产率的提高[1]。因此，可将全要素生产率定义为：

$$A_{it} = Ae^{\rho Market_{it} + \sigma \ln Astock_{it} + \varsigma \ln Infra_{it} + \lambda_i + u_{it}} \tag{7.3}$$

其中，$Market_{it}$ 表示第 i 个省第 t 年的市场化指数，$\ln Astock_{it}$ 表示第 i 个省第 t 年由研发投入积累形成的知识资本存量（取对数），用来衡量由知识和技术积累带来的技术进步。$\ln Infra$ 表示基础设施水平（取对

---

① Iradian（2009）研究发现市场化对 TFP 具有促进作用，且市场化程度越高，对一国 TFP 影响越大。

数），λ_i 表示个体固定效应，u_{it} 为随机干扰项。

将式（7.3）代入式（7.2）并取对数，可构建如下增长核算方程：

$$\ln Y_{it} = \ln A + \alpha \ln K_{it} + \beta \ln L_{it} + \gamma \ln ES_{it} + \rho Market_{it} + \sigma \ln Astock_{it} + \varsigma \ln Infra + \lambda_i + \eta_t + \varepsilon_{it} \tag{7.4}$$

由于企业家精神与市场化程度对经济发展质量的影响可能存在协同效应，我们在式（7.4）中引入企业家精神与市场化程度的交互项。同时，为了使结果更加准确，向模型中进一步加入影响经济高质量发展的其他控制变量，可得：

$$\ln Y_{it} = \ln A + \alpha \ln K_{it} + \beta \ln L_{it} + \gamma \ln ES_{it} + \rho Market_{it} + \sigma \ln Astock_{it} + \varsigma \ln Infra + \beta_3 \ln ES_{it} \times Market_{it} + X_{it}\gamma + \lambda_i + \eta_t + \varepsilon_{it} \tag{7.5}$$

其中，Y_{it} 表示实际产出水平，K、L、ES 分别表示物质资本投入、劳动力投入和企业家精神，$\ln ES \times Market$ 表示企业家精神与市场化程度的交互项，X 表示一系列影响经济发展质量的控制变量。根据已有研究，本章将控制变量设定为人力资本、宏观税负、政府支出水平、对外开放水平等。

7.2.2　变量定义与说明

1.被解释变量

经济发展质量（$Y\_quality$）。同前文一致，本章仍借鉴储德银等（2020a）构建的经济发展质量综合指标体系，并采用主成分分析方法得到经济发展质量，具体指标设定及测算方法详见储德银等（2020a）。

2.关键变量

①企业家创新精神（IES）、企业家创业精神（BES）。同前文一致，本章分别采用专利申请量、个体和私营企业就业人数占总就业人数比重，表示企业家创新精神和企业家创业精神（李宏斌等，2009）。②市场化指数。市场化指数是一个综合指标，目前使用最广泛的是樊纲等学者编制的《中国分省市场化指数报告（2011）》[①]、《中国分省市场化指数报告（2018）》[②]和《中国分省市场化指数报告（2021）》[③]中的

[①] 该报告涵盖了1997—2009年的市场化指数，以1997年为基期。
[②] 该报告涵盖了2008—2016年的市场化指数，以2008年为基期。
[③] 该报告涵盖了2016—2019年的市场化指数，以2016年为基期。

中国市场化指数。但遗憾的是，由于基期选择不同，且一些包括抽样调查的数据指标进行了调整和重新计算，导致很难进行事后填补。故本章采用以下两种方式进行市场化指数的衡量：一是借鉴韦倩等（2014）的处理方法，以樊纲给出的1997—2009年的省级层面市场化指数为因变量，将非国有企业占工业总产值的比重作为解释变量，通过估计系数对2010—2019年的市场化指数进行可比性的估计，详细估计过程见韦倩等（2014）；二是借鉴吕朝凤、朱丹丹（2016）的方法，采用樊纲给出的各省份市场化指数的相对排序作为测度指标①，因为建立在樊纲等学者公布的相对市场化指数基础上的排序，可以很好地避免具体市场化指数的测度偏差。

3.控制变量

①人均物质资本（lnk）。根据张军等（2004）的测算方法，采用永续盘存法估算物质资本存量，并取对数。②就业人数（lnL）。以城镇就业人数和农村就业人数之和表示。③城市化率（lnUrban）。以城镇人口占总人口比重（%）进行衡量，并取对数。④老年人口抚养比（Dep）。以65岁以上老人数除以15-64岁人口数表示。⑤交通基础设施（lnInfra）。由于公路、铁路与内河航道是当前最为重要的交通方式，故以三种交通设施里程数加总后再除以各地区总人数衡量，并取对数。⑥宏观税负水平（Mtax）。以一般预算收入占GDP比重衡量。⑦知识资本存量（lnAstock）。将每年新生产的知识表示为专利申请数，根据永续盘存法估算知识存量。⑧人力资本（human）。以普通高校在校学生数除以地区总人口衡量。⑨政府支出水平（Gov）。以政府财政支出占GDP的比重衡量。⑩对外开放水平。分别以外商直接投资占GDP比重表示投资开放（fdi）、进出口总额占GDP比重表示贸易开放（Open）。

本章基于我国30个省份1997—2019年的数据（不含西藏），研究市场化改革、企业家精神与经济高质量发展的关系。由于学术界普遍采用樊纲等学者发布的市场化指数作为市场化程度的衡量指标，而该指数只有1997—2019年的数据，故本章选取1997—2019年为研究区间。数据

---

① 值得注意的是，本节是根据樊纲给出的市场化指数采用倒序方式进行排序的，即市场化指数越高，排序也越高，反之亦然。其中，1997—2007年按照2011年报告进行排序，2008—2015年按照2018年报告进行排序，2016—2019年按照2021年报告进行排序。

主要来源于《中国分省市场化指数报告（2011）》、《中国分省市场化指数报告（2018）》、《中国分省市场化指数报告（2021）》、《中国统计年鉴》、《中国人口统计年鉴》、《新中国60年统计资料汇编》、国泰安数据库等。各变量的描述性统计结果见表7-1。

表7-1　　　　　　　　　　　变量描述性统计结果

变量名	变量定义	观测值	均值	标准差	最小值	最大值
$Y\_quality$	经济发展质量	690	1.327	0.861	0.120	5.388
lnIES	企业家创新精神	690	9.274	1.796	4.820	13.602
lnBES	企业家创业精神	690	2.924	0.582	1.340	4.341
$Market$	市场化指数	690	6.970	2.703	1.290	14.716
$Smarket$	市场化指数排序	690	15.470	8.662	1.000	30.000
ln$k$	人均物质资本	690	1.403	1.630	−2.097	6.014
ln$L$	就业人数	690	7.558	0.851	5.440	9.354
ln$Urban$	城市化率	690	3.856	0.322	3.069	4.495
Dep	老年人口抚养比（%）	690	12.396	3.243	4.330	23.820
ln$Infra$	交通基础设施	690	3.158	0.686	1.424	5.670
$Mtax$	宏观税负水平（%）	690	8.976	3.213	3.392	22.734
ln$Astock$	知识资本存量	690	10.824	1.657	7.028	15.045
$human$	人力资本（%）	690	1.392	0.796	0.107	3.894
Gov	政府支出水平（%）	690	19.257	9.462	5.363	62.835
fdi	投资开放（%）	690	47.633	59.044	2.589	570.537
$Open$	贸易开放（%）	690	29.673	37.142	1.267	172.148

7.3 实证结果分析

根据模型设定，本节将利用1997—2019年的面板数据，分别考察市场化程度对企业家精神的影响、企业家精神对经济发展质量的影响，以及市场化程度与企业家精神对经济发展质量影响的协同效应。

7.3.1 市场化水平对企业家精神的影响

根据估计方程（7.1）的设定，本书将分别采用市场化指数和市场化指数排序两个指标，考察市场化改革对企业家精神的作用。

1.市场化指数对企业家精神的影响

考虑到可能存在的异方差，在模型估计时同时加入地区和时间固定效应，结果见表7-2。其中，第（1）~（4）列为市场化程度对企业家创新精神的影响，（5）~（8）列为市场化程度对企业家创业精神的影响。第（1）列和第（5）列中是只引入市场化程度的回归结果，可知市场化程度对企业家创新精神和创业精神的作用都是正向的，且都在5%的水平上显著，说明市场化程度的提高有助于促进企业家精神的形成。进一步，为了减少估计偏误，在模型中逐步加入可能影响企业家精神的控制变量，如城市化水平、人口结构、基础设施水平以及宏观税负水平等，可以看出，各列中市场化程度前的系数依然显著为正，说明模型估计是稳健的。此外，城市化率前的系数显著为正，说明城市化水平越高越有利于企业家精神的积累；老年人口抚养比前的系数虽不显著，但为负值；交通基础设施前的系数显著为正，说明交通基础设施的提高有助于企业家精神的创新创业活动，可能的解释是交通基础设施不仅可以增强地区间的连接性，促进企业家对创业机会的识别并提高实现这些机会的能力，而且交通基础设施可以降低企业成本提高企业利润，这与Audretsch等（2015）的结论一致。

表7-2　　　　　　　　　市场化指数对企业家精神的影响

项目	企业家创新精神（lnIES）				企业家创业精神（lnBES）			
	（1）	（2）	（3）	（4）	（5）	（6）	（7）	（8）
Market	0.151***	0.207***	0.206***	0.194***	0.042***	0.053***	0.054***	0.048***
	(3.58)	(6.01)	(6.04)	(6.12)	(3.39)	(4.17)	(4.25)	(3.77)
ln*Urban*		1.975***	1.851***	1.893***		0.500***	0.645***	0.665***
		(5.21)	(4.53)	(4.90)		(4.33)	(5.18)	(5.37)
Dep		−0.022	−0.028*	−0.026*		−0.015**	−0.007	−0.006
		(−1.63)	(−2.00)	(−1.80)		(−2.16)	(−1.02)	(−0.84)
ln*Infra*			0.104**	0.092**			0.140***	0.129***
			(2.36)	(2.05)			(3.02)	(2.79)
Mtax				0.052***				0.025***
				(3.22)				(2.86)
修正 R^2	0.946	0.959	0.959	0.961	0.764	0.771	0.774	0.777
N	690	690	690	690	690	690	690	690
F	1 334.229	2 282.353	3 053.828	2 036.059	89.439	85.391	83.512	81.634

注：（1）***、**、*分别表示在1%、5%、10%的水平上显著；（2）括号内为t统计量的值。下同。

2.市场化指数排序对企业家精神的影响

为检验估计结果的稳健性，进一步采用樊纲等发布的市场化指数排序衡量地区市场化程度，以消除市场化指数的测度偏差所带来的问题。表7-3是市场化指数排序影响企业家精神的估计结果。同前文一致，第（1）~（4）列是市场化指数排序对企业家创新精神的影响，第（5）~（8）列是市场化指数排序对企业家创业精神的影响。其中，第（1）列和第（5）列是只考虑市场化指数排序作用的估计结果，可以看出，市场化程度对企业家创新精神和创业精神的作用仍显著为正，说明市场化程度的提高有利于企业家精神的形成。进一步，在模型中继续加入其他控制变量，市场化程度前的系数仍显著为正，说明模型估计是稳健的。其他变量的估计结果也都与表7-2基本一致，说明模型估计是稳健的。

表7-3 市场化指数排序对企业家精神的影响

变量	企业家创新精神（lnIES）				企业家创业精神（lnBES）			
	(1)	(2)	(3)	(4)	(5)	(6)	(7)	(8)
$Smarket$	0.043***	0.044***	0.044***	0.043***	0.026**	0.027**	0.031**	0.031***
	(5.58)	(5.50)	(5.16)	(5.34)	(2.31)	(2.27)	(2.71)	(2.76)
ln$Ubran$		1.545***	1.563***	1.647***		0.398***	0.649*	0.682**
		(3.79)	(3.44)	(4.00)		(3.66)	(2.00)	(2.12)
Dep		−0.035**	−0.034**	−0.030*		−0.019	−0.007	−0.005
		(−2.19)	(−2.21)	(−1.99)		(−1.56)	(−0.55)	(−0.43)
ln$Infra$			0.130*	0.141*			0.244**	0.231**
			(1.83)	(1.99)			(2.33)	(2.28)
$Mtax$				0.068***				0.027*
				(3.30)				(1.86)
修正R^2	0.945	0.954	0.954	0.957	0.779	0.785	0.794	0.798
N	690	690	690	690	690	690	690	690
F	308.122	554.908	1 496.112	9 006.914	65.158	63.650	50.573	53.191

7.3.2 企业家精神对经济发展质量的影响

由于市场化程度不仅通过影响全要素生产率影响经济发展质量，而且可能通过与企业家精神的协同效应影响经济发展质量，故市场化程度的准确衡量对考察企业家精神与经济发展质量的关系至关重要。根据式（7.4）和式（7.5）的模型设定，分别采用市场化指数和市场化指数排序两种指标表示市场化程度，分别考察企业家精神对经济发展质量的影响，以及市场化程度与企业家精神对经济发展质量影响的协同效应。

1.市场化指数、企业家精神与经济发展质量

如表7-4所示，仍采用双向固定效应模型进行估计，第（1）~（3）列为企业家创新精神对经济发展质量影响的回归结果，第（4）~（6）列为企业家创业精神对经济发展质量影响的回归结果。其中，第（1）列和第（4）列是根据增长核算方程式（7.4）得出的估计结果，可知企业家创新精神、企业家创业精神前的系数都显著为正值，表明企业家精神能够提升经济发展质量。市场化程度前的系数也都显著为正，说明市场化程度的提高能够促进经济发展质量的提高。第（2）列和第（5）列是利用方程式（7.5）得到的估计结果，即加入市场化程度与企业家精神的交互项，第（3）列和第（6）列是向模型中加入控制变量后的估计结果，可以看出，企业家创新精神、企业家创业精神前的系数仍显著为正，更为重要的是，企业家精神与市场化程度的交互项前的系数也为正值，且都在5%的水平上显著。这一方面表明企业家精神对经济发展质量的影响受市场化程度的影响，另一方面表明市场化程度的提高能够促进企业家精神对经济发展质量的影响，这与Baumol（1990）关于制度影响企业家精神经济绩效的预期结论一致。这一方面是因为随着产品市场和要素市场改革不断推进，寻租空间逐渐被挤压而创新回报越来越多，企业家更多地将自身活动配置在推出新产品或新服务为主的市场创新方面，通过创新促进经济高质量发展；另一方面经济体制改革的实质是市场化，随着简化审批流程等市场化改革不断推进，制度性交易成本显著降低，生产效率不断提高，激发了一批以任正非、董明珠等为代表的创业型企业家，促使企业家精神尤其是创业精神成为经济高质量发展的重要动力。

表7-4　　　　市场化指数、企业家精神与经济发展质量

变量	被解释变量：$Y\_quality$					
	企业家创新精神（lnIES）			企业家创业精神（lnBES）		
	（1）	（2）	（3）	（4）	（5）	（6）
ln$k$	0.254***	0.239***	0.223***	0.254***	0.228***	0.217***
	（6.18）	（13.96）	（4.86）	（5.14）	（6.29）	（11.47）

变量	被解释变量：Y_quality					
	企业家创新精神（lnIES）			企业家创业精神（lnBES）		
	（1）	（2）	（3）	（4）	（5）	（6）
ln$L$	0.305**	0.364***	0.361***	0.252**	0.332***	0.316***
	(2.52)	(9.04)	(3.10)	(2.23)	(3.38)	(7.14)
ln$Infra$	0.103***	0.098***	0.099***	0.120***	0.105***	0.108***
	(3.18)	(6.57)	(3.07)	(4.03)	(3.38)	(7.21)
ln$Astock$	−0.034	0.002	−0.002	0.032	0.043**	0.046***
	(−0.88)	(0.11)	(−0.06)	(1.39)	(2.08)	(4.21)
lnES	0.085**	0.105***	0.144***	0.082***	0.188***	0.209***
	(2.59)	(6.22)	(3.73)	(6.36)	(3.80)	(9.52)
Market	0.038**	0.029**	0.048**	0.037***	0.036***	0.039***
	(2.53)	(2.20)	(2.08)	(2.81)	(3.04)	(3.17)
lnES×*Market*		0.006**	0.008**		0.020**	0.023**
		(5.55)	(3.03)		(2.87)	(6.65)
常数项	否	否	是	否	否	是
修正 R²	0.809	0.818	0.824	0.813	0.825	0.828
N	690	690	690	690	690	690
F	705.768	97.467		129.039	4.3e+04	88.334

2.市场化指数排序、企业家精神与经济发展质量

为检验估计结果的稳健性，本章进一步采用各地区市场化指数的排序表示市场化程度（见表7-5）。第（1）列和第（4）是根据式（7.4）得出的估计结果，第（2）和第（5）列是加入交互项的估计结果，第（3）列和第（6）列是加入其他控制变量的估计结果。可以看出，企业家创新精神和创业精神前的系数都为正值，且都在5%以上的水平上显著，市场化程度前的系数也显著为正，这些都与上面的估计结果一致。进一步，向模型中加入交互项和其他控制变量，可以看出，企业家创新

精神和创业精神与市场化程度的交互项系数仍都为正值，且都在5%水平上显著，说明模型估计是稳健的。此外，人均物质资本、交通基础设施、知识资本存量等其他控制变量的估计结果，也都与前文结果基本一致。

表7-5　　**市场化指数排序、企业家精神与经济发展质量**

变量	被解释变量：$Y\_quality$					
	企业家创新精神（$lnIES$）			企业家创业精神（$lnBES$）		
	(1)	(2)	(3)	(4)	(5)	(6)
lnk	0.271***	0.250***	0.242***	0.270***	0.253***	0.244***
	(5.02)	(5.06)	(5.03)	(4.75)	(5.24)	(5.70)
lnL	0.215*	0.338***	0.346***	0.172	0.282**	0.286**
	(1.75)	(2.92)	(2.88)	(1.49)	(2.64)	(2.50)
$lnInfra$	0.102**	0.088**	0.089***	0.122***	0.111***	0.114***
	(2.69)	(2.73)	(2.85)	(3.41)	(3.64)	(4.03)
$lnAstock$	−0.055	0.006	−0.004	0.005	0.042*	0.047*
	(−1.47)	(0.12)	(−0.09)	(0.21)	(1.71)	(1.88)
$lnES$	0.075**	0.104**	0.127**	0.087**	0.180**	0.188**
	(2.31)	(3.10)	(3.33)	(6.24)	(3.18)	(3.05)
$Smarket$	0.012***	0.025***	0.027**	0.017**	0.018***	0.018**
	(5.16)	(3.09)	(2.59)	(2.65)	(3.09)	(2.63)
$lnES×Smarket$		0.003**	0.003**		0.007**	0.007**
		(3.38)	(2.64)		(3.47)	(2.76)
常数项	否	否	是	否	否	是
修正 R^2	0.790	0.813	0.817	0.797	0.817	0.819
N	690	690	690	690	690	690
F	91.304	5 124.490		2 297.796	3 958.588	

7.3.3 稳健性回归

由于市场化指数是较为复杂的综合指标，包含政府与市场关系、产品与要素市场发育、意识形态等诸多方面，故市场化程度与企业家精神之间并不存在明显的内生性问题，仅需要考虑企业家精神与经济发展质量之间的内生性问题。

考虑到地区经济发展质量可能具有一定的持续性，本章在模型式（7.4）和式（7.5）的基础上，加入被解释变量的滞后一期项。针对加入被解释变量滞后项所带来的内生性问题以及企业家精神和经济发展间的双向因果关系，我们将企业家创新精神和创业精神视为内生变量，并选取企业家创新精神和创业精神的滞后两阶作为工具变量，采用两阶段系统 GMM 进行稳健性检验，估计结果见表7-6。第（1）~（3）列为企业家创新精神对经济发展质量影响的估计结果，第（4）~（6）列为企业家创业精神对经济发展质量影响的估计结果。从结果可知，经济发展质量滞后一期前的系数显著为正值，说明经济发展质量具有持续性。企业家创新精神和创业精神前的系数都显著为正，且企业家精神与市场化程度的交互项系数也显著为正，说明企业家创新精神和创业精神都能够提升经济发展质量，且市场化程度的提高能够促进企业家精神对经济发展质量的作用，这与前面的估计结果是一致的。此外，其他变量的系数符号也与前面基本一致，说明估计结果具有较好的稳健性。

表7-6   稳健性回归结果

变量	被解释变量：$Y\_quality$					
	企业家创新精神（$lnIES$）			企业家创业精神（$lnBES$）		
	（1）	（2）	（3）	（4）	（5）	（6）
$L.Gquality$	0.739***	0.725***	0.636***	0.728***	0.693***	0.612***
	（90.48）	（88.99）	（61.69）	（232.98）	（106.15）	（61.23）
lnk	0.080***	0.112***	0.094***	0.079***	0.142***	0.119***
	（7.44）	（8.47）	（3.29）	（6.78）	（15.12）	（4.97）

续表

变量	被解释变量：*Y_quality*					
	企业家创新精神（*lnIES*）			企业家创业精神（*lnBES*）		
	（1）	（2）	（3）	（4）	（5）	（6）
ln*L*	0.153***	0.096***	0.131***	0.127***	−0.065**	0.028
	(7.92)	(3.79)	(4.51)	(3.63)	(−2.11)	(0.85)
ln*Infra*	0.046***	0.049***	0.027**	0.043***	0.053***	0.032***
	(7.69)	(7.85)	(2.49)	(5.26)	(6.89)	(3.28)
ln*Astock*	0.032**	0.012	0.040**	−0.026**	−0.058***	−0.028
	(2.26)	(0.61)	(2.08)	(−2.43)	(−4.73)	(−1.33)
L2.ln*ES*	0.052***	0.085***	0.116***	0.057***	0.171***	0.185***
	(6.31)	(8.53)	(4.10)	(6.37)	(15.59)	(7.51)
Market	0.039***	0.021**	0.050**	0.035***	0.059***	0.066***
	(12.76)	(2.48)	(2.42)	(8.65)	(10.36)	(7.80)
L2.ln*ES×Market*		0.005***	0.008***		0.035***	0.032***
		(4.00)	(3.38)		(19.77)	(8.20)
常数项	否	否	是	否	否	是
AR（1）	0.004	0.004	0.004	0.003	0.004	0.004
AR（2）	0.2523	0.1323	0.4381	0.2017	0.1151	0.2649
Sargan-P	0.999	0.999	0.999	0.999	0.999	1.000
N	600	600	600	600	600	600

7.4 本章小结

高质量发展阶段经济运行的主要矛盾是结构性矛盾和体制性问题，企业家精神与经济高质量发展的目标一致，而企业家精神培育和有效发挥取决于市场化程度这一重要的制度因素。因此，本章以市场化改革、企业家精神与经济高质量发展为研究对象，首先，分析了市场化改革、企业家精神与经济高质量发展之间作用的理论机制；其次，利用我国30个省份1997—2019年间的面板数据，分别考察了市场化程度对企业家精神的影响、企业家精神对经济发展质量的影响，以及市场化程度与企业家精神对经济发展质量影响的协同效应。研究发现：市场化程度的提高有利于形成企业家创新创业精神；企业家创新精神和创业精神能够提升经济发展质量，且市场化改革有利于促进企业家精神对经济发展质量的作用。因此，本章进一步验证了市场化改革对企业家精神推进经济高质量发展的重要作用，为相关对策研究提供了经验证据。

本章的政策含义在于，企业家精神作为新时代决定新旧动能转换的新要素，是推动经济高质量发展的关键主体和重要因素，市场化改革能够为企业家精神培育和发挥提供制度环境。一方面，要继续推进市场化改革，发挥市场的资源配置效应，并完善产权制度、市场准入制度、改革要素市场等，形成公平竞争的市场环境和良好市场秩序，以促进企业家精神的培育和激发。同时，持续推进"放管服"改革以优化营商环境，改革相对报酬结构，消除寻租、腐败等非生产性活动导致的负面效应，促进企业家精神创新创业特征的发挥，为培育和充分发挥企业家精神提供制度环境。另一方面，应大力培育和激发企业家精神，引导人们进行企业家精神领域的投资积累，提高整个社会企业家精神的整体水平。同时，努力营造弘扬企业家精神的环境氛围，引导企业家将职能更多地配置到创新和效率提升等市场创新领域，以更好发挥企业家精神对经济高质量发展的作用。

第 8 章 数字普惠金融、企业家精神与经济高质量发展

  党的二十大报告指出，"要坚持以推动高质量发展为主题，……着力提高全要素生产率，……推动经济实现质的有效提升和量的合理增长"。在迈向中国式现代化的关键时期，着力提高全要素生产率是实现经济高质量发展的根本路径。而提升全要素生产率的关键在于能否激励市场中微观主体的技术创新意愿和能力，企业家精神的有效激发至关重要。作为企业的灵魂，企业家精神背后凝结着观念、经验、智慧、信心等要素，培育和发挥企业家精神离不开高效低价的金融支持（唐松等，2020）。由于传统金融在服务实体经济中存在属性错配、领域错配、阶段错配等结构性问题，严重制约微观主体在创新发展上的潜在动力，成为当前金融改革中面临的痛点与难点问题，而数字经济的发展为传统金融摆脱发展困境提供了可能。2022 年初，央行、银保监会分别印发了《金融科技发展规划（2022—2025 年）》《关于银行业保险业数字化转型的指导意见》，明确提出应鼓励银行保险机构利用大数据，增强普惠金融、绿色金融等服务实体经济的能力，为我国金融数字化转型提供了方向和根本遵循。因此，本章将主要研究数字普惠金融、企业家精神与

经济高质量发展的关系。具体安排如下：首先，结合我国金融数字化转型的特殊背景，考察数字普惠金融对企业家精神的作用；其次，运用中介效应模型进一步考察数字普惠金融、企业家精神与经济高质量发展之间的关系。

8.1 数字普惠金融对企业家精神的影响研究

党的二十大报告提出，"以中国式现代化全面推进中华民族伟大复兴"。在推进中国式现代化建设进程中，企业家精神具有重要作用。习近平总书记一直重视企业家精神的弘扬。2020 年 7 月，习近平总书记在京主持企业家座谈会指出："要千方百计把市场主体保护好，激发市场主体活力，弘扬企业家精神，推动企业发挥更大作用实现更大发展，为经济发展积蓄基本力量。"2023 年 3 月，习近平总书记在看望参加政协会议的民建工商联界委员时强调："始终把民营企业和民营企业家当作自己人。民营企业和民营企业家要筑牢依法合规经营底线，弘扬优秀企业家精神，做爱国敬业、守法经营、创业创新、回报社会的典范。"2023 年 7 月，《中共中央 国务院关于促进民营经济发展壮大的意见》发布，提出民营经济是推进中国式现代化的生力军，是经济高质量发展的重要基础，应培育和弘扬企业家精神。这是继 2017 年中共中央、国务院《关于营造企业家健康成长环境弘扬优秀企业家精神更好发挥企业家作用的意见》之后，关于培育和弘扬企业家精神尤其是民营企业家精神的又一重磅文件。

作为经济活动的主要参与者、就业机会的提供者、创新发展的探索者与重要推动者，企业家精神与经济高质量发展的目标要求高度一致。如何培育、提升和有效发挥企业家精神在创新创业中的作用，对于有效推进我国创新驱动发展战略，实现经济高质量发展举足轻重。而激发和弘扬企业家精神离不开金融支持。由于创新创业本身就属于资金投入大、产出不确定性强的高成本和高风险活动，且持续周期较长，加之市场上资金供求存在严重的信息不对称，从而使企业家创新创业极易受到融资成本和调整成本"双高"的制约。因此，充足且稳定的金融资源是有效激发企业家精神的重要保障。

当前，我国金融业服务实体经济受到制约的关键是融资模式与金融供求的不平衡（黄益平，2018），即间接融资占比过高与金融资源供给不足。传统金融部门在支持创新活动的过程中，暴露出一系列结构性问题，金融资源存在明显的"属性错配"、"领域错配"和"阶段错配"（唐松等，2020）。传统金融资源错配所呈现出的低效率非均衡的特征，不仅成为我国金融改革面临的难点痛点，而且严重制约了作为微观市场主体的企业家创新创业活动的潜在驱动力，阻碍创新驱动发展战略的顺利实施。党的十九大报告指出，要"深化金融体制改革，增强金融服务实体经济能力"。伴随着人工智能、大数据、云计算等新兴技术的蓬勃发展，数字技术与金融的有机融合而产生的新型金融模式，成为改善传统金融发展困境的重要方向，数字普惠金融由此产生，并日益被学术界所关注（Lee、Shin，2018；唐松等，2020）。2022年，央行印发了《金融科技发展规划（2022—2025年）》，为金融数字化转型指明了方向，数字普惠金融进入高质量发展阶段。

然而，数字普惠金融的便利、共享、低成本、低门槛等特征，能否有效激发企业家创新创业精神，促进我国创新型国家的建设，是一个亟待研究的重要关切。现有文献主要是从金融发展、政策扶持以及人力资本等角度探究其对企业技术创新的作用（易信、刘凤良，2015；唐松等，2020），也有一些文献集中在数字普惠金融对全要素生产率（唐松等，2019；饶萍、吴青，2022）、促进创业（谢绚丽等，2018）、消费风险（王勋、王雪，2022）等方面的影响。可见，学术界已对数字普惠金融进行了多维度的研究，这些研究为本节提供了重要的理论基础和方法启迪，但关于数字普惠金融对企业家精神影响的研究仍较为缺乏。鉴于数字普惠金融对微观市场主体创新创业的重要作用，以及大力培育和弘扬企业家精神的迫切要求，本节将主要关注数字普惠金融对企业家精神的影响，对此问题的研究具有重要的理论价值和现实意义。

综上，相比于以往研究，本节可能的贡献如下：（1）深入剖析了数字普惠金融影响企业家创新与创业精神的内在机制，丰富已有关于企业家精神影响因素的研究；（2）基于2011—2016年间城市面板数据，选用北京大学编制的数字普惠金融指数衡量城市数字普惠金融发展程度，实证检验数字普惠金融对企业家创新与创业精神的作用，并针对模型中可能存在的内生性问题，尝试以国际互联网用户数占城市总人口比重作为工具变量，结果依然稳健；（3）考察了数字普惠金融对企业家创新与创业精神影响的区域异质性，以及数字普惠金融3个子维度对企业家创新与创业精神的影响差异。

本节其余部分安排如下：8.1.1是文献综述与机制分析；8.1.2是模型设定与变量说明；8.1.3是实证结果分析；8.1.4是主要结论。

8.1.1 文献综述与机制分析

最早提出企业家精神概念的学者是坎蒂隆（Cantillon，1734），而引发学术界对企业家精神密切关注的是熊彼特（Schumpeter，1934）提出的"创造性破坏"思想，其认为企业家精神是促进长期经济增长的重要生产要素。随着现代主流经济学对经济增长决定因素研究的不断深入，尤其是在内生增长理论出现以后，企业家精神已成为经济增长研究的重要领域。现有研究表明，对于工业化和新兴经济体国家，企业家精神能够显著促进经济增长（Carree、Thurik，2008；李宏彬等，2009；Li等，2012）。

那么，究竟该如何培育、提升乃至有效发挥企业家精神呢？目前学术界关于企业家精神影响因素的研究，主要是从报酬结构（Baumol，1990；庄子银，2007）、营商环境（李炎、张志，2021）、扭曲和法治（胡永刚、石崇，2016）、家庭背景（周敏慧等，2017）、历史传承（马忠新、陶一桃，2019）、人口结构（郭凯明等，2016）等方面展开的，产生了大量的理论研究成果。如Baumol（1990）提出社会报酬结构会影响企业家精神在生产性和非生产性活动间的配置；庄子银（2007）将企业家活动配置引入内生创新模型，探究了企业家活动配置、相对报酬结构和技术创新之间的动态关系；周敏慧等（2017）发现企业家的家庭出身会通过企业家资本代际传递影响家庭创业行为；李炎和张志（2021）考察了营商环境对企业家精神乃至经济增长质量的影响；郭凯明等（2016）认为人口转变不利于形成企业家的创新与创业精神。此外，其他领域的研究表明，文化、种族、宗教等也会对企业家精神的形成产生影响。

通过文献梳理可知，已有文献为探究"数字普惠金融——企业家精神"这一主题提供了良好的研究基础，但关于数字普惠金融对企业家精神的作用，仍缺少较为清晰完整的机制分析与实证检验。作为推动经济高质量发展的关键主体（陈欢等，2022），在推进中国式现代化建设中，企业家精神具有重要作用。因此，本部分将深入分析数字普惠金融对企业家精神影响的内在机制。

（1）数字普惠金融能够通过缓解企业融资约束，激发企业家精神。在我国，中小企业融资主要是通过股权融资和债券融资两个渠道（谢绚丽等，2018）。但由于具有发展潜力的初创企业往往面临金融排斥，以及中小企业规模有限且信用不足，导致其大部分无法满足资本和证券市场的准入门槛，从而难以通过资本市场筹集到资金。同时，由于传统金融机构的排他性，中小企业因无法提供充足的抵押物，银行也不愿意为他们提供资金支持。因此，传统的正规金融体系难以满足我国中小企业创新创业的资金需求，从而不利于企业家创新创业。数字普惠金融通过将互联网科技与金融行业有机融合，能够依靠产品创新降低客户准入门槛，拓宽中小企业获取资金的渠道，从而有效缓解了企业家创新创业的融资约束，为企业家创新与创业精神的发挥提供了新动能。

（2）数字普惠金融发展能够降低信息不对称，助力企业家创新与创业。以信息技术为基础的数字普惠金融，通过颠覆传统金融模式、识别信贷风险以及降低交易成本等优势，能够降低信息不对称。其一，基于信息技术的数字金融是商业模式变革的一个重要原动力（江小涓和罗立彬，2019）。数字普惠金融凭借物联网产生大量数据，并借助区块链技术实时更新和传播数据，利用人工智能和云计算提高数据处理的效率，有助于拓宽风险评估、提高风险定价效率以及识别潜在客户需求，从而颠覆传统依靠信用、抵押等为基础的金融模式，为创新创业提供新机遇（Arjunwadkar，2018）。其二，依托数字信息技术，数字普惠金融能通过电商供应链金融、消费金融等记录企业经营数据，弥补中小企业因缺少经营信息而导致的信用不足，从而有效识别其信贷服务风险，提高其获得贷款的可能性。其三，数字普惠金融还能够降低搜寻、匹配、议价、监督等方面的交易成本，缓解金融部门与企业主体之间的信息不对称，确保企业创新项目风险与金融资源相匹配，有效规避道德风险与逆向选择等问题，提高交易效率。如众筹模式可以将创新创业项目在线上向投资人发布，从而为企业家尽早获得资金支持提供了可能。

（3）数字普惠金融发展能为企业家提供科学精准的信息分析工具，促使企业家做出更加合理的创新创业决策。数字普惠金融的发展，不仅能通过缓解信贷约束、降低信息不对称程度等方式，提高对企业从事创新创业活动的激励作用。同时，基于大数据平台等信息技术工具，数字金融能通过对海量标准化及非标准化的数据进行科学分析、归类、解析和预测，为企业家提供优质高效的信息分析工具，助力企业家有效识别产品创新、模式创新以及技术创新的最优路径，帮助企业家准确判断和预测市场潜力、创新机会等外部环境，促使其做出更为科学合理的生产、投资等创新创业决策，从而提高资源配置的效率。

8.1.2 模型设定与变量说明

1.模型设定

为了考察数字普惠金融对企业家精神的影响，本节参照 Hébert 和 Link（1989）、李宏彬等（2009）的研究，将企业家精神划分为企业家创新精神和企业家创业精神，并根据前文的理论分析，设定如下基准回归模型：

$$IE_{it} = \alpha_0 + \beta_0 digf_{it} + X_{it}\gamma + \mu_i + \delta_t + \varepsilon_{it} \tag{8.1}$$

$$BE_{it} = \alpha_1 + \beta_1 digf_{it} + X_{it}\gamma + \mu_i + \delta_t + \varepsilon_{it} \tag{8.2}$$

其中，i 表示城市，t 表示年份。IE、BE 分别表示企业家创新精神和创业精神，$digf$ 为数字普惠金融指数，X 表示其他可能影响企业家创新精神和创业精神的控制变量。μ_i 和 δ_t 分别表示不可观测的地区效应和时间效应，分别用于控制城市固定效应和年度固定效应，ε_{it} 为随机干扰项。此外，上述模型均采用了稳健性标准误，并聚类到城市层面。

2.变量定义与数据说明

（1）被解释变量

企业家精神（*ES*）。目前学术界关于企业家精神的测度尚没有统一的度量方法，本节参照已有学者的研究，将企业家精神分为创新精神（*IE*）和创业精神（*BE*）分别进行衡量。同时，考虑到城市层面数据的内涵及可得性，将寇宗来和刘学悦（2017）发布的《中国城市和产业创新力报告2017》中所测算的城市创新指数作为企业家创新精神（*IE*）的衡量指标，其中包含了2001—2016年我国城市层面的数据；企业家创业精神（*BE*）以各城市民营企业就业人数占城市总就业人数的比重衡量，数据来源于《中国城市统计年鉴》。

（2）核心解释变量

数字普惠金融指数（*digf*）。本节选用北京大学数字金融研究中心发布的《北京大学数字普惠金融指数（2011—2020）》，该指数是以蚂蚁集团提供的金融服务数据为基础编制的，主要通过数字金融覆盖广度（*cover*）、使用深度（*usage*）和数字化程度（*digit*）等3个维度构建数字普惠金融指标体系（郭峰等，2019），用来测算我国省级和城市层面的数字普惠金融发展程度。该指数包含我国31个省份、337个地级市的数据，为数字普惠金融的相关研究提供了数据基础。

（3）控制变量

参照已有关于企业家精神影响因素的研究，考虑到数字普惠金融指数可能包含地区经济发展和传统金融发展等相关信息，并结合城市层面的数据可得性，本节选取地区经济发展、金融发展、人力资本、产业结构、基础设施、政府支出规模等作为控制变量。具体如下：①地区经济发展（*pgdp*），以地区人均实际*GDP*表示；②传统金融发展程度（ln*fina*），以银行贷款余额占*GDP*比重表示，并取对数；③人力资本水平（*human*），以高等学校在校生人数占该地区总人口比重表示；④产业结构水平（*inds*），以非农产业生产总值占地区生产总值比重表示；⑤基础设施（*infra*），以人均道路面积衡量；⑥政府支出规模（*Gov*），以财政支出占*GDP*比重进行测算。

本节选取2011—2016年我国282个城市的数据，主要研究数字普惠金融对地区企业家精神的影响。研究区间选取的原因在于：参照已有研究，本节将企业家精神分为创新精神和创业精神，其中创新精神是基于寇宗来和刘学悦（2017）发布的《中国城市和产业创新力报告2017》中的城市创新指数，该指数包含了2001—2016年的数据；同时，北京大学发布的数字普惠金融指数从2011年才开始，因此，本节的研究区间定为2011—2016年。数据主要来源于《中国城市统计年鉴》、《中国统计年鉴》、《中国城市和产业创新力报告2017》、《北京大学数字普惠金融指数（2011—2020）》、国泰安数据库、EPS数据库等。主要变量的描述性统计结果见表8-1。

表8-1　　　　　　　　　　主要变量的描述性统计

变量名	观测数	均值	标准差	最小值	最大值
IE	1 679	10.971	30.480	0.045	219.389
BE	1 671	0.978	0.589	0.082	3.108
$digf$	1 679	131.571	51.366	17.020	246.919
$cover$	1 679	124.692	51.583	1.860	254.126
$usage$	1 679	125.641	47.941	4.290	251.422
$digit$	1 679	165.064	76.376	2.700	581.230
$pgdp$	1 529	1.541	1.055	0.349	6.442
$human$	1 596	0.048	0.042	0.002	0.192
$lnfina$	1 672	11.033	0.846	9.359	13.006
$inds$	1 678	93.609	5.715	73.770	99.670
$infra$	1 650	12.440	7.360	2.230	53.243
Gov	1 677	17.240	7.973	4.566	47.180

8.1.3　实证结果分析

1.基准回归

根据模型式（8-1）、（8-2）的设定，表8-2报告了数字普惠金融发展对企业家精神影响的回归结果，被解释变量分别是企业家创新精神和创业精神，各列回归均控制了城市固定效应和年度固定效应。其中，第（1）、（3）列是只加入数字普惠金融指数的结果，可以发现数字普惠金融指数前的系数均显著为正，说明数字普惠金融发展能够促进企业家创新精神和创业精神。进一步，为减少估计偏误，分别在模型中加入其他控制变量，第（2）、（4）列为加入其他控制变量的结果，可以发现数字普惠金融指数前的系数仍显著为正，说明城市的数字普惠金融发展程度越高，就越有助于促进当地企业家的创新与创业精神。这可能是因为，一方面，数字普惠金融的发展能够缓解信贷领域的信息不对称，扩大有效信贷供给，同时通过降低金融服务的门槛，纾解束缚中小企业发展的融资约束，促进企业家创新与创业精神的发挥；另一方面，数字普惠金融能够为企业家精神培育提供更好的金融环境，通过信贷、保险等各种金融服务，能够有效降低企业创新创业风险和融资成本等，提升金融效率，从而提高创新创业的动机和活跃度。同时，随着数字化程度不断提高，普惠金融交易支付的便利性和信用化也不断提高，这也可能会降低企业家的交易成本，促进企业家精神的培育。

表8-2　　　　　　　　　　　　　　　基准回归结果

变量	（1） IE	（2） IE	（3） BE	（4） BE
digf	0.813***	0.492***	0.005***	0.011***
	（6.953）	（5.332）	（7.158）	（13.432）
pgdp		6.688***		0.008
		（4.919）		（1.025）
human		18.948		−1.568***
		（1.534）		（−5.932）
ln*fina*		3.752***		0.072**
		（7.850）		（3.168）
inds		−0.630***		−0.003
		（−13.846）		（−0.624）

续表

变量	（1） IE	（2） IE	（3） BE	（4） BE
infra		0.013		0.003
		(0.145)		(0.987)
Gov		0.174***		0.008**
		(7.649)		(3.137)
常数项	−97.354***	−51.927***	0.295**	0.494
	(−6.403)	(−7.234)	(3.180)	(1.345)
时间固定	Yes	Yes	Yes	Yes
地区固定	Yes	Yes	Yes	Yes
N	1 445	1 445	1 445	1 445
R²	0.309	0.363	0.019	0.055

注：***、**、*分别代表1%、5%、10%的显著性水平；括号内为城市聚类稳健标准误对应的 t 值。下表同。

此外，其他控制变量系数的显著性与已有研究基本一致。其中，经济发展水平（$pgdp$）前的系数在企业家创新精神回归中显著为正，在企业家创业精神回归中虽不显著但仍为正值，说明地区经济发展水平有利于促进企业家的创新和创业；地区传统金融发展水平（$\ln fina$）前的系数显著为正，表明传统金融发展水平越高的地区，越有利于促进当地企业家的创新和创业；$inds$ 对企业家创新影响的系数显著为负，可能是因为随着产业结构的高级化，企业家创新的难度更大，这符合熊彼特增长理论的拖出效应（fishing out effect），越是简单的知识越是容易被发现，即在产业结构较低时创新相对容易，此后新的创新机会被发现的难度会越来越大；政府支出规模（Gov）前的系数显著为正，说明地方政府支出规模能够促进企业家创新精神和创业精神，这可能是因为近些年政府支出主要集中在公共性（基础设施、教育、医疗卫生等）领域，从而支持了企业家创新与创业。

2.稳健性回归

（1）内生性处理

由于企业家精神的有效发挥离不开金融支持，企业家精神较好的地区对数字金融的需求也会更大，因此两者之间可能存在反向因果关系，可能会对模型估计结果造成偏差。同时，尽管在模型设定中已加入很多同时影响企业家精神与数字金融的控制变量，但模型仍然可能会存在遗漏变量的问题，比如忽略一些不可观测的因素，从而使模型估计结果有偏。

为有效缓解因反向因果、遗漏变量等可能导致的内生性问题，本节将采用以下两种方法分别进行处理：第一，采用工具变量法进行估计。已有研究将互联网普及率作为工具变量（谢绚丽等，2018；赵晓鸽等，2021），认为互联网普及率能够较好地反映数字普惠金融发展的基础设施情况，满足相关性；且在控制地区经济发展水平、金融发展水平等其他控制变量的条件下，对创新创业并无直接影响，满足外生性。由于缺少城市层面的互联网普及率，本节选取与互联网普及率紧密相关的国际互联网用户数占城市总人口比重进行替代，同时控制地区经济发展水平、传统金融发展水平等因素，满足相关性和外生性，因此将其作为互联网普惠金融的工具变量较为合理。第二，将内生解释变量数字普惠金融指数滞后一期，并考察其对企业家精神的影响，可以在一定程度上缓解反向因果问题（陈强，2015）。

表8-3是分别采用工具变量法和内生变量滞后一期的估计结果。其中，第（1）~（3）列是将国际互联网用户数占城市总人口比重作为数字普惠金融的工具变量，并采用二阶段最小二乘法（2SLS）估计的结果。其中，第（1）列为第一阶段的回归结果，工具变量的系数估计值显著为正，表明国际互联网用户数占比越高，该地区的数字普惠金融发展水平也越高，从而工具变量的相关性假定得到满足；第（2）、（3）列为第二阶段的回归结果，数字普惠金融的系数也都显著为正，说明在缓解了潜在的内生性后估计结果依然稳健，即数字普惠金融能够显著促进地区的企业家精神。此外，本节还进行了弱工具变量的检验，F统计量的值为54.19，大于10，说明不存在弱工具变量问题。进一步，考察数

字普惠金融的滞后一期对企业家创新与创业精神的影响，估计结果见第（4）、（5）列。可以看出，数字普惠金融前的系数仍均显著为正，说明数字普惠金融的发展能够显著提升企业家创新与创业精神，从而证明了基准估计结果是稳健的。

表8-3 稳健性回归 I

变量	（1）	（2）	（3）	（4）	（5）
	digf	*IE*	*BE*	*IE-lag*	*BE-lag*
digf		0.793**	0.024***		
		（2.472）	（3.174）		
L.digf				0.021*	0.002**
				（2.071）	（3.674）
IV	5.138***				
	（6.050）				
常数项	102.356***	−111.252***	−1.564*	−22.510*	1.860***
	（13.460）	（−3.023）	（−1.685）	（−2.087）	（8.289）
控制变量	Yes	Yes	Yes	Yes	Yes
时间固定	Yes	Yes	Yes	Yes	Yes
地区固定	Yes	Yes	Yes	Yes	Yes
N	1 445	1 445	1 445	1 173	1 173
R^2	0.965	0.361	0.018	0.361	0.034

（2）更换金融发展指标

由于数字普惠金融可能会包含当地金融发展的一些信息，因此容易对估计结果产生偏误，为了排除这一混杂因素的影响，本节在模型回归中控制了反映地区传统金融发展水平的变量。同时，作为稳健性分析，本节参照宋敏等（2021）的研究，采用樊纲等学者编制的《中国分省市场化指数报告（2018）》中测算的金融市场化程度指数（*M_index*）来衡量城市金融发展水平。表8-4第（1）、（2）列是更换金融发展指标后的估计结果，可以发现，数字金融普惠指数的系数在1%的水平上仍显著为正，说明基准回归结果是稳健的。

表8-4 稳健性回归Ⅱ

变量	(1)	(2)	(3)	(4)
	IE-M_index	BE-M_index	IE-剔除特定样本	BE-剔除特定样本
digf	0.526***	0.008***	0.126**	0.004*
	(6.301)	(8.151)	(2.068)	(1.683)
fina_index	0.566*	0.033		
	(2.163)	(1.761)		
常数项	−34.112***	0.143	5.958	−2.963*
	(−4.175)	(0.353)	(0.427)	(−1.926)
控制变量	Yes	Yes	Yes	Yes
时间固定	Yes	Yes	Yes	Yes
地区固定	Yes	Yes	Yes	Yes
N	1 445	1 445	1 302	1 302
R²	0.360	0.059	0.144	0.071

（3）剔除特定样本

由于我国直辖市与省会城市在政治、文化、经济地位等方面，相较于普通地级市存在明显差异，反向因果问题可能会更为严重，因此本节参照罗煜等（2016）的方法，剔除省会城市与直辖市这一特定样本，利用模型式（1）、（2）的设定重新进行估计，表8-4第（3）、（4）列是剔除直辖市和省会城市的回归结果。可以发现，数字普惠金融前的系数均显著为正，进一步验证了前面的基准回归结果。

3.异质性分析

（1）区域异质性

由于我国区域经济发展的不平衡，数字普惠金融发展程度在不同地区存在差异（郭峰等，2020），因此，数字普惠金融对企业家创新与创业精神的影响可能存在异质性。凭借优先发展东南沿海的政策红利，东部地区在投资环境与营商环境等方面具有优势，数字金融市场相对发达，有利于培育和发挥企业家的创新与创业精神。为研究数字普惠金融对企业家精神影响的区域异质性，本节将我国城市按照东部、中部和西部进行划分，回归结果见表8-5。

表8-5　　　　　　　　　　　　　**区域异质性分析**

变量	(1)	(2)	(3)	(4)	(5)	(6)
	IE-东部	*IE*-中部	*IE*-西部	*BE*-东部	*BE*-中部	*BE*-西部
digf	0.655***	0.229***	0.481**	0.018***	0.002	0.006***
	(6.347)	(4.273)	(3.824)	(9.338)	(0.515)	(4.203)
常数项	−144.919***	−50.339***	−74.422***	−2.608**	1.549***	1.421***
	(−4.253)	(−5.382)	(−5.355)	(−3.205)	(4.545)	(6.443)
控制变量	Yes	Yes	Yes	Yes	Yes	Yes
时间固定	Yes	Yes	Yes	Yes	Yes	Yes
地区固定	Yes	Yes	Yes	Yes	Yes	Yes
N	491	567	387	491	567	387
R^2	0.453	0.471	0.286	0.231	0.052	0.065

表8-5第（1）、（2）、（3）列分别是东部、中部和西部地区城市数字普惠金融对企业家创新精神的估计结果，可以发现数字普惠金融指数的系数均显著为正，表明数字普惠金融能够显著促进企业家创新精神。进一步，通过比较估计系数大小，可以发现东部城市的系数估计值最大（0.655），西部其次（0.481），中部最小（0.229），这说明数字普惠金融对企业家创新精神的影响存在异质性。原因在于：东部地区城市在营商环境、金融市场发展、互联网经济等方面的优势，使数字普惠金融的发展更有利于促进企业家创新精神；西部地区城市数字普惠金融发展对企业家创新精神的影响强于中部城市，说明数字普惠金融能够有效弥补中部和西部城市促进企业家创新精神的差距。第（4）、（5）、（6）列是数字普惠金融对企业家创业精神的估计结果，可以看出，东部和西部地区城市数字普惠金融发展对企业家创业精神的影响显著为正，而中部城市

数字普惠金融系数为正但不显著，说明东部和西部城市的数字普惠金融发展能够显著促进企业家创业精神。同样地，通过比较系数值的大小可知，东部地区城市数字普惠金融对企业家创业精神的促进作用最大（0.018），西部城市次之（0.006），中部地区最小且影响不显著。

可见，东部地区数字普惠金融对企业家创新和创业精神的促进效应最为突出，可能是因为东部地区金融市场环境较好，互联网普及率等金融基础设施也较为完善，数字普惠金融发展有助于进一步提升该地区的金融服务体系，从而促进企业家的创新和创业精神；同时，由于数字普惠金融将金融服务与数字技术有机融合，因此能够消除传统金融服务难以覆盖而形成的区域壁垒，增加金融服务的可得性，有效破除企业家创新创业的金融限制。相比于中部地区城市而言，西部城市的金融资源更为匮乏，从而使数字普惠金融对企业家创新与创业精神的作用更大。

（2）数字普惠金融各维度影响的异质性

数字普惠金融的测度包含数字普惠金融覆盖广度、使用深度、数字化程度等3个维度，为更为准确地描述数字普惠金融各维度对企业家精神影响的异质性，本节进一步考察各维度对企业家创新与创业精神的作用，估计结果见表8-6。其中，第（1）、（2）列是数字普惠金融覆盖广度对企业家创新精神、创业精神的回归结果，可知覆盖广度的系数都在1%的水平上显著为正，说明覆盖广度的增加能够促进企业家的创新与创业精神。这可能是因为随着支付宝等电子账户使用者的增加，数字普惠金融已逐渐成为重要的理财与融资渠道，能够有效消除传统金融服务的地域壁垒，为企业家创新创业提供更好的金融环境。第（3）、（4）列是数字普惠金融使用深度对企业家创新与创业精神的影响，可知使用深度的系数都显著为正，说明使用深度也有助于促进企业家的创新与创业精神。可能的原因在于随着货币基金服务、信贷服务、保险服务等数字金融服务的日益多样，企业家在创新创业的资金获取、风险防范等方面保障性更高，从而提高了企业家创新创业的活跃度。第（5）、（6）列是数字普惠金融数字化程度对企业家创新与创业精神的估计结果，可以发现数字化程度对企业家创新精神的影响仅在10%的水平上显著，对企业家创业精神的影响则不显著，这说明相比覆盖广度和使用深度，数字普惠金融数字化程度提高对企业家精神的作用较小。因此，数字普惠金融的覆盖广度和使用深度是促进企业家创新与创业精神的主要原因。

表8-6   数字普惠金融各维度异质性分析

变量	(1)	(2)	(3)	(4)	(5)	(6)
	IE	BE	IE	BE	IE	BE
cover	0.417***	0.004***				
	(4.404)	(7.311)				
usage			0.229***	0.009***		
			(5.125)	(5.830)		
digit					0.068*	−0.000
					(2.227)	(−0.286)
常数项	−16.345***	1.085**	−58.373***	−0.186	−20.164**	0.994**
	(−4.796)	(3.606)	(−6.266)	(−0.341)	(−2.915)	(3.813)
控制变量	Yes	Yes	Yes	Yes	Yes	Yes
时间固定	Yes	Yes	Yes	Yes	Yes	Yes
地区固定	Yes	Yes	Yes	Yes	Yes	Yes
N	1445	1445	1445	1445	1445	1445
R^2	0.372	0.029	0.345	0.090	0.324	0.022

8.1.4 主要结论

企业家精神与经济高质量发展的目标要求高度一致，是推进中国式现代化建设的关键要素，而企业家精神的培育和有效发挥离不开金融支持。依托于互联网、大数据、人工智能等信息技术的数字普惠金融，通过创新金融模式、减少交易成本、降低信息不对称程度等方式，为企业家创新与创业精神的发挥提供了新动能。因此，本节主要研究数字普惠金融发展对企业家精神的影响。具体来说，首先分析数字普惠金融促进企业家精神的内在机制，然后基于2011—2016年我国282个城市的面板数据，实证检验了数字普惠金融对企业家创新与创业精神的作用，并探讨了数字普惠金融对企业家精神影响的区域异质性，以及数字普惠金融覆盖广度、使用深度、数字化程度等3个子维度对企业家精神作用的异质性。

研究发现：第一，数字普惠金融的发展有助于促进企业家创新与创业精神，且在控制内生性、更换金融发展指标、剔除特定样本以后，该结论依然稳健；第二，按照东部、中部、西部对我国城市进行划分，可以发现东部和西部地区城市数字普惠金融发展对企业家创新与创业精神的影响显著为正且大于中部地区，说明数字普惠金融发展对企业家精神的影响存在区域异质性；第三，数字普惠金融覆盖广度和使用深度是促进企业家精神提升的主要原因。

8.2 数字普惠金融与经济高质量发展——基于企业家精神的中介效应分析

改革开放以来，依靠资本、劳动、土地等传统要素投入，我国经济经历了40多年的高速增长阶段。但随着人口结构转变、资本边际报酬递减以及供求结构变化等原因，传统以要素积累为动力的增长模式日渐式微，要素投入高而效率低的矛盾日益尖锐，经济增长已由要素驱动转向创新驱动的高质量发展阶段，即必须转向全要素生产率的提高上来（肖文、薛天航，2019）。党的十九大报告指出，"我国经济已由高速增长阶段转向高质量发展阶段"，应"推动经济发展质量变革、效率变革、动力变革，提高全要素生产率"。党的二十大报告进一步指出，"要坚持以推动高质量发展为主题，……着力提高全要素生产率，……推动经济实现质的有效提升和量的合理增长"。党的二十大报告在党的十九大报告提出"提高全要素生产率"的基础上，又加上"着力"一词，强调当前经济高质量发展阶段下提高全要素生产率这一重要着力点。可见，在迈向中国式现代化的重要历史时期，着力提高全要素生产率不仅是实现经济高质量发展的关键途径（高培勇等，2020），也是检验经济高质量发展最核心的指标之一（王一鸣，2022）。因此，本节将利用全要素生产率衡量企业经济高质量发展水平。而提升全要素生产率的关键在于能否激励市场中微观主体的技术创新意愿和能力，企业家精神的有效激发至关重要。企业家精神能够通过促进技术创新提高全要素生产率（李元旭、曾铖，2019），而企业技术创新能否提质增效离不开高效低价的金融支持（唐松等，2020）。

当前，融资模式与金融供求（供给不足）的不平衡是制约我国金融业服务实体经济质效的关键因素（黄益平，2018）。传统金融在服务实体经济中存在属性错配、领域错配、阶段错配等结构性问题，严重制约了微观主体在创新发展上的潜在动力，这也是当前金融改革中亟待解决的痛点与难点问题。伴随着大数据、云计算、人工智能等信息技术在金融领域的广泛使用，数字普惠金融应运而生（郭峰等，2020），并为解决传统金融发展困境提供了可能。2022年初，央行、银保监会分别印发了《金融科技发展规划（2022—2025年）》《关于银行业保险业数字化转型的指导意见》，明确应鼓励银行保险机构利用大数据，增强普惠金融、绿色金融等服务实体经济的能力，为我国金融数字化转型提供了发展思路和目标。2023年3月，中共中央、国务院印发《党和国家机构改革方案》，提出组建国家金融监督管理总局，以强化金融监管体制改革，着力推动数字普惠金融高质量发展。那么，数字普惠金融能否提高全要素生产率呢？其内在的作用机制又是什么？已有研究主要是从资源配置（Hsieh、Klenow，2009）、金融发展（林毅夫、孙希芳，2008）以及研发创新（唐未兵等，2014）等方面考察它们对全要素生产率的影响，虽有部分研究开始关注数字普惠金融对全要素生产率的作用（唐松等，2019；宋敏等，2021），但关于数字普惠金融对全要素生产率的影响及其内在作用机制，尚缺乏较为清晰完整的分析框架与经验论证，鉴于数字金融发展规模及其在服务实体经济方面的重要作用，理清它们之间的关系对于推动经济高质量发展具有重要的理论和现实意义。

综上，已有研究为本节研究提供了较为丰富的素材，但不同于以往研究，本部分将从企业家精神的视角，考察数字普惠金融对全要素生产率的影响，尝试揭示数字普惠金融影响全要素生产率以推动经济高质量发展的内在机制，不仅为数字普惠金融赋能实体经济发展提供了理论证据支持，也为我国促进数字普惠金融发展和推动经济高质量发展提供有益启示。本部分可能的贡献如下：（1）研究视角上：从企业家创新精神与创业精神的视角，分析数字普惠金融影响全要素生产率以推动经济高质量发展的作用机理；（2）研究方法上：基于2011—2016年城市面板数据，通过构建中介效应模型，进一步检验数字普惠金融影响全要素生产率的作用机理，并考察数字普惠金融对全要素生产率各组成部分的作用；（3）研究意义上：企业家精神与经济高质量发展的目标要求具有高度一致性，数字普惠金融发展能够通过促进企业家创新精神与创业精神，提高全要素生产率，从而为实现经济高质量发展提供理论与现实依据。

8.2.1 文献综述与机制分析

金融是微观主体创新创业环境的重要组成部分，其能否有效供给将直接决定技术创新活动的实施（Hsu等，2014；贾俊生等，2017），进而影响全要素生产率。然而，以银行部门为主体的传统金融体系，存在运行低效和资源错配等问题，金融服务长期供给不足，尤其是对于民营中小企业，严重制约了经济结构转型和全要素生产率的提高。已有研究表明，融资约束（Caggese、Cunat，2013）、信息不对称（杨丰来、黄永航，2006）、资源结构性错配（Hsieh、Klenow，2009；唐松等，2020）是导致全要素生产率降低的重要因素。数字普惠金融以低成本、低门槛以及共享便捷为主要特征，能够有效缓和企业面临的融资约束、降低交易成本、拓展金融服务范围和触达能力（郭峰等，2017），已发展成为传统金融的有力补充，为企业家创新创业提供了新机遇，有利于促进全要素生产率的提高。基于以上分析，本节将从以下两个方面阐述数字普惠金融对全要素生产率的作用机制。

（1）数字普惠金融通过促进企业家创业精神提升全要素生产率。由于我国资本市场尚处于初级阶段，企业获取资金的渠道和工具仍较为单一，以银行为主的传统金融服务仍是我国企业获得外部融资的主要来源

（宋敏等，2021）。但由于企业与银行间存在严重的信息不对称（杨丰来、黄永航，2006），加之传统金融体制固有的倾向性以及政府信贷管制的原因，有限的信贷资源在分配时更倾向于大中型国有企业，而最具活力潜力的中小型民营企业难以获得有效的资金支持，导致较为严重的资源配置扭曲，制约大批优质企业的成长（李旭超等，2017），限制了企业提高全要素生产率的行为（Hopenhayn，2014）。进一步，由于传统金融机构主要布局在经济发达地区，经济相对落后地区只有很少的分支机构，阻碍了经济不发达地区的创业活动（谢绚丽等，2018）。依托大数据、云计算、人工智能等信息技术的数字普惠金融，一方面，通过革新传统的信用定价模式和风险评估模式（Duarte 等，2012），能够提升金融资源配置效率和风险管理能力，降低金融部门与企业间的信息不对称，有效缓解中小企业融资约束，从而促进企业家创业。另一方面，通过利用金融信息技术，能够帮助欠发达地区和低收入者实现支付、转账、借贷等功能，大大提高了金融服务的可得性，促进不发达地区的创业活动。

（2）数字普惠金融通过促进企业家创新精神提升全要素生产率。数字普惠金融的发展，不仅能通过缓解融资约束、降低信息不对称程度等方式，提高企业从事创新创业活动的激励（饶萍、吴青，2022）。同时，基于大数据平台等信息技术工具，数字普惠金融通过对海量标准化及非标准化的数据进行科学分析、归类、解析和预测，能为企业家提供优质高效的信息分析工具，助力企业家有效识别产品创新、模式创新以及技术创新的最优路径，帮助企业家准确判断市场潜力、创新机会等外部环境，促使其做出更为科学合理的生产、投资等创新决策，从而有效激励企业家从事创新活动。进一步，作为一种新型金融基础设施，数字普惠金融能够有效吸纳市场中大量闲散的资金并转化为有效供给，实现金融资源增量补充（唐松等，2020），从而拓宽资金供给渠道，为企业家开展创新活动提供资金基础，进而提升全要素生产率。

8.2.2　模型设定与变量说明

1.模型设定

（1）基准模型设定

本节主要研究数字普惠金融发展对城市全要素生产率的影响，设定如下基准回归模型：

$$TFP_{it} = \partial_0 + \partial_1 \ln digf_{it} + \partial_2 X_{it} + \mu_{1i} + \delta_{1t} + \varepsilon_{1it} \tag{8.3}$$

其中，i 表示城市，t 表示年份。TFP表示全要素生产率，lndigf表示数字普惠金融（取对数）。X表示一系列影响全要素生产率的控制变量，μ_{1i}和δ_{1t}分别表示城市和年份虚拟变量，用于控制地区固定效应和时间固定效应，ε_{it}为随机干扰项。此外，所有模型都采用了聚类到城市层面的稳健性标准误。

（2）中介效应模型

借鉴 Preacher 和 Hayes（2008）提出的中介效应方法，以考察数字普惠金融对城市全要素生产率的影响机制：

$$\ln IE_{it} = \beta_1 \ln digf_{it} + \beta_2 X_{it} + \mu_{2i} + \delta_{2t} + \varepsilon_{2it} \tag{8.4}$$

$$BE_{it} = \gamma_0 + \gamma_1 \ln digf_{it} + \gamma_2 X_{it} + \mu_{3i} + \delta_{3t} + \varepsilon_{3it} \tag{8.5}$$

$$TFP_{it} = \theta_0 + \theta_1 \ln digf_{it} + \theta_2 \ln IE_{it} + \theta_3 X_{it} + \mu_{4i} + \delta_{4t} + \varepsilon_{4it} \tag{8.6}$$

$$TFP_{it} = \eta_0 + \eta_1 \ln digf_{it} + \eta_2 BE + \eta_3 X_{it} + \mu_{5i} + \delta_{5t} + \varepsilon_{5it} \tag{8.7}$$

其中，lnIE 和 BE 分别为企业家创新精神与创业精神，其他变量的含义与式（8.3）相同。在公式（8.4）和（8.5）中，若β_1或γ_1为正且显著，则表明数字普惠金融能够促进企业家创新精神或创业精神。公式（8.6）和（8.7）中，若系数θ_2与θ_3显著而θ_1不显著，或者η_2与η_3显著而η_1不显著，则表明企业家创新精神或创业精神在数字普惠金融在对全要素生产率的影响中承担了完全中介的作用；若系数θ_1、θ_2与θ_3都显著，则表明企业家创新精神具有部分中介效应；同理，若系数η_1、η_2与η_3都显著，则表明企业家创业精神具有部分中介效应。

2.变量定义与数据说明

（1）被解释变量

全要素生产率（TFP）：参照黄勃等（2003）的研究，本节采用全要素生产率衡量地区经济高质量发展水平，并利用随机前沿分析法（Stochastic Frontier Analysis，SFA）对我国城市层面的全要素生产率进行测算。在生产函数的具体设定上，本节将依据 Kumbhakar 和 Lovell（2000）的方法，通过设定超越对数生产函数对模型各系数进行估算，具体如公式（8.8）所示：

$$\ln y_{it} = \beta_0 + \beta_K \ln K_{it} + \beta_L \ln L_{it} + \beta_t t + \beta_{KK} \ln(K_{it})^2 + \beta_{LL} \ln(L_{it})^2 + \beta_{tt} t^2 + \beta_{KL}(\ln K)(\ln L) + \beta_{Kt}(\ln K)t + \beta_{Lt}(\ln L)t + v_{it} - e_{it} \tag{8.8}$$

其中，y 表示各城市的产出，K、L 分别表示资本和劳动，t 表示时间。

利用 SFA 方法计算全要素生产率，所使用的投入产出指标处理如下：①产出（y）。采用国内生产总值（GDP）来衡量。由于缺少地级市层面的 GDP 平减指数，本节采用地级市所在省份的 GDP 平减指数替代，并按 2000 年不变价进行了处理。②劳动力投入（L）。劳动力投入采用全社会从业人员数衡量，即采用城市中单位从业人员和私营个体从业人员两者之和表示。③资本存量（K）。本节采用永续盘存法进行计算，具体公式为：$K_t = K_{t-1}(1-\delta) + I_t/P_t$，其中 K_t 和 K_{t-1} 分别表示 t 期和 t-1 期的实际资本存量，δ 为折旧率，I_t、P_t 分别表示固定资产投资及其价格指数。借鉴张军（2004）的研究结论将折旧率设定为 9.6%。由于缺少城市层面的固定资产投资价格指数，城市层面的固定资产投资价格指数采用地级市所在省份的价格指数代替并平减到 2000 年不变价。这里最关键和难度最大的是基期资本存量的测算，由于基期选择越早对后续资本存量的计算越准确，考虑到城市统计年鉴数据最早为 1991 年，本节借鉴余泳泽等（2019）的处理方法，将城市层面的基期资本存量由各省区市 1991 年固定资本存量按当年各市占各省份的全社会固定资产投资的比例来确定，1991 年省级层面的资本存量采用张军等（2004）所测算的数据。最终可得到城市层面的资本存量数据。

进一步，根据 Kumbhakar 和 Lovell（2000）的方法，可以将全要素生产率的增长率分解为技术效率改进（TEC）、技术进步（TC）和规模效率改进（SC）：

$$TFP_{it} = TEC_{it} + TC_{it} + SC_{it} \tag{8.9}$$

根据公式（8.8）可以计算出各分解部分的值，然后利用公式（8.9）即可得到TFP增长率。

TFP增长率各分解部分的计算方法具体如下。

①技术效率改进

Leibenstein（1966）从产出角度给出技术效率（TE）的定义，即技术效率改进（TEC）指的是生产非效率程度随时间推移而发生变化的速率，其计算公式如下：

$$TEC = \partial \ln TE_{it}/\partial t = \partial \ln \exp(-\mu_i)/\partial t = -\partial \mu_i/\partial t \tag{8.10}$$

②技术进步

技术进步（TC）是指在控制了要素投入以后技术前沿随时间变化的速率。根据公式（8.8），可得到TC的具体计算公式如下：

$$TC_{it} = \partial \ln f(x_{it}, \beta)/\partial t = \beta_t + \beta_{Kt}(\ln K_{it}) + \beta_{Lt}(\ln L_{it}) + 2\beta_{it}t \tag{8.11}$$

③规模效率改进

规模效率改进（SC）是指因规模因素影响，生产效率随时间推移而变化的速率，具体公式如下：

$$SC_{it} = (RTS - 1)\sum_j \lambda_j x_j = (RTS_{it} - 1)(\lambda_{Kit} x_{Kit} + \lambda_{Lit} x_{Lit}) \tag{8.12}$$

其中，$RTS = \sum_j \varepsilon_j$，$\lambda_j = \varepsilon_j/RTS$，$\varepsilon_j = \partial \ln f(x_j)/\partial \ln x_j$，$RTS$、$\lambda_j$和$\varepsilon_j$分别表示规模经济效应、要素j相对于总体规模报酬的产出弹性及生产前沿上的产出弹性；x_{Kit}、x_{Lit}分别表示资本和劳动投入增长率。

（2）核心解释变量

①数字普惠金融（ln$digf$）。该变量采用《北京大学数字普惠金融指数（2011—2020）》表示。该指数是以蚂蚁集团提供的金融服务数据为基础编制的，通过构建指标体系测算我国省级和城市层面的数字普惠金融发展程度。该指数包含我国31个省份、337个地级市的数据，为数字普惠金融的相关研究提供了数据基础。

②企业家精神（ES）。目前学术界关于企业家精神的测度尚没有统一的度量方法，本节参照Hébert和Link（1989）、李宏彬等（2009）的研究，将企业家精神分为创新精神（lnIE）和创业精神（BE）分别进行衡量。同时，考虑到城市层面数据的内涵及可得性，将寇宗来和刘学悦

（2017）发布的《中国城市和产业创新力报告2017》中所测算的城市创新指数（取对数）作为企业家创新精神的衡量指标，其中包含了2001—2016年我国城市层面的数据；企业家创业精神则采用各城市民营企业就业人数占城市总就业人数的比重衡量，数据主要来源于《中国城市统计年鉴》。

（3）控制变量

目前，学术界关于全要素生产率增长影响因素的研究主要围绕以下3个方向展开：①基于制度与政府行为的视角（范子英、张军，2009；段文斌等，2013）；②基于市场与创新范式的视角（余泳泽、刘大勇，2013；刘大勇等，2017）；③基于创新基础设施的视角（刘秉镰，2010；刘传明、马青山，2020）。依据上述研究方向，并考虑数据可得性，本节拟选择以下变量作为控制变量：①政府支出规模（Gov），采用财政支出占GDP比重进行测算；②R&D投入水平（rd），由于缺少城市层面研发投入指标，本节借鉴余泳泽等（2019）的研究，以教育与科技投入之和占GDP比重表示；③基础设施（infra），采用人均道路面积衡量；④传统金融发展程度（lnfina），以银行贷款余额占GDP比重表示，并取对数；⑤经济发展水平（pgdp），以城市人均实际GDP及其平方项（$pgdp^2$）表示，用于控制经济发展水平对全要素生产率的非线性影响；⑥产业结构水平（inds），以非农产业生产总值占地区生产总值比重表示；⑦人力资本水平（hum），以高等学校在校生人数占该地区总人口比重表示。

本节将利用2011—2016年我国275个城市的数据，主要研究数字普惠金融、企业家精神与全要素生产率之间的关系。由于北京大学发布的数字普惠金融指数从2011年才开始，而寇宗来和刘学悦（2017）发布的城市创新指数只包含2001—2016年的数据，故本节研究区间选定为2011—2016年。数据主要来源于《中国城市统计年鉴》、《中国统计年鉴》、《中国城市和产业创新力报告2017》及《北京大学数字普惠金融指数（2011—2020）》等。各主要变量的描述性统计见表8-7。

表8-7   变量描述性统计

变量	观测数	均值	方差	最小值	最大值
TFP	1 345	13.028	2.712	−13.582	40.016
ln*IE*	1 626	0.752	1.654	−5.272	6.543
BE	1 620	0.981	0.631	0.023	4.456
ln*digf*	1 650	4.782	0.486	2.834	5.509
pgdp	1 505	1.536	1.158	0.091	11.756
hum	1 569	4.831	4.265	0.000	24.255
ln*fina*	1 620	11.032	0.844	8.435	13.726
inds	1 626	93.568	6.291	41.980	99.970
infra	1 608	13.046	13.933	0.590	442.950
gov	1 625	17.559	12.408	3.386	270.239
rd	1 620	3.067	1.589	0.280	33.045

8.2.3　实证结果分析

1.基准回归结果

根据模型（8.3）式的设定，表8-8报告了地区数字普惠金融发展（*lndigf*）对全要素生产率的影响结果。其中，每列回归均控制了地区和年度固定效应，并且每列都采用了聚类到城市层面的标准误，第（1）列是仅考虑数字普惠金融对全要素生产率的估计结果，数字普惠金融指数前的系数显著为正，表明数字普惠金融能够显著促进地区全要素生产率的提升。为减少估计偏误，在模型中逐步加入其他控制变量，第（2）~（5）列是逐步加入其他控制变量的回归结果，可知数字普惠金融指数均显著为正，说明数字普惠金融发展水平越高，就越有助于提高地区全要素生产率。原因在于：数字普惠金融的发展通过缓解企业融资约束、降低信息不对称程度、为企业家提供科学精准的信息分析工具以提高资源配置效率等，激发企业家精神，从而促进地区全要素生产率的提升。

表8-8 　　　　　　　　　　　基准回归结果

变量	（1）	（2）	（3）	（4）	（5）
ln$digf$	2.054**	1.955**	2.339**	2.411**	2.470***
	(2.135)	(2.043)	(2.267)	(2.297)	(3.590)
hum		0.258***	0.273***	0.239***	0.188***
		(3.717)	(3.451)	(3.502)	(2.965)
$pgdp$			2.453*	1.498*	1.595*
			(1.804)	(1.857)	(1.930)
$pgdp^2$			−0.162	−0.092	−0.099
			(−1.250)	(−1.261)	(−1.287)
ln$fina$			1.533**	0.909*	−0.665
			(2.397)	(1.824)	(−1.546)
rd				0.606***	−0.300
				(3.187)	(−1.440)
$inds$				−0.163**	−0.183***
				(−2.313)	(−2.928)
gov					0.062**
					(1.989)
$Infra$					0.072**
					(2.547)
常数项	1.724	3.564	15.972**	26.873***	25.679***
	(0.339)	(0.703)	(2.323)	(3.097)	(3.217)
地区固定	Yes	Yes	Yes	Yes	Yes
时间固定	Yes	Yes	Yes	Yes	Yes
N	1 270	1 270	1 270	1 270	1 270
R^2	0.052	0.066	0.086	0.145	0.157

注：***、**、*分别代表1%、5%、10%的显著性水平；括号内为城市聚类稳健标准误对应的t值。下表同。

此外，其他控制变量的系数显著性和符号也与已有研究基本一致。其中，人力资本（*hum*）前的系数显著为正，表明其对全要素生产率有显著的正向促进作用；经济发展水平前的系数显著为正，其平方项为负值但不显著，与余泳泽等（2019）的结论一致，表明经济发展水平对全要素生产率的影响是非线性的；地区传统金融发展水平（*lnfina*）与全要素生产率正相关；产业结构水平（*inds*）对全要素生产率的影响显著为负，可能是因为随着产业结构不断升级，企业家技术创新的难度会逐步加大，这符合熊彼特增长理论的拖出效应（fishing out effect），越是简单的知识越是容易被发现，即在产业结构较低时技术创新相对容易，此后新的创新机会被发现的难度会越来越大；政府支出规模（*Gov*）与基础设施（*Infra*）前的系数都显著为正，说明地方政府支出规模能够促进地区全要素生产率的提升，这可能是因为近些年政府支出主要集中在公共性投资领域（如基础设施、教育、医疗卫生等），从而提高了地区全要素生产率。

2.内在机制检验

基准回归结果表明，数字普惠金融的发展能够显著促进地区全要素生产率的提高。但上述结果仅是针对"数字普惠金融-全要素生产率"之间的整体影响进行刻画，其中的内在机制尚未展开，因此，需要进一步研究数字普惠金融影响城市全要素生产率的内在机理。对此，本部分将从"数字普惠金融-企业家精神"和"数字普惠金融-全要素生产率各组成部分"两方面进行验证。

（1）数字普惠金融对企业家创新精神与创业精神的影响根据前文的机制分析以及中介模型的设定，选取企业家创新精神与创业精神作为中介传导变量，表8-9是回归结果。其中，第（1）、（2）列分别根据式（8.4）、式（8.5）的模型设定，考察数字普惠金融对企业家创新精神（*lnIE*）与企业家创业精神（*BE*）影响的估计结果[①]，可知数字普惠金融指数（*lndigf*）前的系数都为正值而且显著，说明*lndigf*能显著促进企业家创新与创业精神，这与前文的理论机制分析一致。第（3）、（4）列是

---

① 为消除极端值影响，将企业家创业精神进行1%缩尾处理。

根据模型设定式（8.6）、式（8.7）得到的估计结果，即同时在模型中加入核心解释变量与中介变量。从结果可知，企业家创新精神前的系数显著为正，Sobel检验统计量为2.565，表明中介效应在1%的水平上显著，且中介效应为0.498，占总效应的比重为20.15%，这说明企业家创新精神在数字普惠金融对*TFP*增长率的影响中发挥部分中介效应。同理，企业家创业精神前的系数也显著为正，Sobel检验统计量为2.343，在5%的水平上显著，且中介效应为0.237，占总效应比重为9.588%，说明企业家创业精神在数字普惠金融对*TFP*增长率的影响中也发挥部分中介效应。进一步，采用Bootstrap方法对中介效应进行稳健性检验，所得的置信区间均显著异于0，从而证明中介效应显著。

表8-9　　　　数字普惠金融对全要素生产率的影响机制分析

变量	(1)	(2)	(3)	(4)
	ln*IE*	*BE*	*TFP*	*TFP*
ln*digf*	1.745***	0.618***	1.972***	2.233***
	(9.690)	(4.450)	(2.780)	(3.240)
ln*IE*			0.285***	
			(2.660)	
BE				0.383**
				(2.760)
常数项	−8.932*	−0.750*	9.288**	7.028**
	(−12.150)	(−1.320)	(3.140)	(2.510)
控制变量	Yes	Yes	Yes	Yes
地区固定	Yes	Yes	Yes	Yes
时间固定	Yes	Yes	Yes	Yes
N	1 270	1 177	1 270	1 270
Adj. R^2	0.616	0.066	0.086	0.087
Sobel检验统计量			2.565	2.343
中介效应			0.498	0.237
Bootstrap置信区间			[0.168 0.818]	[0.027 0.477]

（2）数字普惠金融对全要素生产率各组成部分的影响。

根据前文关于全要素生产率的增长率的测算与分解可知，全要素生产率的增长率可分解为技术效率改进（TEC）、技术进步（TC）和规模效率改进（SC）三个组成部分，本节将分别以这三个组成部分作为因变量，考察数字普惠金融发展如何影响全要素生产率，寻找出可能的中间机制。表8-10是数字普惠金融对全要素生产率各组成部分的回归结果，可以发现，数字普惠金融对全要素生产率的促进作用更多地体现在技术进步上（第（3）、（4）列数字普惠金融指数的系数均在5%的水平上显著），而对技术效率改进、规模效率改进的影响均不显著，这说明数字普惠金融的发展主要是通过提高地区技术进步水平促进地区整体效率的提升。

表8-10　　数字普惠金融对全要素生产率各组成部分的影响

变量	(1)	(2)	(3)	(4)	(5)	(6)
	TEC	TEC	TC	TC	SC	SC
ln$digf$	0.014	0.020	0.001**	0.000**	0.007	0.006
	(1.098)	(1.447)	(2.278)	(2.209)	(0.797)	(0.697)
常数项	0.077	0.240***	−0.029***	−0.028***	−0.032	0.043
	(1.162)	(2.645)	(−66.392)	(−24.291)	(−0.717)	(0.663)
控制变量	No	Yes	No	Yes	No	Yes
地区固定	Yes	Yes	Yes	Yes	Yes	Yes
时间固定	Yes	Yes	Yes	Yes	Yes	Yes
N	1 270	1 270	1 270	1 270	1 270	1 270
R^2	0.022	0.085	0.992	0.992	0.027	0.055

3.稳健性回归

本节将采用以下几种方法对基准回归结果进行稳健性检验：一是采用工具变量法和系统GMM回归，尝试处理模型可能存在的内生性问题；二是剔除那些难以观察却又可能对估计结果产生严重影响的因素（直辖市与省会城市特征）；三是更换衡量地方传统金融发展水平的指标。

（1）内生性处理

①工具变量法。由于全要素生产率比较高的地区，数字普惠金融发展水平可能也更高，即两者之间可能存在反向因果关系。同时，尽管已在模型设定中加入很多可能同时影响数字普惠金融和全要素生产率的控制变量，但模型仍可能受到一些不可观测因素的影响，即存在遗漏变量问题，导致模型估计有偏。为有效缓解因反向因果、遗漏变量等所导致的内生性问题，本节将采用工具变量法进行估计。

借鉴谢绚丽等（2018）、唐松等（2020）的研究，选用各省互联网普及率（net_pop）作为数字普惠金融的工具变量，并采用二阶段最小二乘法（2SLS）估计。表8-11第（1）列是一阶段的回归结果，互联网普及率的系数估计值显著为正，表明互联网普及率越高，该地区的数字普惠金融发展水平也越高，从而满足工具变量相关性假定。第（2）列为二阶段的回归结果，数字普惠金融的系数也显著为正，说明在缓解了潜在的内生性问题以后回归结果依然稳健，即数字普惠金融能够显著促进全要素生产率的提升。此外，本节还进行了弱工具变量的检验，F统计量的值为89.04，大于10，且Wald统计量的值为1 449.78，说明工具变量与内生变量相关且不是弱工具变量。

②GMM动态面板分析。由于城市层面的全要素生产率可能具有一定的持续性，即可能存在序列相关。为解决这一问题，本节在基准回归模型中加入全要素生产率的一阶滞后项（L.TFP），通过建立动态面板模型考察数字普惠金融对全要素生产率的影响。同时，考虑到因加入被解释变量滞后一期可能产生的内生性问题，本节采用系统GMM方法进行稳健性分析。表8-11第（3）列汇报了系统GMM的回归结果。lndigf的估计系数在10%的水平上仍显著为正，且Arellano-Bond序列相关检验和Sargan检验的P值均通过，满足系统GMM一致估计的条件。因此，在考虑全要素生产率的序列相关后，数字普惠金融发展对全要素生产率的促进作用仍然显著存在，表明前文估计结果是稳健的。

表8-11 稳健性回归I

变量	工具变量法	工具变量法	系统GMM
	(1)	(2)	(3)
	ln*digf*	*TFP*	*TFP*
net_pop	0.002***		
	(9.280)		
ln*digf*		5.281**	2.468***
		(1.988)	(2.766)
L.TFP			0.086*
			(1.935)
常数项	4.923***	−11.252	61.077***
	(68.22)	(−0.840)	(4.319)
控制变量	Yes	Yes	Yes
地区固定	Yes	Yes	Yes
时间固定	Yes	Yes	Yes
N	1 270	1 270	810
R^2	0.951	0.080	
AR (1)			0.000
AR (2)			0.204
Sargan-P			0.582

（2）剔除特定样本

由于我国直辖市与省会城市在政治地位、经济地位、文化等方面，相较于普通地级市存在显著差异，可能会导致更为严重的反向因果问题。为处理这一问题，本节参照罗煜等（2016）的方法，将直辖市与省会城市这一特定样本剔除，并重新对模型进行回归，结果见表8-12第（1）、（2）列。可以发现，数字普惠金融的系数仍都显著为正，进一步验证了基准研究结论的稳健性。

表8-12   **稳健性回归Ⅱ**

变量	（1）	（2）	（3）	（4）
	剔除特定城市	剔除特定城市	金融市场化指数	金融市场化指数
ln$digf$	2.111**	2.300*	2.054**	2.101*
	（1.988）	（1.936）	（2.135）	（1.955）
常数项	1.404	26.315***	1.724	21.345**
	（0.250）	（2.947）	（0.339）	（2.433）
控制变量	No	Yes	No	Yes
地区固定	Yes	Yes	Yes	Yes
时间固定	Yes	Yes	Yes	Yes
N	1 144	1 143	1 270	1 269
R^2	0.048	0.147	0.052	0.150

（3）更换金融发展指标

由于数字普惠金融发展可能包含当地金融发展的一些信息，这可能会导致回归结果有偏，为了排除这一混杂因素对回归结果的影响，本节已在模型回归中加入反映地区传统金融发展水平的变量。进一步，作为稳健性分析，参照宋敏等（2021）的研究，本节采用樊纲等学者编制的《中国分省市场化指数报告（2018）》中所测算的金融市场化程度指数，来代替传统金融发展程度指标，以衡量城市的金融发展水平。表8-12第（3）、（4）列是更换金融发展指标后的估计结果，可以发现，数字金融普惠指数的系数仍显著为正，说明基准回归结果是稳健的。

8.3 本章小结

有效激发微观主体的创新创业的意愿和能力，提高全要素生产率，是推进中国式现代化建设进而实现经济高质量发展的根本路径。而这一切离不开充足的金融资源作为保障。本章以企业家精神为中介变量，利用我国2011—2016年城市层面数据，通过理论与实证检验数字普惠金融对全要素生产率的影响及其内在机制。研究表明：第一，从总体影响看，数字普惠金融能够促进全要素生产率的提升，推动经济高质量发展，且在控制内生性、更换金融发展指标以及剔除特定样本等一系列稳健性检验以后，结论依旧成立；第二，从影响机制上看，数字普惠金融会通过影响企业家创新精神与创业精神促进全要素生产率提升，且通过中介效应检验发现企业家精神承担了部分中介效应；第三，从内部结构看，数字普惠金融对全要素生产率的促进作用更多地体现在技术进步上。

基于研究结论可得到以下几点政策启示：

第一，政府应鼓励并适度给予数字金融发展的制度空间。研究发现数字普惠金融发展可以降低金融机构与企业主体之间的信息不对称，有效缓和企业融资约束，并改善金融资源信贷配置的扭曲，从而激励企业家开展创新与创业，而这些都有助于提升全要素生产率。同时，数字普惠金融还能够通过增量扩充提高资金供给规模，为企业提供更为丰富的融资方式与途径，并能够凭借科学精准的数据分析工具助力企业家创新创业决策，从而有效提高资源配置的效率。

第二，应持续深化金融供给侧结构性改革，通过科技"赋能"强化信息科技与传统金融的深度融合。传统金融结构存在内部治理不完善和竞争不足等方面原因，导致融资模式与金融供求之间结构不平衡，信贷配置扭曲严重和资源配置呈现低效率，使传统金融难以在服务实体经济过程中发挥应有的作用，严重制约了微观主体创新发展的潜在动力，阻碍全要素生产率的提高。因此，应当通过金融科技"赋能"传统金融，利用大数据、云计算、人工智能等新兴技术缓解资源错配等结构性问题，不断完善内部治理，充分发挥金融科技的技术溢出优势，优化资源配置效率，加速建立多层次、广覆盖、有差别的现代银行体系，从而加强传统金融服务实体经济的功能，促进全要素生产率提高。

第9章 新时代我国企业家精神培育的 原则、目标及政策路径

中国特色社会主义进入新时代，社会主要矛盾已经转化为人民日益增长的美好生活需要和不平衡不充分的发展之间的矛盾。前文理论与实证研究均表明，企业家精神是适应社会主要矛盾变化，实现经济高质量发展的重要因素。新时代要培育和弘扬企业家精神，需要深刻认识和正确把握新时代社会主要矛盾变化，聚焦新目标新征程的使命任务，奋力推进新时代我国经济发展和社会进步。企业家精神作为推动创新的动力引擎，当前该如何培育和弘扬企业家精神呢？中共中央、国务院于2017年发布了《关于营造企业家健康成长环境弘扬优秀企业家精神更好发挥企业家作用的意见》，为弘扬企业家精神指明了方向。习近平总书记也一直重视企业家精神的弘扬。从2014年11月在亚太经合组织工商领导人峰会上的讲话，到2020年7月在京主持企业家座谈会上的讲话，再到2023年3月看望民建工商联界委员时的讲话，习近平总书记全面阐述了新时代企业家精神的内涵及培育要求。2023年7月，《中共中央 国务院关于促进民营经济发展壮大的意见》（以下简称"意见"）发布，指出要培育和弘扬企业家精神，全面贯彻信任、团结、服

务、引导、教育的方针,用务实举措稳定人心、鼓舞人心、凝聚人心,引导民营经济人士弘扬企业家精神。这一系列重要纲领性文件,从新时期国家发展战略的高度对企业家精神及其培育提出了总体要求和方向举措。

但是,新时代企业家精神的培育是一个系统工程,并非短时间就能够完成的,需要完善企业家精神培育的顶层设计,依据一定的原则标准和目标导向,并结合我国经济社会现实、历史文化传统、企业经营实际等进行综合研判。本章将主要介绍新时代我国企业家精神培育的基本原则、目标以及实施路径。

9.1 新时代我国企业家精神培育的基本原则

党的二十大报告指出,"完善中国特色现代企业制度,弘扬企业家精神,加快建设世界一流企业",这是新时代新征程党中央根据新时期的责任使命做出的重要安排,为推进中国式现代建设中培育企业家精神提供了方向指引。2023 年 7 月,《中共中央 国务院关于促进民营经济发展壮大的意见》指出:"民营经济是推进中国式现代化的生力军,是高质量发展的重要基础……应培育和弘扬企业家精神。"企业家精神是企业的灵魂,其背后凝结着观念、经验、智慧、信心等要素。培育和弘扬企业家精神,就是要把强大的思想政治优势转化为经济效益优势。因此,培育和弘扬企业家精神对于推动经济高质量发展至关重要。那么,新时期背景下培育和弘扬企业家精神应当遵循什么原则呢?本书认为,应当以习近平新时代中国特色社会主义思想为指导,深入贯彻党的二十大精神,坚持一般性与特殊性、顶层设计与实践探索、整体与分类相结合的原则,加快营造适宜企业家精神成长的市场化、法治化、国际化的营商环境,依法保护企业家尤其是民营企业家的合法权益,构建亲清政商关系,促进企业家精神的培育和有效发挥。

9.1.1 坚持一般性和特殊性相结合

新时代发展呼唤新时代的企业家精神。随着我国进入中国特色社会主义新时代，培育和弘扬企业家精神，不仅应当遵循企业家精神的一般属性，还应当充分结合新时代对企业家精神发展提出的新要求，将企业家精神与新时代国家、民族发展等特殊时代条件相结合，坚持稳中求进的工作总基调，准确全面贯彻新发展理念，加快构建新发展格局，在一般性和特殊性融会统一的背景下培育和弘扬企业家精神。

坚持一般性和特殊性相互统一的原则，必须综合考虑企业家精神的内涵与功能。首先，企业家承担市场机会的发现、组织生产、创新以及最终决策的职责，即企业家是市场机会发现者、组织者、创新者以及最终决策者，这是企业家精神的共同属性。作为市场机会发现者时，企业家能够凭借其自身拥有的知识和警觉性，识别市场中潜在的不均衡并实现套利，从而推动经济朝着均衡方向发展。作为组织者时，企业家要利用所发现的市场机会组织各种生产要素进行生产，因为生产要素本身并非生产力，需要企业家按照一定的规则将它们组织起来转变为现实生产力。同时，企业家组织职能是通过资本创造和资源调配实现的，企业家实际上创造了一种新的组织制度。作为创新者时，企业家需要对市场、技术、管理等各环节进行思考，通过利润动机、需求引力和竞争对手压力等动力机制，将各种生产要素和生产条件组合起来形成一种全新的"组合"并引入生产体系，最终实现技术创新、市场创新、管理创新等。在这一过程中，企业家的创新意识、冒险精神、执行能力等得到充分体现。在经济高质量发展的新时代，企业家的创新品质愈发珍贵与重要，是创新型国家建设的重要因素。作为最终决策者，企业家在组织和创新前需要完成决策，这是企业家的一项基本任务。面对企业各部门纷杂错乱的信息与数据，企业家要能够进行有效筛选，并据此制定决策，以决定企业当前与未来的发展战略与规划。比如从事何种产品生产？投资何种项目？采用哪种技术等。在这一过程中，企业家需要具备较强的责任担当能力，能够准确判断出问题、积极听取意见、果断做出决策。这些共同属性，能够清晰地反映企业家应当具备的素质、观念和能力，并给企业家精神的培育提供了方向。

其次，企业家尤其是民营企业家还应当成为新时代中国特色社会主义建设的重要参与者。《意见》指出"民营经济是推进中国式现代化的生力军，是经济高质量发展的重要基础，是推动我国全面建成社会主义现代化强国、实现第二个百年奋斗目标的重要力量。"要构建高水平社会主义市场经济体制，需要持续优化稳定、公平、可预期的市场发展环境，充分激发企业家精神的生机与活力。在全面贯彻新发展理念，加快构建新发展格局的历史新征程中，企业家尤其是民营企业家是推动经济高质量发展的重要力量。2023年3月，习近平总书记在看望参加政协会议的民建工商联界委员时强调："始终把民营企业和民营企业家当作自己人。民营企业和民营企业家要筑牢依法合规经营底线，弘扬优秀企业家精神，做爱国敬业、守法经营、创业创新、回报社会的典范。"这是习近平总书记对新时代企业家群体应具有的共同特征进行的高度概括，是对企业家在经营、管理企业过程中价值观念、自身素质、思维模式以及行为规范的总体要求，充分体现了当前的时代特征和民族特色，是以"爱国敬业、遵纪守法、创新发展、追求卓越、服务社会"为主要内容的优秀精神品质。为更好地培育和弘扬企业家精神，应当从以下两方面着手：一方面，从企业自身视角，要大胆创新，在观念、组织、技术、管理等方面创新，不仅要善于发现不平衡，而且要积极创造不平衡，为推动国民经济发展做出更多贡献；另一方面，从企业外部环境视角，应当重视企业家价值、弘扬企业家文化、引导企业家创新、提供激发企业家价值的良好社会环境。因此，新时期应从企业家自身和外部环境两方面，培育和弘扬企业家精神，促使企业家成为推进中国式现代化建设的重要参与者。

总之，在中国特色社会主义新时代进行企业家精神的培育，必须坚持一般性和特殊性相互统一的原则，即不仅要遵循企业家精神的一般属性，更要将其与新时代经济高质量发展阶段的要求相结合，将企业家基本素质与发展要求作为基本出发点，塑造和培育出富有中国特色、顺应时代潮流的优秀企业家精神。

9.1.2　坚持顶层设计与实践探索相结合

习近平总书记在学习贯彻党的二十大精神研讨班的开班式上指出，"推进中国式现代化是一个系统工程，需要统筹兼顾、系统谋划、整体推进，正确处理好顶层设计与实践探索、战略与策略、守正与创新、效率与公平、活力与秩序、自立自强与对外开放等一系列重大关系"。其中，顶层设计与实践探索的关系居于首位，不仅关系到我国改革开放的大局，而且关系到中国式现代化建设能否顺利推进的全局，两者是辩证统一的关系。顶层设计并非凭空臆断，不是脱离实际的教条和戒律，而是建立在大量实地调研和实践经验基础上的，高屋建瓴、统揽全局，通过提炼总结各阶段经验形成的科学路线与方针；实践探索是在顶层设计指导下的具体行动，为顶层设计提供现实支撑与实践检验，是实事求是，一切从实际出发，解决新问题新挑战的方法路径。在新时代培育优秀企业家精神，既要通过科学的顶层设计引领实践探索，也要不断汲取实践探索的经验完善顶层设计，实现顶层设计与实践探索的良性互动、相得益彰。

顶层设计关乎实践探索的理念、目标、方向与实施路径（郑功成，2023）。古语有云："不谋万世者，不足谋一时；不谋全局者，不足谋一域。"假如没有科学的顶层设计指引，实践探索就将在迷雾中前行，各个环节或子系统之间很难自动实现协调统一，顾此失彼或者厚此薄彼将在所难免，并由此导致整个经济社会发展的失衡。同时，由于缺少统筹安排，不可避免地会产生局部突进，并导致发展的不平衡，发生"木桶效应"，从而制约整体质量的提升。因此，科学的顶层设计是保证党和国家各项事业顺利进行的重要举措，是新时代培育企业家精神的根本途径。既要登高望远，又要立足基层实践。只有在遵循经济社会发展一般规律的基础上，深刻把握发展趋势，使顶层设计体现时代性、富有创造性，即更加富有特色、符合国情，才能够更好地指导实践探索，团结带领全国人民沿着中国式现代化的道路，实现中华民族伟大复兴。新中国成立以来，我国取得的一系列辉煌成就，就是在顶层设计中，始终坚持中国共产党领导，坚持走中国特色社会主义道路，坚持以人民为中心的发展思想，坚持中国特色社会主义的根本制度、基本制度、重要制度，坚持统筹谋划国家发展大局等。

实践探索是实现阶段性目标的具体行动。一方面，实践探索为顶层设计供给实践的营养。如果没有大胆创新的实践探索，顶层设计只能是乌托邦式的空想；有了契合顶层设计的实践探索，顶层设计才能源于实践又高于实践，扎根中国大地，做到因地制宜，才能对实践发展做出科学引领，上下贯通、内容协调，并将蓝图变成现实。习近平总书记深刻指出，"摸着石头过河，是富有中国特色、符合中国国情的改革方法"。中国特色社会主义道路，正是在遵循顶层设计下的摸着石头过河，并在这种实践探索中持续不断取得成功。新时代企业家精神的培育作为改革创新实践的重要组成部分，同样需要实践探索才能达到预期目标。另一方面，实践探索检验并完善顶层设计。中国特色社会主义的建设，没有现成可用的剧本，只能抱着摸着石头过河的态度不断探索创新。在这一过程中，既要始终把握顶层设计的发展方向和目标，又要根据实践发展的具体实际，灵活调整并不断优化与完善顶层设计。在国际形势风云变幻，国内经济形势日益严峻的条件下，培育和弘扬企业家精神是一个十分复杂的系统工程，是一个长期性的过程。为此，应以科学的顶层设计推进各阶段的实践探索，并坚持理论与实践创新、实事求是、与时俱进，从具体实践中获得真知、总结经验、规律和方法，并以实践探索不断完善顶层设计，确保企业家精神的培育能够朝着既定目标、沿着正确路径稳步前进。

纵观新中国成立以来的发展过程，坚持顶层设计与实践探索的辩证统一，是中国特色的实践方法，也是我国社会主义现代化建设积累的宝贵经验。首先，在新中国成立初期，以毛泽东同志为主要代表的中国共产党人，根据长期革命斗争实践积累下的经验教训，吸收并结合各国社会制度的特点，制定了建设社会主义制度的目标及其政策体系，并对推进工业化建设、"四个现代化"、两步走战略等宏伟蓝图进行了顶层设计。同时，积极开展社会主义建设的实践探索，并高度重视总结现代化建设中的实践经验，从而构建了较为完整的工业体系，为初期的中国式现代化建设奠定了物质基础和实践经验。其次，改革开放以来，以邓小平同志为主要代表的中国共产党人，根据国际国内形势的变化，提出和平与发展这一时代主题，确立了以经济建设为中心发展战略，创造性地提出了"三步走"战略，这是对中国式现代化建设进行的第二阶段顶层设计，为我国现代化建设指明了方向。这一时期，顶层设计与实践探索实现了良性互动、相互配合，全国各地区各领域都进行了大胆的实践探索，人民的创造性得到较为充分的发挥，产生了一大批敢于创新、有胆识、有魄力的实践者。通过将经过实践检验的有效"试验"制度化，中国式现代化建设的目标、方向与路径日益清晰，经济发展和人民生活水平不断提高，成功确立了社会主义所有制形式、社会主义分配制度、社会主义市场经济体制等社会主义基本经济制度，并由此带来了长达40多年的经济高速增长，综合国力显著增强，逐渐跃升为世界第二大经济体。再次，党的十八大以来，中国特色社会主义进入新时代，以习近平同志为核心的党中央，不断推进现代化理论与实践创新，提出科教兴国战略、人才强国战略、脱贫攻坚战略等系列顶层设计，并通过全面深化改革不断完善中国特色社会主义制度、推进国家治理体系和治理能力现代化，形成了体现中国特色、本质要求和重大原则的现代化理论，构建了中国式现代化的理论体系（吴肇光，2023），为推进中国式现代化建设做出了非常系统全面的顶层设计。党的二十大报告提出的"两步走战略"，为从当前至2050年的实践探索描绘了较为清晰的蓝图，从而保证了改革实践的连贯性和持续性，为扎实推进中国式现代化建设实践提供了行动指南。同时，在科学顶层设计下，各种改革实践纷纷落地，取得了一系列标志性成果，中国式现代化建设开始朝着扎实推进共同富裕的新境界迈进。因此，我国社会主义现代化建设所积累的一条宝贵经验，就是坚持顶层设计与实践探索的辩证统一。

按照顶层设计与实践探索辩证统一的原则，可将企业家精神的培育置于纵向的时间维度来分析，妥善处理好顶层设计与实践探索的关系。长期来看，要将培育企业家精神置于经济高质量发展、中国式现代化建设与推进全体人民共同富裕的大背景下，充分认识与理解新时代企业家精神的培育是一项长期事业，需要顶层设计进行科学规划；同时，从短期来看，结合当前经济社会发展现状，考虑当前社会主要矛盾的变化，着眼于当下的阶段性目标，聚焦于每个阶段的实践探索。因此，培育和弘扬企业家精神，发挥企业家在推进中国式现代化建设中的生力军作用，应坚持中国共产党的领导，加强爱国主义教育，增强企业家的爱国情怀；应着力构建依法保护企业家合法权益的法治环境、促进企业家公平竞争诚信经营的市场环境、尊重和激励企业家创新创业的社会氛围，鼓励企业家勇于创新；应引导企业家诚信守法，树立法治意识，坚守契约精神，并主动承担社会责任；应抓住国际国内"双循环"发展契机，勇于探索并不断开拓国际市场。只有坚持顶层设计与实践探索相结合，即不仅需要立足于长远的顶层设计，也需要着眼于当下的具体实践，在持续完善顶层设计与全方位履行实践探索上协同发力，才能不断激发企业家创新活力与创造潜能，培育并发挥企业家精神在推动经济高质量发展中的重要作用。

9.1.3 坚持整体与分类相结合

坚持整体与分类相结合，就是要将整体推进与重点突破协调统一，这是辩证唯物主义两点论与重点论的具体应用。根据辩证唯物主义观点，世界总是充满矛盾且矛盾总是普遍存在的。同样地，培育企业家精神不能只考虑某点或某个方面，而应当从政治、经济等多方面进行综合研判，将企业家精神的培育置于全面深化改革过程中，从整体上综合考虑与实施。首先，在政治方面，对于国有企业而言，应加强党组织职能与公司治理职能的有机融合，贯彻落实民主集中制度、巩固和提高职工代表大会的地位与职能等；对于民营企业而言，应逐步健全民营企业家思想政治建设机制，探索创新民营企业党建工作形式。规范政治安排，完善相关评价体制，提高民营企业家参政议政的功能等。其次，在经济方面，完善所有制、分配制度等制度安排，进一步激发企业家创新创业的积极性，逐步完善健全收入调节机制。相对于国有企业，民营企业在发展环境（比如，市场准入、公平竞争制度、社会信用约束等）、政策支持力度（金融支持政策、用工需求保障等）、法治保障（企业产权、企业家权益、知识产权保护等）、民营企业家队伍建设等诸多方面仍存在进一步改进优化空间等。

上述这些问题，既有制度层面的，也有机制层面的，纷繁复杂、相互作用，之所以要在培育企业家精神的过程中强调它们，是因为它们是制约企业家精神培育的关键。要想解决这些问题，必须采用科学的方法，从主要矛盾出发，针对其中的重点难点进行突破，唯有找出其中的"牛鼻子",才能如愿破题。随着我国改革逐渐步入深水区与攻坚期,改革所面临的问题更加复杂、更加棘手,且这些问题之间关联度较高,容易牵一发而动全身,需要各相关利益方相互配合,这就需要从整体上进行协调统一,全面地、系统性地推进改革,形成合力,最终实现"1+1>2"的效果。

虽然新时代企业家群体首先是一个整体概念,但针对我国所有制性质、企业规模大小等特征,可以将企业家分为不同的类型,并根据企业家类型分别进行针对性的分析。也就是说,新时代培育企业家精神不仅要注重企业家的整体诉求,同时还要根据企业家类型分类进行差异化研究。因此,坚持整体与分类相结合的原则,一方面,从整体上要根据企业家群体的共同特征与发展方向,制定出企业家精神培育的整体要求。值得注意的是,这里的整体性更加强调全面性、系统性,与前面的一般性原则不同,强调从共性特征出发。另一方面,根据不同标准可以进行不同的分类,从而更加具体地、有针对性地进行企业家精神的培育。目前,采用比较多的分类是根据所有制形式,将企业家分为国有企业家和民营企业家,并分别根据其各自不同特点与作用研究企业家精神的培育与发挥。因此,本节也将沿用此分类方法进行分析。

国有企业作为国民经济的主体,要执行国家计划经济政策,担负国家经济管理(调节社会经济)的职能,是推动国民经济发展、维护人民切身利益的重要力量,是我们党和国家事业发展的重要物质基础和政治基础。在社会主义市场经济条件下,国有企业作为自主经营、自负盈亏的经济实体,其最终目标是在中国共产党的领导下实现共产主义,并非以营利为终极目的。因此,国有企业是一种特殊企业,国有企业家精神的培育也具有特殊性。作为国民经济的主导,国有企业承担自身发展与调节经济运行的双重目标,决定了国有企业家精神的培育不仅要有较强的企业经营能力,同时要注重与加强党对企业的领导相结合,为国有企业提供坚强有力的政治保证、组织保证和人才支撑[①]。国企改革目标对国有企业家精神的培育内容进行了概括:"培育大批德才兼备、擅长经

① 中共中央,国务院.关于深化国有企业改革的指导意见[M].北京:人民出版社,2015:4-5.

营、充满热情的优秀企业家，打造一批有着创新能力与国际竞争力的国有骨干企业。"那么，该如何培育国有企业家精神呢？《中共中央 国务院关于深化国有企业改革的指导意见》指出，关于国有企业家精神培育的方法，应是进一步增强国企领导班子与人才队伍的建设，增强忠诚意识，开拓世界视域，提升战略思维，加强创新能力，培养优秀品行，推进企业家队伍建设，使其作用充分得到落实。通过对国有企业家精神的培育，国有企业在国民经济各领域中的作用更好地得到提升，使其做大做强。

民营企业是我国技术创新的主体，在国民经济发展中具有重要作用。国家市场监督管理总局统计数据显示，截至2023年5月底，我国登记注册的民营企业超5 000万户，较2012年底（1 085.7万户）增长了3.7倍，民营企业在企业中占比由79.4%增至92.4%。民营企业在国民经济中的作用不断提升，已成为我国社会经济发展不可或缺的重要组成部分。2023年7月，《中共中央 国务院关于促进民营经济发展壮大的意见》指出："民营经济是推进中国式现代化的生力军，是高质量发展的重要基础，是推动我国全面建成社会主义现代化强国、实现第二个百年奋斗目标的重要力量。"同时，给出了新时代培育和弘扬企业家精神的方向与要求："应引导民营企业家增强爱国情怀、勇于创新、诚信守法、承担社会责任、拓展国际视野，敢闯敢干，不断激发创新活力和创造潜能。发挥优秀企业家示范带动作用，按规定加大评选表彰力度，在民营经济中大力培育企业家精神，及时总结推广富有中国特色、顺应时代潮流的企业家成长经验。"正是因为民营企业在促进创新、吸纳就业、增加税收等方面发挥重要作用，民营企业家精神的培育与有效发挥才至关重要。一方面，民营企业家要充分认识自身所肩负的责任，增强爱国情怀，强化社会责任担当，合法经营，创造更多的经济和社会效益；另一方面，要增强市场经济主体责任。在我国，民营企业是市场经济的主体，政府是市场规则的制定者、公平的维护者以及公共服务的提供者。企业家要将企业生存与发展根植于市场，树立诚实守信、合法经营的理念，构建亲清政商关系和良好法治环境，将精力全部转向生产性活动而非寻租等非生产性活动中，净化营商环境

（何平，2020）。通过继承与发展民营企业和民营企业家精神，民营经济不断发展壮大。

综上，应坚持整体与分类相统一的原则，将整体推进与重点突破协调统一，提炼企业家精神培育的焦点与难点问题，并按照不同标准进行分类，从而制定出更加有针对性的政策举措，不断弘扬企业家精神。

9.2 新时代我国企业家精神培育的目标导向

纵观当今国内外局势，世界正面临着百年未有之大变局，中国特色社会主义进入新时代，面临全面建设社会主义现代化国家的重要任务。党的二十大报告指出，"完善中国特色现代企业制度，弘扬企业家精神，加快建设世界一流企业"。这是新时代新征程党中央根据新时期的使命责任做出的重要安排，为推进中国式现代化建设中培育企业家精神提供了方向指引。为此，培育企业家精神必然要树立良好的目标导向。

9.2.1 秉承历史方位与时代站位

培育企业家精神需要植根于中华民族 5 000 多年悠久的历史、站在新时代新征程的高度，综合历史方位和时代站位，充分利用创造性转化与创新性发展两大法宝，扎根中华文明的永恒魅力和当代价值精神，以史为鉴、述往思来，从历史性与时代性相结合的视角思考企业家精神培育的目标导向。

首先，新时代的企业家精神要根植于中华文明史。中华民族在长达 5 000 多年的发展演变过程中，有所坚守而又通达，虽兴衰罔替但从未中断，显示出强大的生命力，包含了超越时空的中国智慧经验。从历史的肥沃土壤中汲取养分培养智慧和眼光，能够帮助我们科学认知、准确把握和正确解决当前问题，这就是通常意义上的历史意识和文化自觉。若要科学概括新时代我国企业家精神培育的目标导向，就必须将企业家精神置身于中国特色社会主义的历史方位之中，借助这种历史意识和文化自觉来分析问题、做出决策和预判方向。例如，我国传统文化中"重人轻物"的理念有助于企业家充分调动人的积极性，形成融洽的劳资关系;"贵义贱利"的规范有助于企业家在追求利润的同时注重道义对企业行为的约束,形成健康向上的商业生态;"强能有所守"有助于提醒企业家要信守承诺、讲究诚信、童叟无欺,养成诚实守信的商业文化,诚信是新时代企业家的立身之本,企业家的诚信是社会诚信体系的核心环节;"家国天下"的情怀是中国固有商业文化的高扬旗帜,从春秋时的弦高退秦师、西汉时的卜式捐家财,到近代民族危亡关头,爱国商人张謇、范旭东、卢作孚等的"实业救国""实业报国",均表明企业家将自身发展与国家、民族和人民利益紧密结合的精神。因此,源自西方的现代企业文化只有扎根中华文明,并与我国传统文化有机融合,才能在中国这片土地上生根发芽,为解决人类问题贡献中国智慧和中国方案。

其次,新时代中国企业家精神具有鲜明时代特色。除了扎根中华文明的历史方位以外,还需要紧跟时代发展需要,与时代潮流相融合,提高时代站位。中国特色社会主义进入新时代,在迈向新征程的重要阶段,包含企业家精神建设在内的各项建设事业将迎来新的更大变化。党的十八大以来,在以习近平同志为核心的党中央坚强领导下,提出并贯彻新发展理念,着力推进经济高质量发展,推进一系列变革性实践,取得了一系列突破进展,经济实力实现历史性跃升,我国迈进了全面建设社会主义现代化的新征程。党的二十大报告总结了我国过去五年和新时代十年的伟大变革,提出新时代新征程中国共产党的中心任务是以中国式现代化全面推进中华民族伟大复兴,未来五年是全面建设社会主义现代化国家开局起步的关键时期。在这一关键的十字路口,全面深化改革是破解当前发展面临一系列矛盾和挑战的关键,要坚持以推动经济高质量发展为主题,紧扣社会主义市场经济体制改革方向,将企业家精神培育成为中华民族走向伟大复兴征途中的一支重要力量。因此,新时代新征程上经济社会的新发展,呼唤与之呼应的企业家精神。长江后浪推前浪,培养新一代年轻企业家是关乎经济社会发展未来的重大战略课题,为此,国家制定了一系列方针政策,为企业家培育吹响了鼓舞斗志、催人奋进的号角。企业家应该积极践行新时代企业家精神,聚焦新目标,开启新征程,承担新使命,在新的时代站位上锚定目标导向,奋力推进新时代中国经济的发展和社会的进步。

9.2.2 坚定理想信念与求真务实

前面提到培育企业家精神要根植于中华优秀传统文化，充分运用好创造性转化和创新性发展两大法宝。党的二十大报告指出："马克思主义是我们立党立国、兴党兴国的根本指导思想……只有把马克思主义基本原理同中国具体实际相结合、同中华优秀传统文化相结合，坚持运用辩证唯物主义和历史唯物主义，才能正确回答时代和实践提出的重大问题，才能始终保持马克思主义的蓬勃生机和旺盛活力。"可见，马克思主义中国化正是创造性转化和创新性发展的成功应用。而根植于中华优秀传统文化，站立在新时代的中国特色社会主义的企业家精神，必须将坚持马克思主义的立场、观点和方法贯穿于其自身的培育过程之中，充分体现其对马克思主义理论的信仰和践行。为此，需要正确看待马克思主义理论与中华传统文化两者之间的辩证关系，即马克思主义中国化离不开中华传统文化的哺育与滋养，传统文化要焕发新生同样离不开马克思主义理论与方法作指导。实践与理论创新没有止境，只有坚持辩证唯物主义和历史唯物主义方法，将中华传统文化与时俱进，才能为新时代培育企业家精神导航定向。

党的二十大报告指出："中国特色社会主义为什么好，归根到底是马克思主义行，是中国化时代化的马克思主义行"。实践结果充分表明，社会主义市场经济体制的建立就是坚持马克思主义理想信念的丰硕成果，这也必将会是影响企业家精神培育的目标导向。新时代企业家精神要体现社会主义市场经济的主体责任，将企业生存与发展扎根于市场，摒弃"背靠政府好乘凉"的经营理念；同时，企业家与政府间应致力于建立"亲""清"的新型政商关系，创新政企互动机制，构建良好的营商环境；进一步，中国特色社会主义法治建设，要求企业家应更多地依靠法律武器来保护自身合法权益，积极推动并完善公平竞争的法治环境。坚持马克思主义理论的理想信念，是指导新时代企业家精神培育的目标导航。

实践是检验真理的唯一标准，坚持推进实践基础上的理论创新，是马克思主义的重要思想内涵。新时代培育企业家精神，就是要坚持对马克思主义的坚定信仰、对中国特色社会主义的坚定信念，以习近平新时代中国特色社会主义思想为指导，坚持求真务实的品格，一切从实际出发，既不能躺在以往的功劳簿上沾沾自喜，割裂历史空谈过往之成就，又不能被历史羁绊而束手束脚，停滞不前；既不迷信所谓的西方"教师爷经典"、也不妄自尊大盲目排外，而是要善于总结实践探索过程中的经验教训，坚持实事求是，坚定"四个自信"，不惧怕并能够积极应对各种风险挑战，形成敢为天下先的优秀企业家精神。改革开放40多年的实践充分证明，只有坚持求真务实的优良品格，中华民族伟大复兴的重任才能取得成功，这对于新时代培育企业家精神具有重要的指导意义。

9.2.3　兼具家国情怀与国际视野

自古以来，家国情怀就是我国商业文化的优秀旗帜。从春秋时的弦高退秦军、西汉时的卜式捐家财，到近代民族危亡之际，爱国商人张謇、范旭东等的"实业救国"，我国历史上企业家报效国家、毁家纾难的感人壮举，举不胜举，已经积累成爱国主义的深厚文化土壤。爱国主义是与时俱进的。不同于西方理论所倡导的个人主义和利己主义，单独追求个人利润的动机，新中国成立以来，我国广大企业家不计个人得失，始终将自我价值与社会价值相统一，即在充分肯定企业家个人利益、企业微观利益的同时，引导企业家把企业利益与国家、民族、社会利益紧密结合起来。习近平总书记强调："当代中国，爱国主义的本质就是坚持爱国和爱党、爱社会主义高度统一。"中国共产党爱国救民的英雄事迹和璀璨功绩，已成为新时代企业家爱国主义精神的营养宝库。党的十八大提出积极培育和践行社会主义核心价值观，其中"爱国、敬业、诚信"是公民的基本道德规范，更是企业家必须恪守的行动指南。因此，作为社会主义核心价值体系的重要组成部分，新时代培育企业家精神必然要与社会主义核心价值观保持一致，这不仅使爱国主义传统得到自然延续，也使企业家精神在新时代得以继续发扬和升华。

新时代企业家精神要富有国际视野。当今世界面临百年未有之大变局，国内外形势依然复杂多变，单边主义、保护主义盛行、贸易摩擦升级等，加之我国始终坚持深层次改革开放战略，并倡导积极融入世界经济体系参与国际竞争，将国际视野作为企业家精神培育的范畴具有必然性。当前，随着我国经济进入高质量发展阶段，经济增长模式已由要素驱动转向创新驱动，全球产业链与价值链也面临重构与变革，这对新时代企业家精神的培育提出了新的机遇和挑战。

创新作为经济高质量发展的根本动力，同时也是企业家精神的灵魂。前文已经论证过创新实质上是以企业家为主体的，而不是科学家或发明家，是企业家运用其理性思维能力，将科技发明成果与生产要素进行整合转变为现实生产力，从而促进经济发展的。新时代培育企业家精神，是促使新旧动能转换，实现经济社会健康高质量发展的题中应有之义，是正确处理政府与市场关系，推进供给侧结构性改革的必由之路和关键环节。国内外严峻形势的变化要求企业家加强创新，因为创新是企业的核心竞争力，且具有较强的正外部性，从技术创新到产品创新、市场创新、组织形式创新等，不仅能够提升企业自身价值，而且也能够促进经济社会发展；国内外形势变化要求企业家抢占高端科技的制高点，以更深度的全球化进行产业链和资源整合融合，弥补我国企业在产业链中的短板和不足，从而提升我国在全球产业链中的地位；国内外形势变化要求企业家应富有国际视野，熟悉国际规则，能够把握国际市场动向和需求特点，积极参与国际竞争，促进国内国际双循环，并为人类商业文明的新发展贡献中国元素。因此，新时代培育企业家精神也应当将国际视野作为目标导向。

9.2.4 保持民族自信与海纳百川

作为人类文明史上唯一没有中断的民族，中华民族薪火相传、生生不息，至今仍屹立在世界之巅。而造就中华文明长久不衰的正是中华文明的精神内核：中华民族独有的民族自信与海纳百川的包容品格。推进中国式现代化建设、经济高质量发展、实现中华民族伟大复兴都离不开这种民族气质所给予的动力与价值。在全球一体化背景下，世界不同文化之间的交流日益频繁，西方文化仍然主导世界舆论，各国文化在交流过程中也存在矛盾交锋，为保持中华民族文化的独特性和传承性，需要依靠民族自信直面西方文化侵蚀，用海纳百川的包容取长补短，实现中西方文明交流互鉴。

新时代培育企业家精神必须扎根中华民族优秀文化，坚持民族自信、发扬民族气质、展现民族精神。纵观中国特色社会主义的发展之路，就是坚持自信自强、守正创新，就是在中国共产党的领导下，坚持历史自信、增强历史主动，不断谱写出社会主义现代化绚丽篇章的创新过程。这种改革创新的精神从一个民族表现出来，就是民族自信的外在表现。将这种勇于改革创新的民族气质贯彻到社会主义现代化建设之中，社会主义建设取得了一系列伟大成就；同时，实现这些伟大成就所积累的经验又反过来进一步丰富了改革创新的民族气质，在理论创新中实现自我发展和完善，并用于指导实践过程，从而不断谱写马克思主义中国化时代化的新篇章。这一过程就是实践基础上的理论创新，我国的改革开放就是一场伟大的理论与实践创新。因为理论创新没有止境，将这种创新同时表现在理论与实践两方面，必须保持民族自信。进一步，理论创新和实践创新成果都需要通过制度来加以提炼与总结，从而形成制度创新。同样地，制度创新也必须有制度自信。在民族自信的影响下，全国人民始终坚信在中国共产党的带领下，全面建成社会主义现代化强国、实现第二个百年奋斗目标一定能够达成。因此，新时代企业家精神的培育也必须将自信的民族气质作为目标导向，并贯穿于全过程，以培育出新时代充满民族自信的优秀企业家。

除了自信的民族气质之外，中华文明源远流长同样离不开海纳百川的民族品格。海纳百川的民族品格是指，中华民族拥有包容世界一切先进文明的眼光和胸怀，善于将自身文明与世界其他文明相结合，并能够汲取人类其他文明的先进成果养分，不断发展壮大自己。纵观人类社会的发展历史，推行改革开放的国家比比皆是，但能够在对内改革中不否定自我、对外开放中不迷失自我，并取得辉煌成就的，寥寥无几。这不仅得益于中华民族改革创新的精神，更离不开强大的民族自信，以及由民族自信所催生出的兼容并包、海纳百川的民族品格。中华民族虽然注重民族特性，但并不排斥甚至善于吸收其他先进文明成果，通过批判、借鉴、吸收与升华将其中国化，从而转化为更为符合我国民族特性的品质，为中华文明延续持续提供新鲜养分。同时，兼容并包的民族特性，不仅为解决自身发展问题提供实践经验，也为解决世界性问题提供了可能的中国智慧与中国方案。正如党的二十大报告指出的，"我们党立志于中华民族千秋伟业，致力于人类和平与发展崇高事业，责任无比重大，使命无上光荣"。改革开放以来，我国始终坚持兼容并包的宗旨，毫不动摇地坚持中国特色社会主义建设，积极融入世界经济体系，为构建人类共同发展做出自己的贡献。党的二十大报告提出的中国式现代化也为人类现代化提供了新的更多选择，尤其是对于发展中国家而言，为解决人类面临的共同问题提供更多更好的中国智慧、中国方案、中国力量。因此，海纳百川的包容品格应当成为新时代企业家精神培育的目标导向，将民族性与世界性相统一，不断加强中华民族与其他先进文明成果的交流融合。

9.3 新时代我国企业家精神培育的政策路径

建设创新型国家和推进中国式现代化，离不开一支世界水准的中国企业家队伍。培育、激发和壮大企业家队伍，弘扬优秀企业家精神，促进我国企业家队伍健康成长，让企业家精神竞相迸发，是实现我国经济高质量发展的重要保障。前文研究表明，企业家精神能够破解当前供求双侧面临的结构性矛盾，是推动中国式现代化建设、实现经济高质量发展的关键要素。因此，培育和弘扬企业家精神是今后一段时间必须长期坚持的重要战略。本书认为，新时代培育企业家精神的政策路径包括：践行社会主义核心价值观；优化企业家精神培育制度环境；拥抱科学思维重视企业家能力培养。

9.3.1 践行社会主义核心价值观

党的十八大提出要积极培育和践行社会主义核心价值观。"倡导富强、民主、文明、和谐，倡导自由、平等、公正、法治，倡导爱国、敬业、诚信、友善，积极培育社会主义核心价值观"，党的十八大报告仅用短短 24 个字，就从国家、社会、公民三个层面概括了社会主义核心价值观，并以此作为新时代全体国民的共同价值准则与追求。党的二十大报告进一步提出广泛践行社会主义核心价值观，还指出要"深入开展社会主义核心价值观宣传教育，深化爱国主义、集体主义、社会主义教育，着力培养担当民族复兴大任的时代新人"。时代新人是引领未来社会发展的生力军，时代新人是新时代中国特色社会主义的建设者、人类文明新形态的创造者。站在新的历史方位，新时代新征程需要时代新人赓续奋斗。那么，如何理解时代新人的重要论述？该如何培育时代新人？这和新时代企业家精神的培育又有何种关系？如何理解培育企业家精神与践行社会主义核心价值观的关系？

1.践行社会主义核心价值观是培养时代新人的根本要求

时代新人是一个历史性与时代性的范畴，不仅是从哲学视角对"人是什么"的解读，而且是从理论上对社会主义"新人"的重塑，更包含对马克思主义关于"现实的人""总体的人""真实的人"等概念的时代拓展和现实表达（黄建军，2022）。在当今中国，时代新人与马克思理论塑造的社会主义新人要求高度一致，是新时代对社会主义新人的话语塑造和现实阐述，具有鲜明的时代特点。时代新人应坚定对共产主义的信仰、对中国特色社会主义的信念，这是时代新人的信仰标志；要注重德智体美劳全面发展，这是对时代新人的素质要求；要敢于担当民族复兴的使命；要增强志气、骨气和底气的精神气质；要富有国际视野和拥抱世界的情怀。

那么，该如何培育时代新人？社会主义核心价值观为如何培养时代新人指明了行动方向与实施准则。时代新人的培育本质在于引导思想，塑造灵魂，强化实践养成。其关键手段是教育引导、实践培养和制度保障，充分践行并发挥社会主义核心价值观的重要指导作用，帮助人们塑造正确的思想观念和价值理念。从本质上讲，"培养价值观"与"培养什么样的人"具有高度的内在一致性。培养时代新人，就是要塑造具有正确价值观的社会主义建设者，就是要抓住社会主义核心价值观这个根本，把它融入他们的思想和行为当中，增强对党和国家民族事业的情感认同，并在思想和情感认同基础上，以践行社会主义核心价值观为目标持续强化实践养成。时代新人作为推进全面深化改革的先锋力量，要将其培养成具有爱国情怀、社会责任感、创新精神、实践能力，能够在新时代新征程中堪当民族复兴重任的生力军。

2.践行社会主义核心价值观是企业家精神培育的总体纲领

企业家作为推动经济高质量发展的重要力量，是时代新人的重要组成部分，高质量发展的实现离不开企业家精神，企业家精神的培育也要以践行社会主义核心价值观作为总体纲领。社会主义核心价值观是党和国家普遍认识社会文化发展规律的结果，不仅体现了意识形态领域的主流思想，而且凝聚了中华传统文化的精髓，体现民族精神和爱国主义精神，是引领企业家培育和实施企业发展的行动指南和基本准则。作为经济高质量发展的重要动力，企业家精神培育的质量和效果，体现了社会主义核心价值观在经济领域的贯彻执行情况。实际上，新时代企业家精神与社会主义核心价值观两者具有内在一致性，即前者的内涵对应后者的内在诉求。党的十八大报告将社会主义核心价值观内容分为国家、社会、个人三个层次，给出了反映全国人民最大公约数的价值理念，具有深厚的传统文化底蕴与鲜明的时代特征，符合历史且合乎实践，具有强大的感召力、凝聚力和引导力。其中"富强、民主、文明、和谐"是立足国家层面提出的发展目标；"自由、平等、公正、法治"是立足社会层面提出的价值导向，反映了社会主义的基本属性；"爱国、敬业、诚信、友善"是立足公民个人层面提出的道德准则，不仅体现社会主义价值追求和公民道德行为的本质属性，也凝练体现着培育企业家精神的重要准则，是企业家精神的内在构成要素。具体而言，"爱国、敬业、诚信"作为公民的基本道德准则，也为企业家行为提供了根本指南。其中，爱国体现了新时代企业家的民族情怀，将个人价值与社会价值相统一，突破了相对狭隘的个人利益至上的观念，指明并升华了企业家生产经营的终极价值追求；敬业是新时代企业家的精神内核，培育企业家忠于事业而非追求利润，才是企业家获得持续动力和幸福体验的根本；诚信是新时代企业家的基本素养，公平和自由的竞争环境离不开社会诚信体系的建设与完善，而企业家诚信是社会诚信体系的核心环节（何平，2020）。因此，新时代培育企业家精神要响应党和国家号召，将社会主义核心价值观融入其中。企业家能否具有这种伟大精神，关键在于能否将践行社会主义核心价值观作为其总体纲领。

2020年7月21日，习近平总书记在主持召开企业家座谈会时提出，所有企业都存在于社会中，是社会的企业。而企业的经营管理必然要保持和社会前进相同的方向，和社会发展达成一致，和社会主流价值观相匹配。社会主义核心价值观是吸收中华传统文化精髓，并结合经济社会发展实践形成的价值观，符合历史、合乎实践，贴近民情、顺乎民意。企业作为社会的重要构成要素，是市场经济主体，培育和践行社会主义核心价值观，并将其落实到日常生产经营中，是新时代经济社会发展的基本要求，是推动企业发展的重要力量，企业是否将社会主义核心价值观融入其经营管理的各环节之中，直接关系到社会主义核心价值观能否实现。

那么，企业应如何正确践行社会主义核心价值观呢？首先，企业的主体是企业家，企业家要充分认识和领悟社会主义核心价值观的内涵要求，并对社会主义核心价值观的重要内容保持高度认同，这样才能够积极践行社会主义核心价值观的目标要求，将社会主义核心价值观的理念融入企业发展的方方面面，制定出与社会经济发展方向一致的生产经营决策，带领企业不断做大做强。其次，作为市场经济主体的企业，社会主义核心价值观具有鲜明的时代特征，是经济社会发展的方向与准则，如果企业发展能够顺应该价值目标，就能够实现健康发展，如果背离了该价值目标，则必然会导致失败。改革开放后，随着社会主义市场经济的确立，我国企业发展并非一帆风顺，片面追求发展速度、发展规模的粗放式发展，致使很多企业逐渐迷失发展方向与目标，偏离了正常的发展道路和规律，最终导致企业大而不强，制约了企业的高质量发展。企业家作为企业发展的最终决策者，如果能够审时度势，将企业发展与社会主义核心价值观始终保持一致，顺应社会经济发展方向与目标，则企业必将能够实现高质量发展。作为经济高质量发展的重要动力，企业家要以社会主义核心价值观为引领，并将其作为指导自身成长和企业发展的重要准则，而企业家精神作为企业家履行职能、持续创新的根本信念，是推动企业持续发展重要的内在动力。因此，新时代企业家精神的培育需要将践行社会主义核心价值观作为总体纲领，并在此过程中形成更具中国特色的企业家精神，为中国式现代化建设增光添彩。

9.3.2　优化企业家精神培育制度环境

企业是市场经济的主体，在全面贯彻新发展理念，加快构建新发展格局，着力推动高质量发展，推进中国式现代化建设的过程中，必须切实解决企业发展面临的难题，着力为企业尤其是民营企业发展提供良好的外部环境。经济增长的动力源泉是充分发挥人的创造力，即企业家精神的发挥。企业家精神的发挥取决于两个基本条件：一个是制度，另一个是文化（张维迎，2023）[①]。前文研究已经表明，要培育和有效发挥企业家精神的职能作用，必须构建与完善企业家精神健康成长和发挥的良好制度环境，而这离不开市场化改革和金融体制改革等制度领域的创新。因此，为了更好地推进经济高质量发展，营造有效培育和发挥企业家精神的制度环境是关键。

1.推进市场化改革，营造有利于企业家精神健康发展的市场环境

本书研究表明，企业家精神作为新时代决定新旧动能转换的新要素，是推动经济高质量发展的关键主体和重要因素，而要培育和有效发挥企业家精神的职能作用，必须构建与完善企业家精神健康成长和发挥的市场制度环境，促使企业家更多地将其职能配置到创新和效率提升的生产性活动领域，而非寻租、腐败等非生产性活动领域。市场化改革能够为企业家精神培育和发挥提供公平竞争的市场环境和良好的市场秩序。具体如下：

（1）要将构建亲清政商关系落到实处。要不断优化民营企业发展环境，在保证企业家才能和创造力充分发挥的同时，防止商业贿赂、权钱交易等寻租行为，引导企业家将职能更多地配置到创新和效率提升的生产性活动领域，以更好发挥企业家精神对经济高质量发展的作用。同时，应改革企业家相对报酬结构，消除寻租、腐败等非生产性活动导致的负面效应。

（2）要建立法治化、市场化和开放化的一流营商环境。政府应在法

---

① 2023年5月，张维迎在当代经济学基金会第六届思想中国论坛的主旨演讲：从企业家精神看中国经济增长。

治环境建设、社会风气等领域营造良好氛围，为民营经济发展打造良好稳定的预期。通过健全对各类所有制企业平等对待的市场环境，各种所有制企业在市场准入、要素成本、资源获取等方面公平公正，用市场力量调动企业家创新创业的积极性，为企业家提供优质高效务实的服务。支持企业根据自身发展，积极向核心零部件和高端制成品设计研发等技术密集方向延伸；鼓励企业积极拓展海外业务，积极参与国家"一带一路"建设，有序参与和开发国际项目，不断提高国际竞争力。积极形成有利于促进企业家精神成长的法治环境、市场环境和开放水平等，通过法治完善、公平市场竞争和国际化，为弘扬企业家精神提供适宜的体制和政策环境，以促进企业家精神的培育和有效发挥。

（3）要赋予国有企业和民营企业同等地位。深入落实"两个毫不动摇"，不断推进国有企业改革，促使国有企业自主经营、自负盈亏、自担风险、自我发展，赋予国有企业和民营企业享有同等市场地位，引导和鼓励民营企业参与国有企业改革。坚决破除各种阻碍企业尤其是中小企业发展的"卷帘门""旋转门"，建立市场准入壁垒投诉和处理回应机制，尝试在市场准入条件、审核审批许可证、政府项目招投标等方面，为各类企业营造公平竞争环境，保证国企和民企依法平等使用生产要素、公平参与市场竞争、同等受到法律保护。破除资源要素流动的体制机制壁垒，促进生产要素和资源充分有序竞争。同时，持续推进"放管服"改革，全面清理和减除阻碍民营经济发展的各类政策拥堵点。

2.推进金融数字化转型，依托金融科技助力企业家创新创业

前文研究表明，企业家能够通过创新创业促进经济高质量发展，而这离不开高效低价的金融支持作为保障。我国传统金融服务对民营企业"包容性不足"，在服务实体经济中存在诸多体制、机制问题，严重制约了微观主体在创新发展上的潜在动力，这成为当前金融改革中亟待解决的痛点与难点问题。"数字科技+普惠金融"能够显著提高金融服务的可得性和便利性，提高金融覆盖的广度与深度，为有效破解企业尤其是中小企业融资难、融资贵提供了更多的选择可能。

（1）应大力发展数字普惠金融，适度给予数字金融发展的制度空间。前文研究表明，数字普惠金融可以降低金融机构与企业主体之间的

信息不对称，有效缓和企业融资约束，并改善金融资源信贷配置的扭曲，从而激励企业家开展创新与创业，而这些都有助于提升全要素生产率。同时，数字普惠金融还能够通过增量扩充提高资金供给规模，为企业提供更为丰富的融资方式与途径，并能够凭借科学精准的数据分析工具助力企业家创新创业决策，从而有效提高资源配置的效率。因此，政府应为数字科技与金融服务的有效融合提供良好的制度环境，积极推动大数据、人工智能和云计算等前沿核心技术的发展，筑牢信息技术基础，助力数字金融服务能力提升，为数字普惠金融反哺企业家创新创业打下坚实基础。同时，应当鼓励金融业态的多元化建设，为企业家创新创业活动提供更为便捷、高效的金融支持服务，从而为赋能和有效激发企业家创新创业提供良好的制度保障。

（2）应注重数字普惠金融在区域间发展的平衡。研究结果表明，数字普惠金融对企业家创新与创业精神的影响存在区域异质性。依托互联网等信息技术，数字普惠金融能够弥补传统金融体系对欠发达地区金融支持的不足，通过不断创新金融发展模式，使经济落后地区尤其是西部地区，也能享受到支付、信贷、保险等便捷的金融服务，从而帮助经济欠发达地区获得金融支持，促进这些地区企业家精神的有效发挥。

（3）应扩大数字普惠金融覆盖与数字金融服务多元化。研究发现，数字普惠金融主要是通过覆盖广度和使用深度促进企业家创新与创业，即一方面，通过消除传统金融机构在机构网点布局等方面的地域限制，拓宽企业尤其是中小企业的融资渠道；另一方面，通过建立现代金融服务功能，在资金获取、风险防范与分担等方面为企业提供多样化支持，从而有效激发企业家创新创业的动机。因此，应当持续推进数字金融的覆盖广度，创新数字金融服务类型，发挥数字普惠金融在支付、信贷、投资、保险等方面的服务功能，弥补传统金融服务在中小企业资金支持方面的不足，为企业家创新创业提供新动能。

（4）应持续深化金融供给侧结构性改革，通过科技"赋能"强化信息科技与传统金融的深度融合。一方面，针对中小企业面临的贷款难问题，将通过改革形成金融机构监管绩效考核与内部激励机制的联动机制，把普惠金融和中小企业贷款纳入银行业绩考核，并将其作为刚性因素，从制度设计上形成倒逼机制，迫使银行直面中小企业融资难的问题；另一方面，由于传统金融结构存在内部治理不完善和竞争不足等问题，融资模式与金融供求之间结构不平衡，信贷配置扭曲严重和资源配置呈现低效率，使传统金融难以在服务实体经济过程中发挥应有的作用，严重制约了微观主体在创新发展中的潜在动力，抑制全要素生产率的提高。因此，应当通过机制设计倒逼传统银行改进服务，解决银行因追求业绩而不愿向中小企业提供贷款的问题；同时，应积极利用金融科技"赋能"传统金融，利用大数据、云计算、人工智能等新兴技术缓解资源错配等结构性问题，不断完善内部治理，充分发挥金融科技的技术溢出优势，优化资源配置效率，加速建立多层次、广覆盖、有差别的现代银行体系，从而加强传统金融服务实体经济的功能，促进全要素生产率提高。

9.3.3 拥抱科学思维重视企业家能力培养

在日益激烈的市场竞争中，企业家要想在竞争中取得优势，需要具备一定的素质，这些素质包括：敢为天下先的冒险精神、敏锐的洞察力、出色的创新意识、深厚的知识素养、优秀的组织能力等。因此，在坚持新时代企业家精神培育的原则与目标导向基础上，培育企业家精神不仅需要政府为企业家精神培育创造良好的外部环境，而且需要发挥企业家的主观能动性，通过自我学习、自我修炼提高自身综合素质。接下来本书将从政府、企业家自身两方面展开分析。

1.构建政府体系平台培育企业家精神

根据新时代企业家精神培育的原则与目标导向，新时代政府对企业家精神的培育，应当从以下几个方面锻炼企业家能力，并采取切实可行的措施提升企业家的综合素质。一是锤炼创新能力。创新是企业家精神的灵魂，是企业参与市场竞争的方式与手段，企业和企业家的一切生存与发展都与创新密切相关。二是提升风险承受能力。如果将市场看作一个连续过程，则企业家的活动就是发现不均衡、创造不均衡，但由于信息不对称等原因导致市场具有不确定性，新的不均衡又会替代旧的不均衡，企业经营活动就会面临风险，如果没有承受风险的强大心理素质，企业家就难以成功。三是提高执行能力。执行能力包括企业家的组织能力、决策能力等。在生产经营过程中，企业家承担市场机会的发现、组织生产、创新以及最终决策等职能，需要企业家具有较强的执行能力，能够根据市场变化及时做出调整。同时，能够根据所面临的各种风险与挑战，带领企业过关斩将。四是培养敏锐的洞察力。在企业初创和经营过程中，敏锐的洞察力能够帮助企业家发现潜在的市场机会，再结合企业家的智慧和胆识，企业就能够获得市场套利，从而赢得市场竞争。五是塑造学习能力。尽管敏锐的洞察力能够帮助企业家发现潜在的市场机会，但如果不具备相应的知识素养，包括经营知识和专业知识两方面，比如企业家作为"商人"的相关市场理论知识或者作为"组织者"的"人文理论"，以及所从事行业的物性知识等，则很难将市场机会转化为利润。唯有具备强大的学习能力，企业家才能及时掌握先进的技术、理念和管理方法，带领企业健康发展。六是提倡诚信能力。市场经济是信用经济、诚信经济、法治经济，诚信是企业家立业之本，也是社会主义核心价值观的重要内容。七是锤炼合作能力。在企业日常经营过程中，可能需要整合内外部各种资源、需要进行跨领域协同、需要团结各利益方，群策群力，故而企业家需要具备合作能力。

（1）培育企业家创新能力的平台建设

经济增长的动力源泉是创新，而企业家是推动创新的关键要素。前文已经提及，创新是企业家精神的核心，其创新动力主要来自利润动机、竞争压力以及需求引力，如何激励和促进企业创新是政府要着重解决的重要议题。首先，应完善知识产权保护体系。由于创新具有投入高、风险大、不确定性高等特点，政府应采取一定的政策措施，确保企业家能够获得合理的创新收益，这可以通过完善知识产权保护体系来实现。具体来说，政府应加大对原始创新的保护力度，严格落实侵犯知识产权的惩罚性措施，构建侵权行为和行政非诉讼执行的快速处理机制，严厉打击各种侵犯知识产权的不正当行为，加大对侵权行为的刑事惩罚。其次，应着力提升企业科技创新能力。由于民营企业是创新的主力军（民营企业数量超过4 900万户，占企业总量的比重达到92.3%），应鼓励民营企业家根据国家发展战略需要和行业形势，开展核心技术攻关，依据规定积极承担国家重大科技项目①。同时，培育一批民营科技领军企业，形成特色产业集群，加大政府对创新产品的采购力度，推动各种所有制企业之间、大中小企业之间融通创新，调动民营企业尤其是中小企业发展积极性，支持科研院所、高校与民营企业合作构建创新平台，提升民营企业的科技创新能力。再次，应做好创新企业的税费减免工作。继续加大研发经费加计扣除、高新技术企业低税率等税收优惠政策，对科技初创企业和小微企业实施普惠性税收减免政策，并降低社保缴费比率。同时，加大对涉及企业科技创新投资管理领域的行政审批事项、涉企收费清理整顿力度，有效降低企业创新成本。最后，应着力构建改革创新的容错机制。众所周知，企业创新需要投入大量的人力物力财力，且创新过程本质上是不断试错和探索的过程，风险大、成功率低，政府应当出台相关法律法规，并积极引导社会舆论风向，尝试构建促进企业家改革创新的容错机制，增强企业抵御创新创业风险的能力，为企业家创新提供制度保障。具体来说，政府应提供专项创新孵化资金为企业提供相应补助，一定程度上为创新企业提供兜底服务，并对那些锐意改革、勇于开拓、成绩显著的创新企业进行表彰或奖励。同时，政府应注重社会舆论导向，鼓励改革创新、锐意进取的行为，为企业家创新营造宽松的社会舆论氛围。

（2）培育企业家诚信守法的平台建设

诚信守法是我国传统商业文化的主流，也是推进社会主义法治中国建设的基本要求。"朋"字在甲骨文中就是由两串钱币形成的，"友"字的含义就是一手交钱一手交货，"朋友"在今天的含义就是由古代买卖交易中互相信任衍生出来的。尽管在现实生活中，也存在诚信缺失、欺诈等行为，但诚信守法一直是我国商业文化的基本操守。企业家诚信缺失与欺诈问题产生的原因是多方面的，政府可以通过逐步完善法律制度、不断提高法治化水平等途径来解决，从法治视角培育企业家精神，同时健全市场建设等方面的法规，为企业家生产经营营造良好的市场秩序，促进市场公平竞争，构建有利于企业家精神形成的市场环境。因

---

① 2023年7月，《中共中央、国务院关于促进民营经济发展壮大的意见》。

此，政府培育企业家诚信守法的可能路径在于，在坚持依法治国的基础上，合理利用企业信用信息系统与全国信用共享等信息平台，有效整合司法、市场监管、税务、环保、行业协会等部门，加强企业家个人信息记录和诚信档案建设，建立规范的诚信奖惩制度，加强对失信行为的惩罚力度，利用各种社会资源多方面、多渠道地监督企业行为，还应当引导企业家正确认识诚信守法的重要性，诚信守法就是生产力、竞争力，鼓励企业家主动做诚信守法的表率，增强企业家诚信守法的自律意识。

（3）培育企业家精神的第三方平台建设

企业家精神的培育，除依靠政府出台相关政策法规创造外部环境之外，还可以广泛依托社会力量，充分利用行业协会、社会媒体、高等院校等第三方社会平台资源。首先，第三方平台在企业家培育中充当桥梁作用。在培育企业家精神的过程中，这些第三方社会资源可以充当桥梁或媒介，不仅能够及时将政府相关政策措施告知企业，而且可以将政策执行情况和企业所思所想、急难关切及时反馈给政府相关部门，从而得以在双方沟通基础上不断完善政策措施，不仅有助于政府顶层设计的优化，而且通过企业实践探索使政策措施更有针对性，提高政策精准性，有利于提升企业家与政府之间的沟通效率，从而推动经济高质量发展。其次，第三方平台能够发挥监督职能。对于企业生产的产品或服务质量、公平竞争等方面，工商联合会、行业协会等社会资源能够发挥监督作用，为企业家诚信经营提供良好氛围，有利于形成公平竞争的市场环境，促进企业家精神的培育。最后，第三方平台还可以通过承担多种形式的服务提高企业家能力。比如行业协会可以采取多种形式提供诸如信息咨询、同行评价、培训教育等服务，增强企业家机会识别、资源整合、回馈社会等技能，促进企业家创新能力、风险防范意识、人格修养等综合能力的提升。

2.注重企业家自身能力的培育

除了政府出台相关政策为企业家精神的培育提供良好外部环境以外，企业家自身也应结合企业发展需要和自身实际，注重自身素质的提高，开展包含创新精神、经营能力、决策能力等方面的自我修炼，更好地推动企业家精神的培育。

（1）自我培育提高创新精神

第一，自我培育提高创新能力。创新是经济增长的根本动力，而企业则是创新的主要力量。新时代企业是履行经济功能的社会组织，企业家则是组织企业从事生产经营、承担社会经济职能的主体，故而企业家自身创新能力的提高，对于推动经济高质量发展至关重要。一方面，企业家要有与时俱进的创新精神。作为市场开拓者，企业家要敢于勇闯无人区，大胆将科学家的发现和技术专家的发明引入生产过程中，打造企业核心竞争力。熊彼特的观点认为，企业家从事的是"创造性破坏"，创新精神的实质是"做不同的事，而不是将已经做过的事做得更好一些"。因此，企业家要勇于承担时代赋予其的创新使命，充分发挥其科技创新主体作用，做创新发展的探索者、组织者和引领者，积极推动技术创新、组织创新、市场创新和管理创新。另一方面，企业家要善于学习与合作，不断提升其创新能力。企业家素质不仅影响着本人决策和经营本领，而且直接影响着企业创新能力。当今科技发展日新月异，企业家必须深刻了解和把握国际先进科技发展趋势，积极学习国内外最先进、最前沿的科技、人文以及管理知识，提高自身整体素质和能力。同时，要善于整合社会资源向创新引领式转变。企业家应主动牵头整合创新资源，积极联合政府、高校、科研院所等组成创新联合体，加大关键核心技术的研发投入，努力开拓新领域新赛道，提高企业创新综合能力，为企业注入发展持续动能。

第二，营造鼓励创新的企业内部文化。同营造鼓励企业家干事创业、宽容失败的社会氛围一样，在企业内部应当营造鼓励员工开展创新、宽容失败的企业文化。鼓励员工将创新意识融入企业日常的经营管理中，形成崇尚创新的企业内部文化。同时，要建立容错机制，对员工因产品创新、技术创新或管理创新等导致的失败给予更多的宽容和帮助，为敢于探索、锐意改革的失败者撑腰打气，树立正向的激励导向。此外，还应注意营造正确舆论导向，利用社会媒体和企业内部宣传渠道对勇于创新的优秀企业员工事迹和突出贡献进行报道，发挥优秀员工的示范带动作用，凝聚崇尚创新创业的企业正能量，形成鼓励员工创新的舆论导向。

（2）自我培育科学思维提升经营能力

第一，新时代企业家要树立正确的经营理念。社会责任担当是新时代企业家精神的重要构成要素。企业家的社会责任包括对内和对外两部分，其中对内主要是处理股东与员工的关系，即处理领导与下属、同事之间的关系；对外主要是指处理企业与客户、政府等社会关系。"举而措之天下之民，谓之事业""仁足以取予"。自古以来，我国企业家就将回报社会、造福四方百姓当作其履行社会职能的重要部分，也是中华优秀商业文化的精髓。明清时期的晋商"银股""身股"合伙协作的制度安排、改革开放后民营企业家的注重内部关系建设的"家文化"等都是企业家履行社会责任的体现。基于这种思想理念，中华商业文化一直都将彼此依赖、互助共生、互利共赢当作企业初衷，而非你死我活的零和博弈。具体来说，一方面，在企业内部要体现"和"，要正确处理企业内部的人员关系，努力构建和谐的内部环境，从而提高企业生产经营效率。在与客户关系处理上要注重"合"，通过上下游产业优势互补，不但延长了产业链、价值链，而且能够做大市场实现共赢。另一方面，在对外履行社会责任方面，企业家要正确处理自身利益与社会利益的关系。西方经济学从个人主义和利己主义出发，将企业家界定为利己的经济人，主张企业经营的终极目标就是利润最大化，而我国商业文化则是将自我价值与社会价值辩证统一，主张"义利兼顾、以义为先"，将社会责任纳入企业家职责范畴中，鼓励企业通过合法经营取得经济利益，从根本上突破了狭隘的企业利润至上观。因此，新时代企业家培育应注重自我修身、自我约束、自我提升，培养和坚持"以义取利"的品格，树立正确的经营理念，不断提升自身经营水平。

第二，新时代企业家要注重培养科学思维。企业经营是否成功，不仅取决于投入的劳动力、资本等生产要素，还取决于企业家是否具有科学思维。新时代企业家精神的培育，除了培养企业家将各种生产要素组合的能力，更要重视企业家创造性思维的培养，摒弃传统"凭经验、靠感觉"的管理思维，帮助其理解理性思维的内在逻辑、萌芽与孕育环境等，提升企业家的综合能力。企业家不仅需要具备整合各类生产要素的能力，也需要深刻理解创造性思维的逻辑及其萌发与孕育的生态环境。

在激烈的市场竞争中胜出，并非取决于生产要素的多寡，理性科学的思维往往是决定性因素。凭借逻辑演绎与科学探究，并依托大数据的科学分析，能够帮助企业家发现市场规律，从而洞察问题关键，运筹帷幄，决胜千里。因此，在当前科技进步日新月异的新时代，企业家必须主动拥抱科学思维，及时把握国际先进科技发展趋势，持续学习最先进、最前沿的科技知识和管理知识，从而提高企业经营能力。

（3）自我培养合作精神提高决策能力

第一，企业家应注重合作精神的培养。科学决策往往是集体智慧的结晶。受限于个人的意识、知识、阅历等，企业家在某些方面难免存在知识盲区、认知缺陷等，从而导致其决策可能存在片面性。当企业面临重大决策时，需要整合企业内外部资源，经过专家和团队成员的反复集中的讨论，形成集体智慧，从而做出更加科学有效的决策。这就要求企业家应当具备精诚合作的精神，不仅包括管理层的合作、与利益方的合作，而且要尽可能团结一切可以团结的力量，让企业每个员工都发挥主观能动性，提高其主人翁意识和责任感。充分发挥每个员工的潜力，群策群力、凝聚共识，对于提高企业科学决策能力至关重要。

第二，自我培育提高系统化决策能力。在日益残酷的市场竞争中，企业家往往需要进行数据搜集与整理、宏观形势分析、信息资源整合等工作，并根据综合研判敢于做出科学决策。但这种系统化决策能力并不是与生俱来的，需要有意识地进行长期培养。注重培养企业家发现问题、分析问题的能力，并通过学习增加相关知识储备，提高解决问题的能力，同时锻炼企业家敢于决策的冒险精神，从而帮助企业家在纷繁复杂的市场竞争中做出正确决策。

第10章 研究结论与未来展望

10.1 研究结论

本书采用理论与实证相结合的方法，将新时代我国企业家精神的内涵界定为需求认知、创新与创业，进而通过政治经济学分析视角，结合供需两方面及其关系格局的变化，从微观、中观和宏观三个方面提出企业家精神推动经济高质量发展的理论机制。在此基础上，构建"需求结构升级—异质性劳动响应—供给侧增长目标导向"的理论框架，以新熊彼特创新理论、劳动价值论以及"需求饱和理论"为指导，拓展多部门熊彼特水平创新模型，解析企业家精神影响经济高质量发展的内涵机理，测算与评估企业家精神对经济高质量发展的作用，并从结构性改革视角，提炼经济高质量发展的微观实现机制选择的经济学意义。进一步，结合我国经济发展的阶段背景，提炼影响企业家精神培育和有效发挥的关键因素，即从市场化改革和数字普惠金融等制度创新视角，通过理论与实证两方面检验它们对企业家精神以及经济高质量发展的影响，进而提出新时代培育、提升和充分发挥企业家精神的基本原则、目标和政策路径,为在中国式现代化建设中实现经济高质量发展创造条件。综上,本书研究得到以下主要结论。

(1) 企业家精神需求识别与创新创业是破解当前供需结构性矛盾的关键,是推动经济高质量发展的关键要素。通过比较西方国家与我国供给侧结构性改革背景的异同,借鉴发展阶段变化以后需求制约经济增长的国际经验揭示出,供给侧结构性改革的关键在产品市场,是由需求结构快速升级所导致的供给结构和需求结构不协调,唯有发挥企业家精神的需求认知功能,解决"供给什么"的方向问题,然后引领和整合工匠精神背后的技能性劳动,通过创新创业推动产业升级,提高供给体系的质量和效率,才能突破经济高质量发展的需求侧制约。当前许多经济学家和政策研究者尚未认识到我国经济增长的动力已由供给主导向需求主导转变,误以为供给侧结构性改革的主要原因是供给过多或者供给质量过低,从而提出只要缩减生产能力或者提高供给产品质量即可实现供求有效对接。而本书的研究表明,在社会主要矛盾转变的背景下,消费需求结构已经升级,供给方向严重滞后于消费需求结构变化,才是经济高质量发展面临的根本性问题。唯有发挥企业家精神的需求认知和创新创业特征,提前识别消费需求方向,并引领与整合工匠精神(技能性劳动),通过创新创业实现产品创新和技术创新,解决"供给多少"和"如何供给"等供给能力问题,推动产业结构升级和增长方式转变,才能解决供给体系与需求结构的矛盾与问题,实现经济高质量发展阶段的目标要求。

(2) 市场化改革有利于促进企业家创新与创业精神形成,推动经济高质量发展。当前我国经济运行的主要矛盾主要表现在结构性和体制性方面,能否有效解决供给体系和需求结构的矛盾和问题,是经济高质量发展阶段最为关键的环节(高培勇,2020)。由于企业家精神与经济高质量发展的目标要求高度一致(张军扩,2018),且企业家成长和市场发育是同一过程的两个方面,因此,市场化程度是影响企业家精神培育和有效发挥的重要制度环境。本书以市场化改革、企业家精神与经济高质量发展为研究对象,利用我国30个省份1997—2019年间的面板数据，分别考察了市场化程度对企业家精神的影响、企业家精神对经济发展质量的影响，以及市场化程度与企业家精神对经济发展质量影响的协同效应。研究发现：市场化程度的提高有利于形成企业家创新创业精神；企业家创新精神和创业精神能够提升经济发展质量，且市场化改革有利于促进企业家精神对经济发展质量的作用。因此，要继续推进市场化改革，发挥市场的资源配置效应，并完善产权制度、市场准入制度、改革要素市场等，形成公平竞争的市场环境和良好的市场秩序，以促进企业家精神的培育和有效发挥。

（3）数字普惠金融发展能够促进企业家创新与创业精神。由于创新创业本身就属于资金投入大、产出不确定性强的高成本和高风险活动，且持续周期较长，加之传统金融市场在资金供求方面存在信息不对称等问题，从而使企业家创新创业极易受到融资成本和调整成本"双高"的制约。数字技术和金融有机融合而产生的数字普惠金融，能够通过缓解企业融资约束、降低信息不对称以及提供科学精准的信息分析工具，弥补传统金融在支持实体经济方面的不足，促进企业家精神。本书利用我国城市面板数据，实证检验了数字普惠金融对企业家创新与创业精神的作用，并考察了数字普惠金融对企业家精神影响的区域异质性，以及数字普惠金融3个子维度对企业家精神的作用。结果表明：数字普惠金融的发展能够促进企业家创新与创业精神，其对企业家精神的影响存在区域异质性，数字普惠金融的覆盖广度和使用深度是促进企业家精神的主要原因。因此，应着力发展数字普惠金融，扩大数字金融覆盖与数字金融服务的多元化，并注重数字普惠金融在区域间发展的平衡。

（4）数字普惠金融通过提高全要素生产率推动经济高质量发展。党的二十大报告指出，"要坚持以推动高质量发展为主题，……着力提高全要素生产率，……推动经济实现质的有效提升和量的合理增长"。党的二十大报告是在党的十九大报告提出"提高全要素生产率"的基础上，又加上"着力"一词，可见，在迈向中国式现代化的关键历史时期，着力提高全要素生产率是实现经济高质量发展的根本路径，而提升全要素生产率，关键在于能否激励市场中微观主体的技术创新意愿和能力。本书利用我国2011—2016年城市面板数据，以企业家创新精神与创业精神为中介变量,从理论与实证两方面考察数字普惠金融对全要素生产率的作用。结果表明:数字普惠金融发展能够显著促进全要素生产率的提升;通过机制分析发现,数字普惠金融会通过影响企业家创新精神与创业精神促进全要素生产率提高,且中介效应表明企业家精神承担了部分中介效应;数字普惠金融对全要素生产率的促进作用更多地体现在技术进步上。该结论进一步丰富了数字金融对全要素生产率的影响研究,为推进金融数字化转型和中国式现代化建设提供了理论支撑。

(5)提出新时代培育企业家精神的基本原则、目标和政策路径。本书研究表明,企业家精神是适应当前社会主要矛盾变化,实现经济高质量发展的重要因素。新时代要培育和弘扬企业家精神,需要深刻认识和正确把握新时代社会主要矛盾变化,聚焦新目标新征程的使命任务,并依托新时代培育和弘扬企业家精神的一系列重要纲领文件精神,尝试提出新时代企业家精神培育和发挥的基本原则、目标和政策路径。本书认为,应当以习近平新时代中国特色社会主义思想为指导,深入贯彻党的二十大精神,坚持一般性与特殊性、顶层设计与实践探索、整体与分类相结合的基本原则,以历史性和时代性相结合、理想信念与求真务实相统一、兼具家国情怀与国际视野、坚定民族自信与海纳百川作为目标导向,以践行社会主义核心价值观、优化企业家精神培育的制度环境、注重企业家精神能力培养作为政策实施路径,加快营造适宜企业家精神健康成长和有效发挥的制度环境,依法保护企业家尤其是民营企业家的合法权益,促进经济实现高质量发展。

10.2 未来展望

本书立足经济高质量发展的目标要求,运用政治经济学分析方法,从供需双侧的结构性矛盾出发,主要研究企业家精神推动经济高质量发展的理论机制与政策选择。本书的研究不仅提出企业家精神是推动经济高质量发展的关键要素,而且构建了"需求结构升级—异质性劳动响应—供给侧增长目标导向"的理论模型,并通过实证设计检验了模型的合理性。进一步,从供给侧结构性改革出发,提出经济高质量发展的关键是制度创新，结合我国市场化改革、金融数字化转型等现状，将影响企业家精神的关键因素界定为市场化改革和数字普惠金融发展等制度层面，利用我国省级和城市面板数据，分别研究了市场化改革、数字普惠金融对企业家精神以及经济高质量发展的作用，并尝试给出新时代培育和有效发挥企业家精神的政策路径。但受限于研究数据与已有研究基础等，本书的研究还存在一些局限性，未来本书将继续关注企业家精神与经济高质量发展的关系研究，并尝试从以下方面进行拓展，以使研究结论更加准确与科学。

（1）由于企业家精神的衡量尚缺少较为精准统一的标准，本书没有从微观企业层面开展实证研究。目前，如何精准测算企业家创新精神与创业精神是学术界关注的难点问题，尚没有形成统一的测算标准，已有文献在省级、城市等层面的研究较为成熟，且获得了学术界的广泛认可。因此，本书主要是从省级层面和城市层面考察企业家精神对经济高质量发展的作用。未来，本书将继续关注前沿研究，从微观企业层面研究企业家精神对经济高质量发展的影响，从而使研究结论更加科学合理。

（2）受经济增长质量测算所需的数据所限，城市层面的经济增长质量采用全要素生产率衡量。目前，学术界关于经济增长质量的测算尚处于起步探索阶段，大多数研究倾向于通过构建综合指标体系或是全要素生产率进行测算，且指标体系方法更为学术界所推崇。因此，本书在省级层面的研究中基于新发展理念构建经济高质量发展的综合指标体系。但在使用城市层面数据进行研究时，受限于指标体系中所使用的数据，无法通过综合指标体系测度城市层面的经济发展质量，因此，城市层面的经济高质量发展采用全要素生产率衡量，但由于全要素生产率的测算方法没有充分考虑生产要素的长期影响，也无法全面反映资源配置状况（储德银等，2020a），故存在可以进一步提升的空间。未来本书将持续关注经济高质量发展测算的前沿研究，采用更加准确合理的测算方法，提高研究的科学性和准确性。

（3）受限于理论功底等，本书在理论模型构建方面仍存在改进空间。本书在借鉴 Romer（1990）、Jones（1995）研究的基础上，将企业家精神同时引入创新部门生产函数和家庭部门效用函数，构建了一个内生化企业家精神的创新增长模型。但为使研究更加贴合我国具体国情，构建更加符合我国经济发展实际的理论框架，仍存在一些需要进一步拓展的地方。比如，如何借鉴 Howitt（1999）、Aghion（2013）等的模型设定，构建同时包含水平创新部门和垂直创新部门的增长模型，将企业家精神引入研发套利方程，在经济增长框架下内生化研发概率，通过求解动态最优化方程考察经济增长等问题。如何将企业家活动配置引入内生技术创新增长模型，并增加政府部门，尝试将政府制度设计变量（如产权保护政策、市场化程度等）引入模型，以分析企业家活动配置、相对报酬结构以及其他制度因素对技术创新以及经济高质量发展的影响，从而构建更加符合中国特色的熊彼特创新增长拓展模型。

参考文献

[1] 蔡昉，王子晨.正确认识西方供给学派及新自由主义框架下的"结构性改革"[J].理论建设，2016（5）：137-139.

[2] 陈刚.管制与创业——来自中国的微观证据[J].管理世界，2015（5）：89-99.

[3] 陈欢，庄尚文，殷晶晶.市场化改革、企业家精神与经济高质量发展[J].统计与决策，2022（7）：166-170.

[4] 陈强.计量经济学及Stata应用[M].北京：高等教育出版社，2015.

[5] 陈诗一，陈登科.雾霾污染、政府治理与经济高质量发展[J].经济研究，2018，53（2）：20-34.

[6] 戴勇，肖丁丁，锁颖馨.研发投入、企业家精神与产学研绩效的关系研究——以广东省部产学研合作企业为例[J].科学学与科学技术管理，2010，31（11）：136-142.

[7] 段文斌，刘大勇，余泳泽.异质性产业节能减排的技术路径与比较优势：理论模型及实证检验[J].中国工业经济，2013（4）：69-81.

[8] 樊纲.现代三大经济理论体系的比较与综合[M].上海：格致出版社，2015.

[9] 樊纲，王小鲁，马光荣.中国市场化进程对经济增长的贡献[J].经济研究，2011（9）：4-16.

[10] 范子英，张军.财政分权与中国经济增长的效率——基于非期望产出模型的分析[J].管理世界，2009（7）：15-25；187.

[11] 方兴起.西方主流宏观经济分析的微观化——一种马克思主义经济学的解析 [J]. 中国社会科学，2007（2）：19-31；204.

[12] 傅家骥.技术创新学 [M]. 北京：清华大学出版社，1998.

[13] 高波，黄婷婷.中国企业家精神的测度、空间差异与收敛趋势 [J]. 学习与探索，2023（2）：110-121.

[14] 高波，张志鹏.城市文化扩展与企业家精神形成 [J]. 南京社会科学，2004（9）：27-34.

[15] 高培勇.理解、把握和推动经济高质量发展 [J]. 经济学动态，2019（8）：3-9.

[16] 高培勇.如何应对经济下行？怎么干？[N]. 光明日报，2020-01-07.

[17] 高培勇，杜创，刘霞辉，等.高质量发展背景下的现代化经济体系建设：一个逻辑框架 [J]. 经济研究，2019（4）：4-17.

[18] 龚刚.回归凯恩斯——写于《通论》发表70周年 [J]. 经济学（季刊），2008（1）：1-20.

[19] 郭峰，等.测度中国数字普惠金融发展：指数编制与空间特征 [J]. 经济学（季刊），2020（4）：1401-1418.

[20] 郭峰，孔涛，王靖一.互联网金融空间集聚效应分析——来自互联网金融发展指数的证据 [J]. 国际金融研究，2017（8）：75-85.

[21] 郭凯明，余靖雯，龚六堂.人口转变、企业家精神与经济增长 [J]. 经济学（季刊），2016（2）：989-1010.

[22] 哈耶克.个人主义与经济秩序 [M]. 邓正来，译.上海：复旦大学出版社，2012.

[23] 韩磊，王西，张宝文.市场化进程驱动了企业家精神吗？[J]. 财经问题研究，2017（8）：106-113.

[24] 何平.新时代的企业家精神 [N]. 中国纪检监察报，2020-07-30.

[25] 德索托.社会主义：经济计算与企业家才能 [M]. 朱海就，译.长春：吉林出版集团有限责任公司，2010.

[26] 贺晓宇，沈坤荣.现代化经济体系、全要素生产率与高质量发展 [J]. 上海经济研究，2018（6）：25-34.

[27] 洪银兴，刘伟，高培勇，等."习近平新时代中国特色社会主义经济思想"笔谈 [J]. 中国社会科学，2018（9）：4-73；204-205.

[28] 胡永刚，石崇.扭曲、企业家精神与中国经济增长 [J]. 经济研究，2016（7）：87-101.

[29] 黄勃，李海彤，刘俊岐，等.数字技术创新与中国企业高质量发展——来自企业数字专利的证据 [J]. 经济研究，2023，58（3）：97-115.

[30] 黄恒学.市场创新 [M].北京：清华大学出版社，1998.

[31] 黄建军.培养堪当民族复兴重任的时代新人 [N].光明日报，2022-07-27.

[32] 黄速建，肖红军，王欣.论国有企业高质量发展 [J].中国工业经济，2018（10）：19-41.

[33] 黄益平，黄卓.中国的数字金融发展：现在与未来 [J].经济学（季刊），2018（4）：1489-1502.

[34] 贾俊生，伦晓波，林树.金融发展、微观企业创新产出与经济增长——基于上市公司专利视角的实证分析 [J].金融研究，2017（1）：99-113.

[35] 贾康.供给侧改革及相关基本学理的认识框架 [J].经济与管理研究，2018（1）：13-22.

[36] 江小涓，罗立彬.网络时代的服务全球化——新引擎、加速度和大国竞争力 [J].中国社会科学，2019（2）：68-91；205-206.

[37] 江春，马晓鑫，赵烨旸.企业家精神会影响资本账户开放的风险效应吗？ [J].国际金融研究，2020（2）：36-45.

[38] 江春，张秀丽.金融发展与企业家精神：基于中国省级面板数据的实证检验 [J].广东金融学院学报，2010，25（2）：62-70.

[39] 江春，周宁东，张龙耀.中国企业家精神的动态变化与政策支持 [J].财政研究，2012（5）：69-72.

[40] 焦斌龙，冯文荣.企业家转型与经济增长方式转变 [J].当代经济研究，2007（2）：34-37.

[41] 金碚.关于"高质量发展"的经济学研究 [J].中国工业经济，2018（4）：5-18.

[42] 柯兹纳.竞争与企业家精神 [M].刘业进，译.杭州：浙江大学出版社，2013.

[43] 李泊衡.新时代中国特色社会主义企业家精神培育研究 [D].长春：东北师范大学，2022.

[44] 李国军.创业环境评价及区域比较 [J].云南行政学院学报，2009，11（2）：173-176.

[45] 李宏彬，李杏，姚先国，等.企业家的创业与创新精神对中国经济增长的影响 [J].经济研究，2009（10）：99-108.

[46] 李海铭.企业家精神对中国区域经济增长质量的影响研究 [D].沈阳：辽宁大学，2020.

[47] 李坤，王建.创业精神的地域文化分析——兼论南京地域文化对南京市民创业活动的影响 [J].南京社会科学，2005（9）：396-403.

[48] 李磊，郑妍妍，刘鹏程.金融发展、职业选择与企业家精神——来自微观调查的证据 [J]. 金融研究，2014 (6)：193-206.

[49] 黎文靖，郑曼妮.实质性创新还是策略性创新？——宏观产业政策对微观企业创新的影响 [J]. 经济研究，2016，51 (4)：60-73.

[50] 厉无畏.转变经济增长方式研究 [M]. 上海：学林出版社，2006.

[51] 李杏.企业家精神对中国经济增长的作用研究——基于 SYS-GMM 的实证研究 [J]. 科研管理，2011，32 (1)：97-104.

[52] 李言，张智.营商环境、企业家精神与经济增长质量——来自中国城市的经验证据 [J]. 宏观质量研究，2021，9 (4)：48-63.

[53] 李旭超，罗德明，金祥荣.资源错置与中国企业规模分布特征 [J]. 中国社会科学，2017 (2)：25-43.

[54] 李元旭，曾铖.政府规模、技术创新与高质量发展——基于企业家精神的中介作用研究 [J]. 复旦学报 (社会科学版)，2019 (3)：155-166.

[55] 李宗显，杨千帆.数字经济如何影响中国经济高质量发展？[J]. 现代经济探讨，2021 (7)：10-19.

[56] 李宗显.OFDI 对中国经济高质量发展的影响研究 [D]. 济南：山东大学，2022.

[57] 林毅夫.新结构经济学——重构发展经济学的框架 [J]. 经济学 (季刊)，2011，10 (1)：1-32.

[58] 林毅夫.《新结构经济学》评论回应 [J]. 经济学 (季刊)，2013，12 (3)：1095-1108.

[59] 林毅夫，苏剑.论我国经济增长方式的转换 [J]. 管理世界，2007 (11)：5-14.

[60] 林毅夫，孙希芳.银行业结构与经济增长 [J]. 经济研究，2008 (9)：31-45.

[61] 刘秉镰，武鹏，刘玉海.交通基础设施与中国全要素生产率增长——基于省域数据的空间面板计量分析 [J]. 中国工业经济，2010 (3)：54-64.

[62] 刘大勇，洪雅兰，吕奇.科技成果转化的市场机制与市场成熟度评价 [J]. 产业经济评论，2017 (3)：61-69.

[63] 刘兰."四千"精神闯出新路、蹚出名堂 [N]. 廉政瞭望，2023-03-25.

[64] 刘立.科技政策学研究 [M]. 北京：北京大学出版社，2011.

[65] 刘鹏程，李磊，王小洁.企业家精神的性别差异——基于创业动机视角的研究 [J]. 管理世界，2013 (8)：126-135.

[66] 刘伟丽，杨景院.柯兹纳式套利型还是熊彼特式创新型？——企业家创业精神对经济增长质量的影响 [J]. 统计研究，2022 (4)：93-107.

[67] 刘兴国，沈志渔.区域创业比较：基于江苏样本企业的实证研究［J］.产经评论，2012，3（5）：39-52.

[68] 刘志彪.理解高质量发展：基本特征、支撑要素与当前重点问题［J］.学术月刊，2018（7）：39-45、59.

[69] 刘志成，吴能全.中国企业家行为过程研究——来自近代中国企业家的考察［J］.管理世界，2012（6）：109-123.

[70] 刘传明，马青山.网络基础设施建设对全要素生产率增长的影响研究——基于"宽带中国"试点政策的准自然实验［J］.中国人口科学，2020（3）：75-88；127-128.

[71] 罗煜，何青，薛畅.地区执法水平对中国区域金融发展的影响［J］.经济研究，2016（7）：118-131.

[72] 吕朝凤，朱丹丹.市场化改革如何影响长期经济增长？——基于市场潜力视角的分析［J］.管理世界，2016（2）：32-44.

[73] 马忠新，陶一桃.企业家精神对经济增长的影响［J］.经济学动态，2019（8）：86-98.

[74] 倪鹏途，陆铭.市场准入与"大众创业"：基于微观数据的经验研究［J］.世界经济，2016，39（4）：3-21.

[75] 欧雪银.企业家精神对经济发展影响的理论与实证研究［D］.长沙：湖南大学，2009.

[76] 欧雪银.企业家精神理论研究新进展［J］.经济学动态，2009（8）：98-102.

[77] 欧雪银.企业家人力资本对企业发展影响研究新进展［J］.经济学动态，2018（3）：139-149.

[78] 逢锦聚、林岗，等.促进经济高质量发展笔谈［J］.经济学动态，2019（7）：3-19.

[79] 秦妮.企业家精神的影响因素研究［D］.武汉：华中科技大学，2021.

[80] 饶萍，吴青.数字普惠金融对企业全要素生产率的影响［J］.统计与决策，2022（16）：142-146.

[81] 任保平."十四五"时期转向高质量发展加快落实阶段的重大理论问题［J］.学术月刊，2021，53（2）：75-84.

[82] 任保平，文丰安.新时代中国高质量发展的判断标准、决定因素与实现途径［J］.改革，2018（4）：5-16.

[83] 宋敏，周鹏，司海涛.金融科技与企业全要素生产率——"赋能"和信贷配给的视角［J］.中国工业经济，2021（4）：138-155.

[84] 宋涛.政治经济学教程［M］.北京：中国人民大学出版社，2015.

[85] 宋宇，张琪.制度因素、个人特性与创业行为：中国经验 [J].中国软科学，2010（S1）：12-16.

[86] 孙早，刘李华.社会保障、企业家精神与内生经济增长 [J].统计研究，2019，36（1）：77-91.

[87] 孙早，刘李华.不平等是否弱化了企业家精神——来自转型期中国的经验证据 [J].财贸经济，2019，40（2）：131-146.

[88] 唐松，赖晓冰，黄锐.金融科技创新如何影响全要素生产率：促进还是抑制？——理论分析框架与区域实践 [J].中国软科学，2019（7）：134-144.

[89] 唐松，伍旭川，祝佳.数字金融与企业技术创新 [J].管理世界，2020（5）：52-67.

[90] 唐未兵，傅元海，王展祥.技术创新、技术引进与经济增长方式转变 [J].经济研究，2014（7）：31-43.

[91] 涂正革.全要素生产率与区域经济增长的动力——基于对1995—2004年28个省市大中型工业的非参数生产前沿分析 [J].南开经济研究，2007（4）：14-36.

[92] 王绛.弘扬企业家精神 助推高质量发展 [N].经济参考报，2020-08-25.

[93] 王勋，王雪.数字普惠金融与消费风险平滑：中国家庭的微观证据 [J].经济学（季刊），2022（3）：193-212.

[94] 王洋.中国企业家精神时空演化及其影响因素研究 [D].沈阳：辽宁大学，2019.

[95] 韦倩，王安，王杰.中国沿海地区的崛起：市场的力量 [J].经济研究，2014（8）：170-183.

[96] 韦森.探寻人类社会经济增长的内在机理与未来道路——评林毅夫教授的新结构经济学理论框架 [J].经济学（季刊），2013，12（3）：1051-1074.

[97] 吴敬琏.中国增长模式抉择 [M].上海：远东出版社，2006：11-181.

[98] 吴肇光.正确处理好顶层设计与实践探索的关系 [J].学术评论，2023（3）：11-13.

[99] 夏后学，谭清美，白俊红.营商环境、企业寻租与市场创新——来自中国企业营商环境调查的经验证据 [J].经济研究，2019（4）：84-98.

[100] 项国鹏，李武杰，肖建忠.转型经济中的企业家制度能力：中国企业家的实证研究及其启示 [J].管理世界，2009（11）：103-114；129；187-188.

[101] 肖文，薛天航.劳动力成本上升、融资约束与企业全要素生产率变动 [J].世界经济，2019（1）：76-94.

[102] 谢绚丽,等.数字金融能促进创业吗?——来自中国的证据 [J].经济学(季刊),2018(4):1557-1580.

[103] 徐静,等.企业家文化资本与企业家精神 [J].管理世界,2016(3):180-181.

[104] 徐强.承接国际产业转移的有效措施及借鉴意义 [J].国际经济合作,2005(12):27-30.

[105] 徐善长.加快建设世界一流企业 [N].学习时报,2022-11-28.

[106] 徐细雄,龙志能,李万利.儒家文化与企业慈善捐赠 [J].外国经济与管理,2020(2):124-136.

[107] 徐现祥,李书娟,王贤彬,等.中国经济增长目标的选择:以高质量发展终结"崩溃论" [J].世界经济,2018,41(10):3-25.

[108] 徐远华.企业家精神、行业异质性与中国工业的全要素生产率 [J].南开管理评论,2019,22(5):13-27.

[109] 徐成贤,甘斌,宋艳伟.法治水平与私营企业发展 [J].经济体制改革,2010(4):30-35.

[110] 颜克高,井荣娟.制度环境对社会捐赠水平的影响——基于2001—2013年省际数据研究 [J].南开经济研究,2016(6):41-55.

[111] 严成樑.社会资本、创新与长期经济增长 [J].经济研究,2012(11):48-60.

[112] 严成樑,龚六堂.熊彼特增长理论:一个文献综述 [J].经济学(季刊),2009(3):1163-1196.

[113] 杨丰来,黄永航.企业治理结构、信息不对称与中小企业融资 [J].金融研究,2006(5):159-166.

[114] 阳镇,凌鸿程,陈劲.社会信任有助于企业履行社会责任吗?[J].科研管理,2021,42(5):143-152.

[115] 易信,刘凤良.金融发展、技术创新与产业结构转型——多部门内生增长理论分析框架 [J].管理世界,2015(10):24-39;90.

[116] 余东华.制造业高质量发展的内涵、路径与动力机制 [J].产业经济评论,2020(1):13-32.

[117] 俞仁智,何洁芳,刘志迎.基于组织层面的公司企业家精神与新产品创新绩效——环境不确定性的调节效应 [J].管理评论,2015,27(9):85-94.

[118] 余泳泽,郭梦华,胡山.社会失信环境与民营企业成长——来自城市失信人的经验证据 [J].中国工业经济,2020(9):137-155.

[119] 余泳泽,刘大勇.我国区域创新效率的空间外溢效应与价值链外溢效应——创新价值链视角下的多维空间面板模型研究 [J].管理世界,2013(7):

6-20；70；187.

[120] 余泳泽，刘大勇，龚宇.过犹不及事缓则圆：地方经济增长目标约束与全要素生产率 [J].管理世界，2019，35 (7)：26-43.

[121] 袁富华.供给主导转向消费需求主导：长期增长过程的调整与效率模式取向 [J].学术研究，2016 (10)：79-89.

[122] 袁志刚，高虹.宏观经济学演进：一个新视角 [J].改革，2016 (11)：150-159.

[123] 曾铖，郭兵，罗守贵.企业家精神与经济增长方式转变关系的文献述评 [J].上海经济研究，2015 (2)：120-129.

[124] 曾铖，李元旭.试论企业家精神驱动经济增长质量——基于我国省级面板数据的实证研究 [J].上海经济研究，2017 (10)：81-94.

[125] 詹新宇，崔培培.中国省际经济增长质量的测度与评价——基于"五大发展理念"的实证分析 [J].财政研究，2016 (8)：40-53；39.

[126] 张峰，黄玖立，王睿.政府管制、非正规部门与企业创新：来自制造业的实证依据 [J].管理世界，2016 (2)：95-111；169.

[127] 张军，吴桂英，张吉鹏.中国省际物质资本存量估算：1952—2000 [J].经济研究，2004 (10)：35-44.

[128] 张晖明，张亮亮.企业家资本与经济增长：一个文献综述 [J].上海经济研究，2011 (9)：40-54.

[129] 张军扩.推动高质量发展要弘扬企业家精神 [N].经济日报，2018-06-14.

[130] 张军扩，侯永志，等.高质量发展的目标要求和战略路径 [J].管理世界，2019 (7)：1-7.

[131] 张涛.高质量发展的理论阐释及测度方法研究 [J].数量经济技术经济研究，2020，37 (5)：23-43.

[132] 张维迎，盛斌.企业家：经济增长的国王 [M].上海：上海人民出版社，2004.

[133] 张勋，万广华，张佳佳，等.数字经济、普惠金融与包容性增长 [J].经济研究，2019 (8)：71-86.

[134] 张玉利，杨俊.企业家创业行为调查 [J].经济理论与经济管理，2003 (9)：61-66.

[135] 赵晓鸽，钟世虎，郭晓欣.数字普惠金融发展、金融错配缓解与企业创新 [J].科研管理，2021 (4)：158-169.

[136] 郑功成.正确把握顶层设计与实践探索的关系 [J].国家治理，2023 (8)：19-23.

[137] 郑江淮，曾世宏.企业家职能配置、R&D与增长方式转变——以长江三角洲地区为例 [J].经济学（季刊），2010（1）：73-94.

[138] 郑玉歆.全要素生产率的测度及经济增长方式的"阶段性"规律——由东亚经济增长方式的争论谈起 [J].经济研究，1999（5）：55-61.

[139] 周雷.弘扬企业家精神 做新时代追梦人 [N].经济日报，2021-12-13.

[140] 周密，刘秉镰.供给侧结构性改革为什么是必由之路？——中国式产能过剩的经济学解释 [J].经济研究，2017，52（2）：67-81.

[141] 周密，盛玉雪.互联网时代供给侧结构性改革的主导性动力：工业化传统思路的局限 [J].中国工业经济，2018（4）：39-58.

[142] 周密，朱俊丰，郭佳宏.供给侧结构性改革的实施条件与动力机制研究 [J].管理世界，2018，34（3）：11-26；37.

[143] 周密，张伟静.国外结构性改革研究新进展及其启示 [J].经济学动态，2018（5）：129-143.

[144] 周敏慧，陶然.企业家精神代际传递与农村迁移人口的城市创业 [J].经济研究，2017（11）：74-87.

[145] 周小亮，笪贤流.效用、偏好与制度关系的理论探讨——反思消费者选择理论偏好稳定之假设 [J].学术月刊，2009，41（1）：75-85.

[146] 周煊，程立茹，王皓.技术创新水平越高企业财务绩效越好吗？——基于16年中国制药上市公司专利申请数据的实证研究 [J].金融研究，2012（8）：166-179.

[147] 朱盼，孙斌栋.中国城市的企业家精神——时空分布与影响因素 [J].人文地理，2017，32（5）：105-112.

[148] 庄子银.南方模仿、企业家精神和长期增长 [J].经济研究，2003（1）：62-70；94.

[149] 庄子银.企业家精神、持续技术创新和长期经济增长的微观机制 [J].世界经济，2005（1）：32-43.

[150] 庄子银.创新、企业家活动配置与长期经济增长 [J].经济研究，2007（8）：82-94.

[151] 储德银，费冒盛，黄暄.地方政府竞争、税收努力与经济高质量发展 [J].财政研究，2020（8）：55-69.

[152] 储德银，费冒盛，李悦.均衡性转移支付、公共支出结构与经济高质量发展 [J].经济理论与经济管理，2020（9）：20-35.

[153] 邵传林.法律制度效率，地区腐败与企业家精神 [J].上海财经大学学报：哲学社会科学版，2014，16（5）：48-57.

[154] 单翔.家国情怀：中国企业家精神的信仰基因 [J].南京社会科学，2021

(10)：171-180.

[155] 盛亚.制度与企业家才能配置：中国经验 [M]. 杭州：浙江大学出版社，2012.

[156] AARLE B V. Structural Reforms and Fiscal Adjustments：Policy Options for the Euro Area [J]. Journal of Economic Policy Reform，2013，16 (4)：320-335.

[157] ACEMOGLU D. Reward Structures and the Allocation of Talent [J]. European Economic Review，1995，39 (1)：17-33.

[158] ACEMOGLU D, JOHNSON, ROBINSON. The Colonial Origins of Comparative Development：An Empirical Investigation [J]. American Economic Review，2001，91 (5)：1369-1401.

[159] ACS Z J, AUDRETSCH. Innovation in Large and Small Firms：An Empirical Analysis [J]. The American Economic Review，1988，78 (4)：678-690.

[160] ACS Z J, CARLSSON, THURIK. Small Business in the Modern Economy [M]. Oxford：Blackwell Publishers，1996，1-62.

[161] ACS Z J, ARMINGTON. Entrepreneurship, Geography, and American Economic Growth [M]. Cambridge：Cambridge University Press，2006.

[162] ACS Z J, AUDRETSCH, LEHMANN. The knowledge Spillover Theory of Entrepreneurship [J]. Small Business Economics，2013，41 (4)：757-774.

[163] AGHION P, HOWITT. A Model of Growth through Creative Destruction [J]. Econometrica，1992，60 (2)：323-351.

[164] AGHION P, HOWITT, MAYERFOULKES. The Effect of Financial Development On Convergence：Theory and Evidence [J]. Quarterly Journal of Economics，2005，120 (1)：173-222.

[165] AGHION P, FESTRÉ. Schumpeterian Growth Theory, Schumpeter, and Growth Policy Design [J]. Journal of Evolutionary Economics，2017，27 (3)：1-18.

[166] AKÇOMAK, I S, WEEL. Social Capital, Innovation and Growth：Evidence from Europe [J]. European Economic Review，2009，53 (5)：544-567.

[167] ALVAREZ S A, BARNEY. How Do Entrepreneurs Organize Firms Under Conditions of Uncertainty？[J]. Journal of Management，2005，31

(5): 776-793.

[168] ANDERSON D, BERGLJOT B, LUSINE L, et al. Assessing the Gains from Structural Reforms for Jobs and Growth: Supporting the European Recovery [M]. Washington DC: International Monetary Fund, 2014.

[169] ARJUNWADKAR P Y. FinTech: The Technology Driving Disruption in the Financial Services Industry [M]. Boca Raton: Auerbach Publications, 2018.

[170] ARROW K J, SOLOW. Capital-Labor Substitution and Economic Efficiency [J]. Review of Economic and Statistics, 1961, 43 (3): 225-250.

[171] AUDIA P G, RIDER C I. A Garage and an Idea: What More Does an Entrepreneur Need? [J]. California Man- agement Review, 2005 (48): 6-28.

[172] AUDRETSCH D B, FRITSCH M. Linking Entrepreneurship to Growth: The Case of West Germany [J]. Industry and Innovation, 2003, 10 (1): 65-73.

[173] AUDRETSCH D B, THURIK A R. What's New about the New Economy? Sources of Growth in the Managed and Entrepreneurial Economies [J]. Industrial and Corporate Change, 2001, 10 (1): 267-315.

[174] AUDRETSCH D B. The Knowledge Spillover Theory of Entrepreneurship and Technological Diffusion [J]. Innovation& Economic Growth, 2005 (16): 69-91.

[175] AUDRETSCH D B, KEILBACH M. Entrepreneurship Capital and Regional Growth [J]. The Annals of Regional Science, 2005, 39 (3): 457-469.

[176] AUDRETSCH D B, KEILBACH M. The Theory of Knowledge Spillover Entrepreneurship [J]. Journal of Management Studies, 2010, 44 (7): 1242-1254.

[177] AUDRETSCH D B, DOHSE D, NIEBUHR A. Cultural Diversity and Entrepreneurship: A Regional Analysis for Germany [J]. The Annals of Regional Science, 2010 (45): 55-85.

[178] AUDRETSCH D B, HEGER D, VEITH T. Infrastructure and Entrepreneurship [J]. Small Business Economics, 2015, 44 (2): 219-230.

［179］ BAPTISTA R, KARAOZ M, MENDONCA J. The Impact of Human Capital on the Early Success of Necessity Versus Opportunity-based Entrepreneurs ［J］. Small Business Economics, 2014, 42 (4): 831-847.

［180］ BABECKÝ J, CAMPOS N F. Does Reform Work? An Econometric Survey of the Reform - Growth Puzzle ［J］. Journal of Comparative Economics, 2011, 39 (2): 140-158.

［181］ BANERJI A, et al. Structural Reforms in the Eu - Policy Prescriptions to Boost Productivity ［J］. Intereconomics, 2015, 50 (5): 240-273.

［182］ BASU D. Balance-of-Payments Policies and Structural Reforms: An Adaptive-Control Model for India ［J］. Journal of Economics, 1999, 70 (3): 261-280.

［183］ BAUMOL W J. Entrepreneurship: Productive, Unproductive and Destructive ［J］. Journal of Political Economy, 1990, 98 (5): 893-921.

［184］ BAUMOL W J. Entrepreneurship in Economic Theory ［J］. American Economic Review, 1968, 58 (2): 64-71.

［185］ BAUMOL W J. Entrepreneurship, Management and the Structure of Payoffs ［M］. London: MIT Press, 1993.

［186］ BELKE A, VOGEL L. Monetary Commitment and Structural Reforms: A Dynamic Panel Analysis for Transition Economies ［J］. International Economics & Economic Policy, 2015, 12 (3): 375-392.

［187］ BIANCHI M. Financial Development, Entrepreneurship, and Job Satisfaction ［J］. The review of Economics and Statistics, 2012, 94 (1): 273-286.

［188］ BLANCHFLOWER D G. Self-Employment in OECD Countries ［J］. Labor Economics, 2000 (7): 471-505.

［189］ BLACK S E, STRAHAN P E. Entrepreneurship and Bank Credit Availability ［J］. Journal of Finance, 2010, 57 (6): 2807-2833.

［190］ BOETTKE P J, CHRISTOPHER C J. Context Matters: Institutions and Entrepreneurship ［J］. Foundations and Trends in Entrepreneurship, 2009, 5 (3): 135-209.

［191］ BOHÁCEK R. Financial Intermediation with Credit Constrained Agents ［J］. Journal of Macroeconomics, 2007, 29 (4): 741-759.

［192］ BRUTON G D, AHLSTROM D, LI H L. Institutional Theory and

Entrepreneurship: Where Are We Now and Where Do We Need to Move in the Future? [J]. Entrepreneurship Theory & Practice, 2010, 34 (3): 421-440.

[193] CAGGESE A, CUNAT V. Financing Constraints, Firm Dynamics, Export Decisions, and Aggregate Productivity [J]. Review of Economic Dynamics, 2013, 16 (1): 177-193.

[194] CAMPOS N F, KINOSHITA Y. Structural Reforms, Financial Liberalization, and Foreign Direct Investment [J]. IMF Staff Papers, 2010, 57 (2): 326-365.

[195] CAMPOS N F, HORVÁTH R. On the Reversibility of Structural Reforms [J]. Economics Letters, 2012, 117 (1): 217-219.

[196] CARREE M, STEL V A, THURIK R, et al. Economic Development and Business Ownership: An Analysis Using Data of 23 OECD Countries in the Period 1976-1996 [J]. Small Business Economics, 2002, 19 (3): 271-290.

[197] CIMOLI M, KATZ J. Structural Reforms, Technological Gaps and Economic Development: A Latin American Perspective [J]. Industrial & Corporate Change, 2003, 12 (2): 387-411.

[198] COVIN J G, SLEVIN D P. A Conceptual Model of Entrepreneurship as Firm Behavior [J]. Social Science Electronic Publishing, 1991, 16 (1): 7-25.

[199] CUERVO-CAZURRA A, DAU L A. Structural Reform and Firm Exports [J]. Management International Review, 2009, 49 (4): 479-507.

[200] DELGADO M, PORTER M E, STERN S. Clustersanden-trepreneurship [J]. Journal of Economic Geography, 2010 (10): 495-518.

[201] ASLI D K, ROSS L. Finance and Economic Opportunity [R]. Policy Reseach Working Paper Series No.4468, The World Bank, 2008.

[202] DINOPOULOS E, THOMPSON P. Endogenous Growth in a Cross-Section of Countries [J]. Journal of International Economics, 2000, 51 (2): 335-362.

[203] DINOPOULOS E, SEGERSTROM P S. North-South Trade and Economic Growth [R]. CEPR Discussion Papers, 2006, No. 5887.

[204] DJANKOV S, QIAN Y, ROLAND G, et al. Who Are China's Entrepreneurs? [J]. The American Economic Review, 2006, 96 (2): 348-352.

[205] DUARTE J, SIEGEL S, YOUNG L. Trust and Credit: The Role of Appearance In Peer-To-Peer Lending [J]. Review of Financial Studies, 2012, 25 (8): 2455-2483.

[206] EFENDIC A, PUGH G, ADNETT N. Confidence in Formal Institutions and Reliance On Informal Institutions in Bosnia and Herzegovina [J]. Economics of Transition, 2011, 19 (3): 521-540.

[207] ÉGERT B, GAL P N. The Quantification of Structural Reforms in OECD Countries: A New Framework [J]. Economic Studies, 2017 (1): 91-108.

[208] EVANS D S, LEIGHTON L S. Some Empirical Aspects of Entrepreneurship [J]. American Economic Review, 1989, 79 (3): 519-535.

[209] GLAESER E L. Entrepreneurship and the City [R]. NBER Working Paper, 2007: No. 13551.

[210] GLAESER E L, KERR W R. Local Industrial Conditions and Entrepreneurship [J]. Journal of Economics and Management Strategy, 2009 (18): 623-663.

[211] GLAESER E L, KERR W R, PONZETTO G A. Clusters of Entrepreneurship [J]. Journal of Urban Economics, 2010, 67 (1): 150-168.

[212] GRANOVETTER M. Economic Action and Social Structure: The Problem of Embeddeness [J]. American Journal of Sociology, 1985 (3): 481-510.

[213] GREENAWAY D, MORRISSEY O. Structural Adjustment and Liberalisation in Developing Countries: What Lessons Have we Learned [J]. Kyklos, 2010, 46 (2): 241-261.

[214] GROSSMAN G M, HELPMAN E. Quality Ladders and Product Cycles [J]. The Quarterly Journal of Economics, 1991, 106 (2): 557-586.

[215] HAGEN E. The Entrepreneur as Rebel against Traditional Society [J]. Human Organization, (1960), 19 (4): 185-187.

[216] HANSEN B E. Threshold Effects in Non-Dynamic Panels: Estimation, Testing, and Inference [J]. Journal of Econometrics, 1999, 93 (2): 345-368.

[217] HAUTE T. African-American Entrepreneurial Venses and Social Capital [J]. Journal of Developmental Entrepreneurship, 2010 (3): 287-300.

[218] HEBERT R F, LINK A N. In Search of the Meaning of Entrepreneurship [J]. Small Business Economics, 1989, 1 (1): 39-49.

[219] HELBLING T, HAKURA D, DEBRUN X, et al. Fostering Structural Reforms in Industrial Countries [J]. World Economic Outlook Advancing Structural Reform, International Monetary Fund, 2004: 103-146.

[220] HENG-FU Z. The Spirit of Capitalism and Savings Behavior [J]. Journal of Economic Behavior & Organization, 1995, 28 (1): 131-143.

[221] HOPENHAYN H A. Firms, Misallocation, and Aggregate Productivity: A Review [J]. Annual Review of Economics, 2014, 6 (1): 735-770.

[222] HSIEH C T, KLENOW P J. Misallocation and Manufacturing TFP in China and India [J]. Quarterly Journal of Economics, 2009, 124 (4): 1403-1448.

[223] HSU P H, TIAN X, XU Y. Financial Development and Innovation: Cross-Country Evidence [J]. Journal of Financial Economics, 2014, 112 (1): 116-135.

[224] HUEFNER J C, HUNT H K, ROBINSON P B. A Comparison of Four Scales Predicting Entrepreneurship [J]. Academy of Entrepreneurship Journal, 1996, 1 (2): 56-80.

[225] HUGGINS R. The Evolution of Knowledge Clusters: Progress and Policy [J]. Economic Development Quarterly, 2008, 22 (4): 277-289.

[226] HUNDLEY G. Family Background and the Propensity for Self-employment [J]. Industrial Relations: A Journal of Economy and Society, 2006, 45 (3): 377-392.

[227] JOHANNISSON B, et al. The Institutional Embeddedness of Local Inter-firm Networks: A Leverage for Business Creation [J]. Entrepreneurship and Regional Development, 2002 (14): 297-315.

[228] JONES C I. R&D-Based Models of Economic Growth [J]. Journal of Political Economy, 1995, 103 (4): 759-784.

[229] KEUSCHNIGG C, NIELSEN S B. Start-ups, Venture Capitalists, and the Capital Gains Tax [J]. Journal of Public Economics, 2004, 1011-1042.

[230] KIRZNER I M. Competition and Entrepreneurship [M]. Chicago: University of Chicago Press, 1973.

[231] KIRZNER I M. The Alert and Creative Entrepreneur: A Clarification [J].

Small Business Economics, 2009, 32 (2): 145-152.

[232] KLEPPER S. Entry, Exit, Growth and Innovation over the Product Life Cycle [J]. American Economic Review, 1996, 86 (3): 562-583.

[233] KNIGHT F H. Risk, Uncertainty and Profit [J]. Social Science Electronic Publishing, 1921 (4): 682-690.

[234] KORTUM S S. Research, Patenting, and Technological Change [J]. Econometrica: Journal of the Econometric Society, 1997: 1389-1419.

[235] KOURILOFF M. Exploring Perceptions of A Priori Barriers to Entrepreneurship: A Multidisciplinary Approach [J]. Entrepreneurship Theory and Practice, 2000, 25 (2): 59-79.

[236] KUMBHAKAR S, LOVELL C. Stochastic Frontier Analysis [M]. Cambridge: Cambridge University Press, 2000.

[237] KWON S W, ARENIUS P. Nations of Entrepreneurs: A Social Capital Perspective [J]. Journal of Business Venturing, 2010, 25 (3): 315-330.

[238] LAFUENTE E, VAILLANT Y, RIALP J. Regional Differences in the Influence of Role Models: Comparing the Entrepreneurial Process of Rural Catalonia [J]. Regional Studies, 2007, 41 (6): 779-795.

[239] LAFUENTE E, ACS Z J, SANDERS M, et al. The Global Technology Frontier: Productivity Growth and the Relevance of Kirznerian and Schumpeterian Entrepreneurship [J]. Small Business Economics, 2019, 55 (3): 153 - 178.

[240] LAH M, SUŠJAN A. Rationality of Transitional Consumers: A Post Keynesian View [J]. Journal of Post Keynesian Economics, 1999, 21 (4): 589-602.

[241] LEE I, SHIN Y J. Fintech: Ecosystem, Business Models, Investment Decisions and Challenges [J]. Business Horizons, 2018, 61 (1): 35-46.

[242] LEE L W. Entrepreneurship and Regulation: Dynamics and Political Economy [J]. Journal of Evolutionary Economics, 1991 (1): 219-235.

[243] LI H, YANG Z, YAO X, et al. Entrepreneurship, Private Economy and Growth: Evidence from China [J]. China Economic Review, 2012, 23 (4): 948 - 961.

[244] LUCAS R E. On the Mechanics of Economic Development [J]. Journal

of Monetary Economic, 1988 (22): 3-42.

[245] LUSINYAN L, MUI R D. Assessing the Macroeconomic Impact of Structural Reforms the Case of Italy [R]. IMF Working Papers, 2013.

[246] LUMPKIN G T, DESS G G. Linking Two Dimensions of Entrepreneurial Orientation to Firm Performance: The Moderating Role of Environment and Industry Life Cycle [J]. Journal of Business Venturing, 2001, 16 (5): 429-451.

[247] LUTHANS F, STAJKOVIC A D, IBRAYEVA E. Environmental and Psychological Challenges Facing Entrepreneurial Development in Transitional Economies [J]. Journal of World Business, 2000, 35 (1): 95-110.

[248] MCMILLAN J, WOODRUFF C. The Central Role of Entrepreneurs in Transition Economies [J]. Journal of Economic Perspectives, 2002, 16 (3): 153-170.

[249] MTHANTI T, OJAH K. Entrepreneurial Orientation (EO): Measurement and PolicyImplications of Entrepreneurship at the Macroeconomic Level [J]. Research Policy, 2017, 46 (4): 724-739.

[250] NECK H M, MEYER G D, COHEN B, et al. An Entrepreneurial System View of New Venture Creation [J]. Journal of Small Business Management, 2004, 42 (2): 190-208.

[251] NORTH D C. Institutions, Institutional Change, and Economic Performance [M]. New York: Cambridge University Press, 1990.

[252] OSTRY J D, PRATI A, SPILIMBERGO A. Structural Reforms and Economic Performance in Advanced and Developing Countries [R]. IMF Occasional Papers, 2009 (268): 1-59.

[253] PESSOA A. "Ideas" Driven Growth: the OECD Evidence [J]. Portuguese Economic Journal, 2005, 4 (1): 46-67.

[254] PIRAS G, POSTIGLIONE P, AROCA P. Specialization, R&D and Productivity Growth: Evidence from EU Regions [J]. The Annals of Regional Science, 2012 (49): 35-51.

[255] PORTER M E, STERN S. Measuring the "Ideas" Production Function: Evidence from International Patent Output [R]. NBER Working Paper, 2000, 7891.

[256] PREACHER K J, HAYES A F. Asymptotic and Resampling Strategies for Assessing and Comparing Indirect Effects in Multiple Mediator Models

[J]. Behavior Research Methods, 2008, 40 (3): 879-891.

[257] QIAN H, ACS Z J, STOUGH R R. Regional Systems of Entrepreneurship: the Nexus of Human Capital, Knowledge and New Firm Formation [J]. Journal of Economic Geography, 2013 (4): 559-587.

[258] RAJAN R G, ZINGALES L. Financial Dependence and Growth [J]. American Economic Review, 1998, 88 (3): 559-586.

[259] ROMER P M. Endogenous Technological Change [J]. Journal of Political Economy, 1990, 98 (5): 71-102.

[260] SAMILA S, SORENSON O. Venture Capital, Entrepreneurship, and Economic Growth [J]. The Review of Economics and Statistics, 2011, 93 (1), 338-349.

[261] SCHMALZ M C, SRAER D A, THESMAR D. Housing Collateral and Entrepreneurship [J]. The Journal of Finance, 2017, 72 (1): 99-132.

[262] SCHULTZ T W. Nobel Lecture: The Economics of Being Poor [J]. Journal of Political Economy, 1980, 88 (4): 639-651.

[263] SCHUMPETER J. The Theory of Economic Development [M]. Cambridge: Harvard University Press, 1934.

[264] SCOTT W R. Institutions and Organizations [M]. California: Sage Publications, 2001.

[265] SMALLBONE D, WELTER F. Entrepreneurship and Small Business Development in Post-Socialist Economies [M]. London: Routledge, 2009.

[266] SHANE S, CABLE D. Network Ties, Reputation, and the Financing of New Ventures [J]. Management Science, 2002, 48 (3): 364-381.

[267] SPATZ J. Poverty and Inequality in the Era of Structural Reforms: The Case of Bolivia [J]. Kiel Studies, 2006 (336): 208-213.

[268] SPILIMBERGO A, CHE N X. Structural Reforms and Regional Convergence [J]. Cepr Discussion Papers, 2012, 12 (106): 1-33.

[269] SOBEL R. Testing Baumol: Institutional Quality and the Productivity of Entrepreneurship [J]. Journal of Business Venturing, 2008, 23 (6): 641-655.

[270] SOLOW R M. Investment and Technical Progress [M]. Stanford: Stanford University Press, 1960.

[271] STAM E R, THURIK, ZWAN P. Entrepreneurial Exit in Real and Imagined Markets [J]. Industrial and Corporate Change, 2008, 19 (4): 1109-1139.

[272] STEGER T M. The Segerstrom Model: Stability, Speed of Convergence and Policy Implications [J]. Economics Bulletin, 2003, 15 (4): 1-8.

[273] STERN F, PUTNAM R. Making Democracy Work: Civic Traditions in Modern Italy [J]. Foreign affairs (Council on Foreign Relations), 1993, 72 (3): 202.

[274] SWISTON A J, BARROT L D. The Role of Structural Reforms in Raising Economic Growth in Central America [J]. Social Science Electronic Publishing, 2011, 11 (248): 128-130.

[275] THURIK A R, CARREE M A, VANSTEL A, et al. Does Self-employment Reduce Unemployment? [J]. Journal of Business Venturing, 2008, 23 (6): 673-686.

[276] TSVETKOVA A. Innovation, Entrepreneurship, and Metropolitan Economic Performance: Empirical Test of Recent Theoretical Propositions [J]. Economic Development Quarterly, 2015, 29 (4): 299-316.

[277] UZAWA H. Optimum Technical Change in An Aggregative Model of Economic Growth [J]. International Economic Review, 1965, 6 (1): 18-31.

[278] VARGA J, ROEGER W, VELD J T. Growth Effects of Structural Reforms in Southern Europe: The Case of Greece, Italy, Spain and Portugal [J]. Empirica, 2014, 41 (2): 323-363.

[279] WESTLUND H, BOLTON R. Local Social Capital and Entrepreneurship [J]. Small Business Economics, 2003 (21): 77-113.

[280] WONG P K, HO Y P, AUTIO E. Entrepreneurship Innovation and Economic Growth: Evidence from GEM data [J]. Small Business Economics, 2005, 24 (3): 335-350.

[281] WOOLLEY J L. The Creation and Configuration of Infrastructure for Entrepreneurship in Emerging Domains of Activity [J]. Entrepreneurship Theory and Practice, 2014, 38 (4): 721-747.

[282] ZAHRA S A. Governance, Ownership, and Corporate Entrepreneurship: The Moderating Impact of Industry Technological Opportunities [J]. Academy of Management Journal, 1996, 39 (6): 1713-1735.

［283］ ZHANG S X，CUETO J. The Study of Bias in Entrepreneurship ［J］. Entrepreneurship Theory and Practice，2017，41（3）：419‒454.

索引